WIESER (HG.) • DEMOKRATISCHE EINIGUNG EUROPAS

»Europa muss sich bewusst machen, dass es eine der Integration dienende Vereinigung ist, die sich auf in Jahrtausenden herausgebildete Werte und Prinzipien stützt. Es ist nötig, zu diesen Werten zurückzukehren und sich zu vergegenwärtigen, dass es vor allem auf sie ankommt und nicht auf irgendwelche kurzfristigen Kalkulationen.«

(Václav Havel, in: Jiří Gruša / Václav Havel: *Die Macht der Mächtigen oder Die Macht der Machtlosen – Moc mocných aneb Moc bezmocných.* Dt./tsch., aus dem Tschechischen von Christa Rothmeier, Wieser Verlag, Klagenfurt/Celovec 2006.)

Lojze Wieser (Hg.)

Demokratische Einigung Europas

Das Hoffen wagen

Edition Geist & Gegenwart
Wieser *Verlag*

Wieser Verlag GmbH

A-9020 Klagenfurt/Celovec, Ebentaler Straße 34b
Tel. +43(0)463 37036, Fax +43(0)463 37635
office@wieser-verlag.com
www.wieser-verlag.com

Lektorat: Josef G. Pichler
ISBN 978-3-99029-066-8

Ante scriptum

Während des Entstehungsprozesses dieses Bandes ist die »Zypernkrise« mit voller Wucht ausgebrochen. Wie ein Tornado ist sie über uns gekommen. Die Herangehensweise an die durch Zypern sichtbar gewordenen Fragen hat nicht nur eine eklatante Orientierungslosigkeit der Handelnden ans Tageslicht gebracht, sie hat bei den politisch Verantwortlichen zudem verheerende zerstörerische Ansätze zutage gefördert, die in sich alle Bedingungen tragen, den Einigungsprozess Europas zu unterwandern. Zunehmend wird sichtbar, dass sich hinter Finanzfragen demokratische Strukturfragen zur europäischen Entwicklung verbergen, und dass dahinter ebenso die Fragen des sozialen Zusammenlebens wie auch die der neuen ökonomischen Beziehungen und Regeln (innerhalb der Gesellschaftsbeziehungen) auf Antwort drängen. Davon wird letztendlich die Frage von Krieg oder Frieden in Europa abhängen, und die Beantwortung wird auch über die Frage des Friedens in Weltmaßstab entscheiden.

Ein Geist geht um in Europa, und dieser Geist wird – in mehreren Beiträgen – direkt oder indirekt angesprochen, beschworen oder es wird ihm – direkt oder indirekt – widersprochen.

Wir sind heute in aller Deutlichkeit zu Zeitzeugen der Reibung zwischen Vergangenheit und Zukunft geworden, wie es die Nachkriegsgenerationen noch nicht erlebt haben. Die weitere Entwicklung wird über Würde und gegenseitige Achtung der Menschen untereinander entscheiden und sie wird auch sichtbar machen, ob die handelnden Personen und Institutionen imstande sind, aus der Geschichte zu lernen. Davon wird abhängen, wie verletzend und zerstörerisch und wie langwierig dieser Prozess der Reibung sein wird. Schon 2006 meinte Václav Havel im Gespräch mit Jiří Gruša, dass sich »Europa heute an einer Art neuen Kreuzung befindet (…)«, und es möglich ist, »dass sich gewisse Vibrationen, die wir heute in Mitteleuropa registrieren können, zu umfassenden Vibrationen auswachsen, was sowohl gute als auch schlechte Folgen haben kann (…). Ich würde gerne glauben, dass alles gut ausgeht (…)«.

Doch derzeit scheint sich auch Angst breitzumachen. Auf elementare Fragen sind keine Antworten in Sicht und das bietet Möglichkeiten, auf alte wie auch verbrauchte Verhaltensmuster zurückzugreifen. Bei einigen in der öffentlichen Diskussion vorgetragenen Antworten blitzen immer lauter auch menschenverachtende Modelle auf. Dies alles zehrt an der Zuversicht und Hoffnung, auch weil zwischen den Hiesigen in Europa und den Herkommenden nach Europa immer tiefere Gräben wachsen, die sich oft aber hinter vermeintlich positiven Lösungen verbergen, wo sie als solche nicht erkannt werden. Das macht das Ganze nicht einfacher, wohl aber lässt es vielen althergebrachten Denkmustern Raum und erschwert die Suche nach neuen Lösungsansätzen für neue Formen des Zusammenlebens in Europa. So wird der Wert der eigenen Sprache einerseits (von den Großen und Hiesigen) überhöht und andererseits (jene der Kleinen und Hergekommenen) missachtet und die Notwendigkeit der Kenntnis von zumindest einer, wenn nicht zweier kommunikativer Sprachen – wie von der EU selbst und vom Schriftsteller Maalouf verlangt – nicht nur nicht erkannt, sondern auch nicht durchgesetzt. In diesem Spannungsverhältnis stehen sich sehr schnell auf der einen Seite der assimilierende Nationalstaat, und auf der anderen Seite eine zukunftsscheue EU gegenüber, die den Schritt zur demokratischen Union nicht wagt. Daher reiben sich Vergangenheit und Zukunft wie die afrikanische und die europäische tektonische Platte.
So oder so: Am Ende wird es ein Erdbeben geben, und dieses Erdbeben wird Achtung und Würde jedes einzelnen Menschen, seiner Sprache(n) und Kultur(en) über Assimilation und Egoismus einzelner Nationalstaaten stellen, ohne dass die Würde des einzelnen Menschen verletzt wird.
So oder so: Am Ende wird es Antworten geben müssen, wie Er oder Sie, wie Kultur und Sprache, wie jeder einzelne Mensch ohne staatliches Territorium und ohne Nationalstaat leben und überleben wird, und wie in Achtung und Würde die Gestaltung des gleichberechtigten Zusammenlebens zu meistern sein wird.
Die immer raschere Aufeinanderfolge der Krisen der letzten Jahre macht uns aber auch eines sichtbarer: Der Geist ist aus der Flasche und sucht sich seinen Weg.

Die vorliegende Publikation versteht sich als vielseitiger Versuch, aus unterschiedlichen Richtungen und kontroversiellen Denkansätzen auf der Suche nach Antworten fündig zu werden und es nicht Aladin gleichzutun und beim Geisteintreiben nur heiße Luft in die Flasche zu blasen. Sein Resultat ist uns leidlich bekannt. Unser Handeln steht erst auf dem Prüfstand.

Lojze Wieser

Literatur

Jiří Gruša / Václav Havel: *Die Macht der Mächtigen oder Die Macht der Machtlosen – Moc mocných aneb Moc bezmocných.* Dt./tsch., aus dem Tschechischen von Christa Rothmeier, Wieser Verlag, Klagenfurt/Celovec 2006.

Inhalt

Mit Gedichten, Statements und Zitaten von:

Siegfried Barones, Christian Buchmann, David Cameron, Winston Churchill, Daniel Cohn-Bendit, Udo Di Fabio, Kristina Edlinger-Ploder, Wilfried Eichlseder, Karl-Markus Gauß, Thomas Götz, Oskar Maria Graf, Jürgen Habermas, Johannes Hahn, Václav Havel, Josef Herk, Jean-Claude Juncker, Harald Kainz, Egon Kapellari, Kurt Koch, Helmut Kohl, Srečko Kosovel, Miroslav Krleža, Michael Krüger, Paul Lacroix, Claudio Magris, Norbert Mayer, Robert Menasse, Hermann Miklas, Rudolf Mitlöhner, Reinhold Mitterlehner, Esther Mitterstieler, Jean Monnet, Christa Neuper, Cees Nooteboom, Rainer Nowak, Karl P. Pfeiffer, Jochen Pildner-Steinburg, Ali Podrimja, Christian Purrer, Walter Rotschädl, Michael J. Sandel, Friedrich Santner, Werner Schneyder, Hermann Schützenhöfer, Karl Schwarzenberg, Klaus Schweighofer, Josef Smolle, Jim Hagemann Snabe, Michael Spindelegger, Werner Tessmar-Pfohl, Karlheinz Töchterle, Gertrude Tumpel-Gugerell, Franz Voves, Richard von Weizsäcker und Thomas Wieser.

Einleitung

»Die Entdeckung Europas«; »Europa. Träume und Traumata«; »Der Geschmack Europas«; »Europa. Erzählen.« und »Vereinigte Staaten von Europa. Hoffen. Wagen« lauten die Generalthemen der seit 2005 biennal abgehaltenen Pfingstdialoge Geist & Gegenwart. Bei diesen Dialogen mit hochkarätigen Referentinnen und Referenten und vor allem auch in den bei den Symposien vorgelegten Memoranden sowie auch in den Begleitpublikationen der Edition »Geist & Gegenwart« im Wieser Verlag, deren fünfte nun vorliegt, wurde und wird eine Standortbestimmung vorgenommen, werden die Problemstellungen und Herausforderungen Europas angesprochen und reflektiert.
Die Pfingstdialoge behandeln die politischen, kulturellen, wirtschaftlichen und sozialen Fragen eines »neuen Europa« und werden im inspirierenden Ambiente der traditionellen Sommerresidenz der Bischöfe der steirischen Diözese auf Schloss Seggauberg in der Südsteiermark – in der Luftlinie wenige Kilometer von der österreichischen Grenze zu Slowenien, Kroatien und Ungarn entfernt – abgehalten.
Die Steiermark als historische Grenzregion am Schnittpunkt von vier Kulturkreisen ist ein traditioneller Ort der fruchtbaren Begegnung.

Geist & Gegenwart wird in Partnerschaft des Landes Steiermark mit der Diözese Graz-Seckau, den fünf steirischen Universitäten, JOANNEUM RESEARCH und dem Club Alpbach Steiermark abgehalten und wurde 2005 von Landeshauptmann a. D. Waltraud Klasnic und Diözesanbischof Dr. Egon Kapellari initiiert. 2005 lag die Konzeption und Organisation in den Händen der Steirischen Kulturservice GmbH mit Gründungsgeschäftsführer Mag. Bernhard Rinner.

Seit 2007 wird der Pfingstdialog von dem von Landesrätin Mag.[a] Kristina Edlinger-Ploder geleiteten Wissenschaftsressort seitens des Landes koordiniert, wobei dieser 2007, 2009 und 2011 unter der Schirmherrschaft von Erstem Landeshauptmannstellvertreter

Hermann Schützenhöfer stand und wesentlich von Wirtschafts- und Europalandesrat Dr. Christian Buchmann unterstützt wurde und wird. Im Zeichen der österreichweit als vorbildhaft angesehenen, im Herbst 2010 geschlossenen Reformpartnerschaft der beiden großen politischen Kräfte der Steiermark haben diesmal die beiden Spitzenrepräsentanten des Landes Steiermark, Landeshauptmann Mag. Franz Voves und Landeshauptmannstv. Hermann Schützenhöfer die Patronanz über Geist & Gegenwart übernommen und geben damit ein starkes Signal gerade auch in ihrem von gemeinsamer Intention getragenen europapolitischen Engagement. Dass Geist & Gegenwart auch von den steirischen Hochschulen und maßgeblichen Exponenten der steirischen Wirtschaft partnerschaftlich unterstützt wird, ist ein weiteres Zeichen für die österreichweit beispielgebende Partnerschaft von Politik, Wissenschaft und Wirtschaft, durch die das Land Steiermark mit einer F&E-Quote von 4,3 % des BRP nicht nur an der Spitze aller österreichischen Bundesländer, sondern unter den Top 3 der EU-Regionen und weit über dem europäischen und österreichischen Durchschnitt liegt.

Programmatisch heißt es im Memorandum von Seggauberg 2011: »Die Problemstellungen und Herausforderungen für das »Projekt Europa« sind seit dem ersten Pfingstdialog 2005 nicht geringer und kleiner, sondern eher mehr und größer geworden. Die Sorge um den EURO und die EU ist so groß wie in kaum einem Zeitraum davor. Finanz- und Währungspolitik, Migration, Energiepolitik, Demografie, globaler Wirtschaftswettbewerb, Klimaschutz, sozialer Zusammenhalt – diese Begriffe beschreiben einige der großen Aufgabenstellungen und Herausforderungen für Europa. Die 2008 ausgebrochene weltweite Finanzkrise, die zu schwerwiegenden weltwirtschaftlichen Konsequenzen geführt hat, zeigt: Einseitige materialistische Fortschrittskonzepte führen zu schweren Verwerfungen und sind kein tragfähiges Zukunftsmodell.

Wir erkennen bei der Diagnose des Projekts Europa im Juni 2011 folgendes Paradoxon: Die meisten ExpertInnen und InsiderInnen sind überzeugt davon, dass eine intensivere europäische Zusam-

menarbeit, also mehr Europa notwendig ist, um die aktuellen und künftigen Herausforderungen zu bewältigen. In der Bevölkerung der 27 Mitgliedstaaten aber herrscht so viel Misstrauen und Europaskepsis wie zu kaum einem anderen Zeitraum zuvor, also eher die Befindlichkeit »weniger Europa«.
Diese Kluft gilt es zu überwinden. Die EU darf ihre Bürger nicht überfordern, das europäische Paradoxon kann daher nur durch einen nachhaltigen, wirksamen und ehrlichen Dialog aufgelöst werden, in dem sorgfältig argumentiert und Pro und Kontra abgewogen werden – mit Geduld und Ausdauer.

Politik, Medien und Zivilgesellschaft, insbesondere auch die Kirchen und Religionsgemeinschaften haben eine besondere Verantwortung für diesen Dialog und das Gelingen des »Projekts Europa«. Der civis europaeus ist ein Mutbürger, der sich in seine eigenen Angelegenheiten einmischt, der aktiv mitgestaltet und sich nicht resignativ zurückzieht. Es gilt daher, entschieden gegen dumpfe Vorurteile, lähmenden Pessimismus und xenophobe Demagogie aufzutreten, für europäische Tugenden und Werte zu werben und in eine europäische Diskussion einzutreten, die nicht von nationalen Ressentiments und Interessen überlagert wird. Es geht um eine Europäisierung der politischen Diskussion, um ein verstärktes gemeinsames europäisches Bewusstsein. Es gilt, nicht nur das Hirn, sondern auch das Herz der Europäer zu erobern, Europa eine Seele zu geben, die aus vielen Erzählungen gespeist wird.

Offenheit, Toleranz, Zivilcourage, Solidarität, Nachhaltigkeit, Kreativität und Innovation sind europäische Tugenden und Werte, die einen wesentlichen Teil der europäischen Erzählungen ausmachen, die gelebt werden sollten und die den Reichtum der unvergleichlichen Vielfalt Europas, seiner Menschen und Kulturen auch im globalen Rahmen zum Tragen bringen sollen. Der Reichtum und die Dynamik der Vielfalt Europas ist auch Resultante jahrhundertelanger Migration. Eine der größten Stärken Europas ist die der ständigen Kritik und Selbstkritik.

Die Steiermark ist ein guter Boden für den interdisziplinären, internationalen und interreligiösen Dialog zu wichtigen Fragen der

Gegenwart und der Zukunft Europas über alle Grenzen hinweg. Gerade im inspirierenden Ambiente von Seggauberg am Schnittpunkt der großen europäischen Kulturkreise – des romanischen, des slawischen, des deutschen und des magyarischen – verspürt »Geist & Gegenwart« auch einen ganz besonderen Auftrag für die Staaten, Regionen, Menschen und Kulturen Südosteuropas. Denn Mittel- und Zentraleuropa ist nicht nur durch den Donauraum und seine Metropolen und Staaten, sondern auch durch Graz, Marburg/Maribor, Laibach/Ljubljana, Agram/Zagreb, Sarajewo und Triest/Trieste/Trst, also durch Slowenien, Oberitalien, Kroatien und die Staaten des Westbalkans definiert. Daher hat »Geist & Gegenwart« den EU-Beitrittskurs Kroatiens immer unterstützt und stellt mit Genugtuung fest, dass dieser nun endlich in die Zielgerade kommt und dass auch in den anderen Ländern des Westbalkans erfreuliche Fortschritte und ermutigende Perspektiven sichtbar sind.
»Geist & Gegenwart« will eine Lobby und ein nachhaltig wirkendes Netzwerk für das faszinierende und fordernde »Projekt Europa«, den europäischen Geist und die einzigartige Vielfalt der europäischen Erzählungen sein.

In diesem Sinne setzt das Stipendienprogramm besonders wichtige Akzente, durch das stets über 50 Studierende vor allem aus den südosteuropäischen Staaten teilnehmen und mitdiskutieren konnten.
Im Rahmen der Pfingstdialoge 2005, 2007, 2009 und 2011 haben u. a. Jeremy Rifkin, Michael Krüger, Karl Schwarzenberg, Veit Heinichen, György Dalos, EU-Parlamentspräsident Hans-Gert Pöttering, Manfred Lütz, Kardinal Reinhard Marx, Dieter Hundt, Hans Staud, Warnfried Dettling, Meinhard Miegel, Lojze Wieser, Manfred Prisching, Klaus Poier, Leopold Neuhold, Joseph Marko, Christoph Kratky, Wolfgang Benedek, Kaspanaze Simma, Hubert Isak, Waldemar Hummer, Sihem Bensedrine, Richard Kühnel, Soleiman Ali, Fred Ohenhen, Margit Schratzenstaller, Honey & Bunny, Hanna-Barbara Gerl-Falkovitz, Martin Bartenstein, Wolfgang Schüssel, Claus Raidl, Hermann Schützenhöfer, Benita

Ferrero-Waldner, Hans-Dietrich Genscher, Boris Nemšić, Monika Kircher-Kohl, Kurt Scholz, Doron Rabinovici, Heinz Nussbaumer, Wolfgang Petritsch, Boris Podrecca, Susanne Scholl, Franz Küberl, Josef Homeyer, Wilfried Stadler, Jiří Gruša, Dževad Karahasan, Bassam Tibi, Iris Radisch, Klaus Harprecht, Franziska Augstein, Erhard Busek, Miloslav Kardinal Vlk, Großmufti Mustafa Cerić, Sarajewo, Babara Frischmuth, Gertrude Tumpel-Gugerell, Navid Kermani, Martin Kušej, Ruth Klüger und Peter Weibel referiert.
Die Herausgeberschaft des vorliegenden Bandes lag wiederum in den bewährten Händen von Lojze Wieser.
Die Autorinnen und Autoren des vorliegenden Buches sind im Wesentlichen Referentinnen und Referenten des Symposiums 2013 »Vereinigte Staaten von Europa. Hoffen. Wagen.«

Herwig Hösele
Graz im Mai 2013

Mit der Umsetzung des Pfingstdialoges sind Univ.-Prof. Dr. Wolfgang Pribyl (Geschäftsführer von Joanneum Research) und Prof. Herwig Hösele von der Abteilung Wissenschaft und Gesundheit des Landes Steiermark und Mag. Peter Rosegger seitens der Diözese Graz-Seckau betraut. Beratend ist ein Programmbeirat tätig, dem Herwig Hösele, Sonja Jöbstl-Findeis, Helmut Kirchengast, Birgit Kößler, Christian Lagger, Leopold Neuhold, Steffi Obrist, Matthias Opis, Klaus Poier, Wolfgang Pribyl, Manfred Prisching, Hans Putzer, Peter Rosegger, Werner Schrempf, Lojze Wieser und Heidi Zikulnig angehören. Die Teams von Joanneum Research (Projektleitung Birgit Kößler) und von »die Organisation« zeichnen für die Umsetzung der Ideen des Programmbeirats beim Pfingstdialog »Geist & Gegenwart« verantwortlich.

(Weitere Informationen unter www.geistundgegenwart.at)

Ernest Hauer

Die Hymnen nieder!

Dreizehnmal Vaterland, einmal Mutterland, achtmal Heimat oder Heimaterde, zweimal Nation, siebenmal Volk – die Wortwahl in den Nationalhymnen der EU zeigt, wie nahe die Länder Europas einander sind. Lästig dabei nur: Die Sänger meinen immer das eigene – Vaterland oder was immer. Und keineswegs die 26 anderen (außer in Zypern, dort haben sie 1966 die griechische Hymne zur eigenen erklärt. War auch nicht direkt hilfreich beim Aufbau einer gemeinsamen zyprischen Identität).

Hymnen: Staatssymbole, Hintergrundgeräusch bei Politikervisiten, Gegröle in Stadien, früher auch Signal zum Sendeschluss im Fernsehen, als es noch nicht rund um die Uhr Wiederholungen gab – waren das Zeiten!

Hymnen: Ausdruck des Wir-Gefühls von Nationen, akustische Leckerlis für Patrioten und Patriotinnen, Zeichen von Geschichtsbewusstsein und Traditionspflege? Eben. In den 26 Hymnen der EU-Länder geht es zwölfmal um Krieger/Feinde/Kämpfer, siebzehnmal um Ruhm/Ehre/Blut/Tod/Grab, siebenmal wird zu Waffe oder Schwert gerufen. Kein Wunder, dass in elf Hymnen Brüder und Söhne angesprochen werden und nur in vier Schwestern und Töchter – Martialismus ist eben maskulin.

Rechtfertigt die Berufung auf die Geschichte alles? Auch den Aufruf zum Blutbad?

»Zu den Waffen, Bürger! Schließt die Reihen, Vorwärts, marschieren wir! Das unreine Blut tränke unserer Äcker Furchen!« – der Refrain der Marseillaise. *»Lasst uns die Reihen schließen! Wir sind bereit zum Tod, wir sind bereit zum Tod. Italien hat gerufen!«* – der Refrain der Fratelli d'Italia, direkt defensiv dagegen. Hat irgendjemand untersucht, wie sich dieses Kriegsgeschrei auf Fußballerhirne auswirken kann? Ist jetzt endlich geklärt, worauf die historische Skandalszene zwischen Zinédine Zidane und Marco Materazzi im Finale der Fußball-Weltmeisterschaft 2006 zurückzuführen war? Nach dem Hymnengebrüll zuvor? Dabei hat Z. nicht einmal das »unreine

»Vereinigte Staaten von Europa. Hoffen. Wagen.« – lautet das Leitwort des diesjährigen Symposiums »Geist & Gegenwart«. Dieser Pfingstdialog wird schon zum fünften Mal auf Schloss Seggau vom Land Steiermark und der Diözese Graz-Seckau in Kooperation mit dem Joanneum Research und dem Club Alpbach Steiermark veranstaltet.

Schloss Seggau ist in den vergangenen Jahren mehr und mehr zu einer europäischen Adresse geworden. Beispiele dafür sind u. a. die alle zwei Jahre stattfindenden »Seggauer Gespräche zu Kirche und Staat«, die jeweils einem interdisziplinären wissenschaftlichen Gespräch über wichtige Fragen betreffend das Verhältnis zwischen den demokratischen Staaten westlicher Prägung und den Kirchen und Religionsgemeinschaften gewidmet sind, und die »Graz International Summer School Seggau«. Diese Sommerschule ist ein profiliertes europäisches Forum, auf dem ca. 100 Studierende aus vielen Ländern und Studienrichtungen einander begegnen und gemeinsam mit Lehrenden ein Generalthema behandeln, das für die Gesellschaft in Europa und im globalen Horizont besonders relevant ist.

Der diesjährige Pfingstdialog ist dem Spannungsfeld von Autonomie und Gemeinschaft im »Projekt Europa« und den damit verbundenen Herausforderungen und Chancen gewidmet. Aus unabweisbaren Gründen spricht man in Europa heute ja von einer Krise der Europäischen Union. Hoffnung ist ein Lebensmittel, das der einzelne Mensch und die Gesellschaft im Ganzen brauchen, um vital zu bleiben und Krisen zu bestehen oder zu überwinden. Eine generelle Hoffnung für Europa gründet sich auf die millionenfach in der Zivilgesellschaft existierenden Lebenskeime. Und sie lebt aus humanistischen Werten, die zum Fundament der europäischen Einigung gehören. Dies sind unaufgebbar auch religiöse und zumal vom Christentum inspirierte Werte. Es gibt Ermüdungen und Immunschwächen im Christentum Europas. Es gibt aber auch unzählige Frischzellen in der Christenheit dieses Kontinents und zumal auch in der katholischen Kirche. Europa darf sich im globalen Kontext nicht aufgeben und die Christenheit und unverwechselbar die katholische Christenheit in Europa darf sich im Kontext der Weltkirche nicht aufgeben.

Die katholische Kirche sucht Allianzen für Werte, die nicht nur die Kirche, sondern die ganze Gesellschaft tragen und beseelen. Sie sucht solche Allianzen nicht nur mit Christen, sondern auch mit Menschen anderer Religion und mit Nichtglaubenden; also mit allen Menschen die – wie eine bewährte Redensart sagt – guten Willens sind. Das Symposium »Geist & Gegenwart« ist nicht nur zeitlich, sondern seinem Wesen nach mit dem Pfingstfest verbunden. Man darf daher von diesem Symposium Impulse für mehr Humanität und mehr »Geist« in Europa und darüber hinaus erhoffen.

Egon Kapellari
Diözesanbischof Graz-Seckau

Blut« des M. vergossen, sondern ihm nur den Kopf in die Brust gerammt.
Nicht alle Hymnen sind blutrünstig, zugegeben. Die Basis der slowenischen Hymne ist ein Gedicht von France Prešeren mit dem schönen Titel »Zdravljica« (zu deutsch: Trinkspruch bzw. »Prost«). *»Freunde, die Rebe hat nun wieder den süßen Labetrunk beschert, der unsere Pulse hebet, der Herzen uns und Augen klärt …«* Zwar geht's auch hier nicht ganz ohne Feinde, die *»Blitze treffen«* mögen *»aus hoher Wolkenbahn«*. Doch der Rest ist herrlich versöhnlich. Und Landeshymne ist nur die siebente Strophe: *»Es leben alle Völker, die sehnend warten auf den Tag, dass unter dieser Sonne die Welt dem alten Streit entsag! Frei sei dann jedermann, nicht Feind, nur Nachbar mehr fortan!«* Die Nachbarn im Norden singen in ihrer Landeshymne noch immer *»wo man mit Blut die Grenze schrieb«* – Kärnten eben. Aber vielleicht besteht ja jetzt Hoffnung …
In Dänemark besingen sie die Schönheit des Landes: *»Oh ja, das Land ist schön! So blau die See der Belte, das Laub es grünt hier grün. Und schöne Mütter, edle Frauen, Männer und gescheite Knaben bewohnen die dänischen Inseln, bewohnen die dänischen Inseln.«* Ein beneidenswert friedlich gestimmtes Volk, das sich noch dazu in seiner Hymne auch zur Arbeit bekennt, wie nur ganz wenige andere …? Ja, schon. Aber was eine ordentliche Monarchie ist, hat zumindest eine zweite offizielle Hymne, die Königshymne: *»König Christian stand am hohen Mast, in Rauch und Dampf; Sein Schwert hämmerte so fest, dass Helm und Hirn des Goten barst. Da versanken alle feindlichen Achterdecks und Masten in Rauch und Dampf. ›Fliehe‹, schrien sie, ›fliehe, wer fliehen kann! Wer besteht gegen Dänemarks Christian, wer besteht gegen Dänemarks Christian im Kampf?‹«* So lässt sich doch eher Ländermatchstimmung aufbauen.
Die Königshymne um Christian (und andere gekrönte Gewalttäter) stammt aus dem 18. Jahrhundert und bezieht sich auf eine Seeschlacht während des Dreißigjährigen Krieges, in der eine dänische Flotte eine schwedische im Kampf um die Vorherrschaft in der Ostsee besiegte – so viel zu den »Goten«. Gibt es irgendeinen Grund, im 21. Jahrhundert Kriegshandlungen des 17. (oder 18. oder 4. oder 9.) Jahrhunderts hymnisch zu verklären und als

nationalidentitätsstiftend zu besingen? Geschichtsbewusstsein schön und gut, aber Reflexion und Distanz sollten da nicht unbedingt schädlich sein. Nur dumm, dass staatliche Symbole im Allgemeinen eher nicht Gegenstand ebendieser reflektierenden Distanz sind. Im Gegenteil – die kritische Auseinandersetzung mit ihnen wird als »Verunglimpfung« oder »Herabwürdigung des Staates und seiner Symbole« in etlichen Staaten unter Strafe gestellt, etwa auch in Österreich:

»Wer in … gehässiger Weise eine aus einem öffentlichen Anlass oder bei einer allgemein zugänglichen Veranstaltung gezeigte Fahne der Republik Österreich oder eines ihrer Bundesländer, ein von einer österreichischen Behörde angebrachtes Hoheitszeichen, die Bundeshymne oder eine Landeshymne beschimpft, verächtlich macht oder sonst herabwürdigt, ist mit Freiheitsstrafe bis zu sechs Monaten oder mit Geldstrafe bis zu 360 Tagessätzen zu bestrafen.«

(Bundesgesetz vom 23. Jänner 1974 über die mit gerichtlicher Strafe bedrohten Handlungen (Strafgesetzbuch – StGB) StF: BGBl. Nr. 60/1974)

Wer also lauten Zweifel anmeldet, dass wir angesichts des *»zu Mantua in Banden«* schmachtenden Andreas Hofer *»Gott sei mit euch, mit dem verrat'nen deutschen Reich, und mit dem Land Tirol«* singen sollen, macht sich strafbar. Wie wohl auch jemand, der pointiert ein anderes Verständnis vom Verhältnis zwischen BürgerIn und Staat vertritt, als es in der oberösterreichischen Landeshymne besungen wird …: *»Hoamatland, Hoamatland, di han i so gern wiar a Kinderl sein Muader, a Hündal sein Herrn«.*

Okay, ob die Hymne einer österreichischen Provinzentität historisch oder sonst wie peinlich ist, kratzt den Rest der Welt nicht besonders. Fragwürdig wird es allerdings, wenn ein politisch extrem belasteter Text mit einer Hymne verbunden ist. *»Deutschland, Deutschland über alles, über alles in der Welt …«* Wer behauptet da, das sei die deutsche Bundeshymne? Die war das Deutschlandlied wohl in der Weimarer Republik und seine erste Strophe (zusammen mit dem Horst-Wessel-Lied) unter den Nazis. 1952 wurde festgelegt, dass das Lied die Hymne der Bundesrepublik bleibt, aber bei offiziellen Anlässen nur die 3. Strophe gesungen wird.

Seit 1991 ist nur mehr die dritte Strophe die deutsche Hymne: »*Einigkeit und Recht und Freiheit für das deutsche Vaterland ...*« Und wer sich bei jeder Siegerehrung für Sebastian Vettel noch immer wundert, dass da schon wieder »Deutschland, Deutschland über alles« intoniert wird, hat in Zeitgeschichte nicht aufgepasst. Oder könnte der Umgang des offiziellen Deutschland mit seiner Hymne dem gerade in Politikkreisen beliebten Motto »Wasch mir den Pelz, aber mach mich nicht nass« gefolgt sein? Ganz abgesehen davon, dass sie uns Österreicherinnen und Österreichern die alte Kaiserhymne gestohlen haben. Aber darüber sollen sich die verbliebenen Monarchistinnen und Monarchisten aufregen – oder schauen die extra Formel-1-Rennen, um wieder einmal ihr »*Gott erhalte, Gott beschütze*« mitsingen zu können?
Angesichts des Hymnen innewohnenden Hangs zur Kanonisierung historischer Grausigkeiten, nationaler Überlegenheitsattitüden oder einfach Dummheiten ist die Frage zu stellen: Brauchen wir derartige Hymnen überhaupt?
Spanien ist da einen interessanten Weg gegangen: Die Nationalhymne aus dem 18. Jahrhundert ist zwar eine der ältesten Europas, aber sie hat keinen Text. La Marcha Real, der Königsmarsch, ist nur in der Instrumentalfassung Landeshymne. Historisch gab es unter diversen Machthabern bis inklusive Franco verschiedene Texte dazu, aber keiner wurde offiziell zur Hymne. Auf Wunsch des Nationalen Olympischen Komitees wurde 2008 ein Wettbewerb ausgeschrieben, damit auch die spanischen Fußballer künftig was zum Mitsingen haben, doch der Gewinnertext wurde in der spanischen Öffentlichkeit abgelehnt. Und so singen die Kicker noch immer nicht, gewinnen aber trotzdem.
Wäre es nicht ein schönes Zeichen dafür, dass man auch ohne nationalistische Wallungen Sport betreiben kann, wenn künftig vor den Spielen auf das Abspielen der Hymnen verzichtet würde? Oder, wenn man schon dem Drang der Sportreporter zum Pathos Konzessionen machen muss, in Europa die Europahymne spielte? Die hat nämlich auch ganz bewusst keinen Text, sondern existiert nur in einer Karajan'schen Fassung des Hauptthemas »An die Freude« aus der 9. von Beethoven. Und jedem bleibt es selbst

überlassen, ob er oder sie dazu singt: *»Freude, schöner Götterfunke, Tochter aus Elysium ...«* Oder, was genauso gut passt: *»Und der Haifisch der hat Zähne, und die trägt er im Gesicht ...«* Oder einfach, wie der große Wiener Schauspieler Kurt Sowinetz in den Siebzigerjahren: *»Alle Menschen san ma zwider, i mecht's in die Goschen haun ...«* Schafft die Hymnen ab!

Anm.: Alle Textfassungen und Übersetzungen aus http://de.wikipedia.org/wiki/Liste_der_Nationalhymnen

»Die gesellschaftliche und wirtschaftliche Änderung und der Innovationsbedarf für Europa, mit dem wir heute konfrontiert sind; die Notwendigkeit, die Menschen vor dem Verlust der Wettbewerbsfähigkeit zu bewahren und zu verhindern, dass die Menschen die Arbeistplätze verlieren; auch die Bemühungen, die Menschen vor dem Verlust des erworbenen Wohlstandes zu bewahren - das ist ein Vielfaches jener Herausforderungen, mit denen wir vor 20 Jahren konfrontiert waren, als in Europa die Mauern zwischen Ost und West gefallen sind, und die die Akteure der EU zu bewältigen hatten.«

Thomas Wieser
President of the Europgroup Working Group

Werner Wintersteiner

Europa zu Ende denken. Bemerkungen zu einer notwendigen Grundsatzdebatte

Im September 2012 hat die »Future of Europe Group«, bestehend aus den AußenministerInnen von 11 EU-Staaten, darunter Österreich, ihren Abschlussbericht vorgelegt. Es ist ein Plan zur Überwindung der Währungskrise, zur Stärkung der europäischen Institutionen und zur Demokratisierung der Union. Dass solche Vorschläge auf den Tisch kommen, zeigt, dass die EU an einem Punkt angelangt ist, wo sie nicht einfach weitermachen kann, sondern wo neue Weichenstellungen erforderlich sind. Allerdings geht das Nachdenken über Europa bei den politischen Verantwortlichen nicht tief genug, wie gerade dieser Report der AußenministerInnen beweist. Dieser kurze Beitrag versteht sich als ein Diskussionsanstoß, die Europa-Idee zu Ende zu denken. Er betrifft nichts weniger als die konzeptionellen Grundlagen des geeinten Europa.

Meist wird die Geschichte der europäischen Einigung als die Realisierung einer uralten Friedensidee erzählt, deren Zeit endlich gekommen sei. Damit habe man, ein für alle Mal, den Krieg zwischen den europäischen Staaten überwunden und eine »Friedensmacht« geschaffen. Das ist nicht falsch, aber nur ein Teil der Wahrheit. Sicher ist seit Crucé und Sully, von Victor Hugo bis Richard Coudenhove-Calergy und Altiero Spinelli die Europa-Idee immer die Frage nach dem Frieden in Europa gewesen. Allerdings stehen wir vor einem seltsamen Widerspruch: Die Ideengeschichte Europas ist voller Friedensmodelle, die Realgeschichte ist hingegen voller Krieg und Gewalt. Die europäische Einigung begann erst nach den katastrophalen Ereignissen des »europäischen Bürgerkrieges« (Traverso) von 1914 bis 1945. Diese Leistung, dieses »europäische Wunder«, wird zu Recht hoch geschätzt, hier mit den Worten eines rumänischen Schriftstellers:

»Das europäische Wunder, so wie ich es sehe, besteht in unserer Chance, eine unglückliche Vergangenheit zu überwinden, uns über Gegnerschaften

Mein Plädoyer ist eines für die »Vereinigten Staaten von Europa« und der Weg dazu ist ein Prozess von zehn, fünfzehn Jahren. Die nächste Generation hat nur eine Chance, in Frieden und Wohlstand leben zu können, wenn das Projekt »gemeinsames Europa« auf den verschiedensten Ebenen Wirklichkeit wird. Wettbewerbsfähigkeit, Wirtschaftswachstum und Beschäftigung und damit soziale Sicherheit wird es nur dann geben, wenn Europa als politische Union gelebt wird.
Es bedarf daher einer starken europäischen Regierung und eines starken europäischen Parlaments. Das wäre die Grundvoraussetzung für eine gemeinsame Wirtschafts- und Beschäftigungspolitik, eine harmonisierte Steuerpolitik und eine auf möglichst hohem Niveau harmonisierte Sozialpolitik, eine gemeinsame Außenpolitik etc. – alles, was das große gemeinsame Europa mit seinen rund 500 Millionen Einwohnerinnen und Einwohnern wettbewerbs- und zukunftsfit hält.
Wir erleben gerade auf europäischer Ebene – Thema Schuldenbremse –, dass den meisten Verantwortlichen in Europa bewusst wird, dass es ohne dieses gemeinsame Europa nicht geht. Um Frieden und Wohlstand zu erhalten, brauchen wir dieses gemeinsame Europa, wir brauchen es aber nicht nur im Sinne einer Wirtschaftsunion, wir brauchen es im Sinne einer politischen Union. Das Verharren in nationalstaatlicher Engstirnigkeit würde in den nächsten Jahren katastrophale Folgen haben.
Fast nichts berührt uns in unserem täglichen Leben so sehr wie die Europäische Union von nunmehr bald 28 Mitgliedstaaten und gerade jetzt in dieser wirtschaftlich schwierigen Zeit ist es gut und wichtig, den Rückhalt durch die EU zu haben. Das 21. Jahrhundert hat uns eine Welt gebracht, in der unsere Wettbewerbsfähigkeit und damit unser Wohlstand, unser Sozialstaat nur aus dieser Einheit Europas heraus gesichert werden können. Ein einzelner Nationalstaat – auch das wirtschaftlich so starke Deutschland allein – hätte in diesem neuen globalen Wettbewerb nie jene Chancen, wie es das gemeinsame Europa hat. Doch auch in der EU hat jedes Land noch seine eigene Identität, die es auszeichnet und die sich unter anderem in den jeweiligen regionalen Spezialitäten und Besonderheiten widerspiegelt.
Bei allen Schwierigkeiten und Herausforderungen, denen sich Europa zu stellen hatte und hat, kann man sagen: Europa, das sind wir alle – und das richtige Maß an Solidarität und Eigenverantwortung ist letztlich ausschlaggebend für eine künftige harmonische sowie erfolgreiche Koexistenz. In diesem Sinne hoffe ich, dass die europäische Integration weiter fortschreitet und das große Friedensprojekt Europa weiterhin Sicherheit und Stabilität garantiert.

Franz Voves
Landeshauptmann der Steiermark

zu erheben, über die Grausamkeit und das ungeheure Unglück unserer gemeinsamen Geschichte. In der Chance, einen ganzen Kontinent unser ›zu Hause‹ zu nennen« (Cărtărescu 2007, 109/110).

Aber die europäische Einigung war nicht ausschließlich ein freier Zusammenschluss zum Zwecke des inneren Friedens. Sie erfolgte auch angesichts einer Sowjetunion, die als Bedrohung von (West-)Europa wahrgenommen wurde, und war somit teilweise auch ein Bündnis nach außen, um einen Feind abzuwehren. Damit sind in die neue Einigung zumindest Elemente eines uralten Mechanismus eingeflossen, auf dessen Problematik der Doyen der britischen Historiker Geoffrey Barraclough schon in den 1960er Jahren hingewiesen hat:

»Unter den Mehrdeutigkeiten, welche in der Vergangenheit die Frage der europäischen Einheit vernebelt haben, steht als erste die seit der Zeit der Kreuzzüge deutlich wahrnehmbare Tendenz, sich diese Einheit in Begriffen der Feindschaft und Reaktion gegen ein Anderes vorzustellen« (Barraclough 1964, 51).

Diese »Mehrdeutigkeiten« finden heute ihre Fortsetzung, wenn Europa als »christliches Abendland« definiert wird und damit alle anderen Dimensionen ausgeschlossen werden; besonders aber in der »Festung Europa«, mit der sich der reiche Kontinent vor unerwünschtem Zuzug aus den Armenhäusern des Globus schützen möchte. Nicht diskutiert wird dabei der Anteil Europas an der Verarmung mancher Länder des Südens (Stichwort Überfischung der Weltmeere, um nur ein Beispiel zu nennen). Damit hängt auch noch eine weitere »Mehrdeutigkeit« zusammen. Die europäische Einigung erfolgte, wie Joscha Schmierer zu Recht bemerkt, durch die Nachfolger zusammengebrochener oder zusammenbrechender Imperien: *»Die ursprünglichen Mitgliedsstaaten der EU waren vor ihrer Vereinigung die übrig gebliebenen Machtkerne von imperialen Bestrebungen rund um die Welt. Erst die Entkolonialisierung und vorher schon die Zerschlagung des deutschen Reiches verwandelte sie nolens volens aus ethnisch oder kulturell verstandenen Machtkernen imperialer Expansion in dauerhaft kooperationsfähige und -willige Mitgliedsstaaten der EU«* (Schmierer 2012, 14). Allerdings beurteilt Schmierer –

etwas vorschnell, wie ich meine – die Überwindung von Imperialismus und Kolonialismus als bereits endgültig gelungen. Dieses Erbe ist aber nach wie vor vorhanden, wenn es auch lange Zeit nicht so sichtbar war. Die umfassende geistige, kulturelle und strukturelle Überwindung der Reste von Imperialismus und Kolonialismus muss daher zu einer zentralen Aufgabe des Friedensprojekts Europa werden.

Inzwischen geht die Realpolitik in eine andere Richtung. Es gibt eine europäische »Sicherheitsstrategie« und auf ihr basierend eine *Common Foreign and Security Policy and European Security and Defence Policy*. Diesen Impuls nimmt auch die »Future of Europe Group« auf, wenn sie unter dem Titel »Europe as a global player« selbstbewusst eine gemeinsame Außenpolitik zur internationalen Durchsetzung von Europas Interessen fordert. Was dabei unter den Tisch fällt: Die Einsicht, dass es in Zeiten der Globalisierung keinen dauerhaften inneren Frieden geben kann, ohne die gewalttätige Anarchie der internationalen Beziehungen zu überwinden. Das heißt, dass das Friedensprojekt Europa sich langfristig nur wird halten können, wenn es auch einen substanziellen Beitrag zu einer globalen friedlichen Weltordnung leistet.

Europa zu Ende denken heißt daher, es als Friedensmacht nach innen und nach außen zu denken. Schon vor einigen Jahren hat Peter Sloterdijk darauf hingewiesen, dass in der heutigen geopolitischen Situation Europa die Aufgabe hat, etwas historisch Neues zu erfinden – eine »sanfte Supermacht«, eine Weltmacht, die in Zeiten der *Weltinnenpolitik* ihre Rolle völlig anders und global verträglich definiert – im Gegensatz zu den Großmächten in den Zeiten des globalen Chaos, also vor allem im 19. und 20. Jahrhundert. In den etwas pathetischen Formulierungen des Philosophen (Sloterdijk 1994, 48):

»Die Aufgabe, an der sich heutige und künftige Europäer zu messen haben, lautet […], das Prinzip Großmacht oder Imperium selbst in einer historischen Metamorphose aufs Spiel zu setzen. Der Zwang zur großen Politik erscheint heute in der Herausforderung, die Imperialität des Großmachtgebildes selbst aufzubrechen und dieses zu einem Mitspieler auf der Bühne einer künftigen Weltinnenpolitik zu transformieren.

Europa wird das Seminar sein, wo Menschen lernen, über das Imperium hinaus zu denken.«

Das ist tatsächlich ein höchst aktueller Anspruch. Ihn aus den lichten Höhen der Philosophie in die Praxis des politischen Alltags zu holen, ist eine Aufgabe, die noch gar nicht in Angriff genommen wurde.

Literatur

Barraclough, Geoffrey (1964): *Die Einheit Europas als Gedanke und Tat.* Göttingen: Vandenhoeck & Ruprecht.

Cărtărescu, Mircea (2007): *Europa hat die Form meines Gehirns. Texte zu Kultur und Literatur.* Stuttgart: merz&solitude.

Final Report of the Future of Europe Group. http://www.statewatch.org/news/2012/sep/eu-future-of-europe-report.pdf (14. 2. 2013)

Schmierer, Joscha (2012): Über das Wetten in Sachen EU. In: *Kommune* 6, 13–18.

Sloterdijk, Peter (19994): *Falls Europa erwacht.* Frankfurt: Suhrkamp.

Susanne Scholl

Europa – was nun?

Ich war und bin eine überzeugte Europäerin. Das klingt banal, ist es aber nicht. Fragen Sie einen Italiener, eine Französin, einen Finnen, eine Polin – die Antwort wird immer national sein. Die, die sich als Europäer betrachten, sind eine verschwindende Minderheit.

Als der so furchtbare wie sinnlose Jugoslawienkrieg gerade begonnen hatte, saßen wir einmal in Bonn in einer größeren Journalistenrunde zusammen. Unter uns auch der Korrespondent der damals noch gesamtjugoslawischen Nachrichtenagentur Tanjug. Der Zerfall Jugoslawiens war in vollem Gang, jeder entdeckte plötzlich, dass er Kroate, Bosnier, Serbe oder Kosovare war. Und natürlich fragten wir unseren Kollegen prompt, als was er sich nun selbst bezeichnen würde. Und er sah uns melancholisch an und sagte, er gehöre zu jener Minderheit von 5 Prozent, die einfach Jugoslawen seien. Mit kroatischer, serbischer, bosnischer und albanischer Verwandtschaft.

Es hat ihm nichts genützt, am Ende landete er zuerst in Belgrad und danach im Ausland.

Was hat das mit unserem Thema zu tun, werden Sie sich fragen. Sehr viel.

Ich bin, wie gesagt, eine überzeugte Europäerin. Und war eine glühende Verfechterin des österreichischen EU-Beitritts. Und bin es bis heute. Und beobachte mit großer Sorge, wie dieses Europa trotz allem immer weiter auseinanderdriftet.

Was natürlich mit dem Egoismus der Nationalstaaten – oder besser derer zu tun hat, die in eben diesen Nationalstaaten weltberühmt sind und dies auch bleiben wollen. Weshalb sie es sich zur Gewohnheit gemacht haben, alles, was gelingt, sich selbst auf die Fahnen zu schreiben, und alles, was misslingt, Europa in die Schuhe zu schieben.

Zum Beispiel die Sache mit den Flüchtlingen.

Wir haben in Österreich schlechte Gesetze für Menschen in Not. Anders kann man es nicht sagen. Jahrelang hat man die Schrau-

ben immer enger gezogen, ohne nachzudenken, wen man mit dieser Härte trifft, die mehr als übertrieben scheint.
In der praktischen Anwendung dieser Gesetze scheut man sich auch nicht davor, sämtliche internationalen Konventionen zu missachten.
Man beruft sich meistens auf den Buchstaben dieser Konventionen und bricht sie, indem man die betroffenen Menschen von allem Anfang an der Lüge und des Wunsches zeiht, zu betrügen und sich irgendwelche Vorteile zu erschleichen.
Man zieht die vor Gewalt, Verfolgung, Mord und Totschlag Geflohenen des Asylmissbrauchs und des Nichtstuns – und verurteilt sie gleichzeitig selbst dazu.
Man macht die Geflüchteten zu Menschen zweiter Sorte und unterstellt ihnen pauschal, zu nichts anderem gut zu sein, als sich als Erntehelfer oder Prostituierte zu verdingen.
Und dann geschieht, womit keiner gerechnet hat, und eben diese solcherart in Österreich Apostrophierten melden sich zu Wort und sagen, was sie wirklich wollen.
Einen Ort zum Arbeiten und Leben – wie Menschen.
Eine einfache Forderung.
Nicht von widerwillig gegebenen »milden« Gaben leben müssen, nicht hin und her gestoßen werden, als sei man ein Postpaket.
Wir aber berufen uns auf unsere inzwischen ganz und gar papieren gewordenen Gesetze, die nichts mehr im realen Leben verloren haben und gemacht sind nicht für, sondern gegen Menschen.
Und wenn die Kritik nicht aufhören will, machen wir, was wir immer machen. Wir schieben die Schuld auf Brüssel.
Die Gesetze seien europäische, heißt es dann, dagegen könnten wir armen kleinen Österreicher nichts tun.
Genau so ein vereintes Europa habe ich mir nicht erträumt, damals, als es hieß, wir würden bald Teil eines großen gemeinsamen europäischen Hauses werden.
Dieses Haus habe ich mir wunderschön vorgestellt. Kellerwohnungen ohne Licht und Heizung, so dachte ich, würde es in diesem meinem schönen europäischen Haus nicht geben.

Danke für Deine Aufforderung, mich zu Europa zu äußern. Leider ist es mir vollkommen unmöglich, bis Ende Februar irgendetwas Kluges zu schreiben. Die Sache selber ist ja so verfahren und im Grunde angefault, dass man die ganz basalen Fragen stellen müsste, um in den folgenden Jahren Antworten zu erhalten. Aber ich bin fast den ganzen Februar unterwegs und komme nicht dazu.

Michael Krüger
Autor und Verleger

Was aber geschieht heute rund um uns?
Erinnern Sie sich an die große Gas-Krise, als die Ukraine russisches Gas nicht weiter nach Europa leitete, um von Russland billigere Preise zugestanden zu bekommen?
Wir Österreicher – und auch Deutschland, Italien und Frankreich – gaben uns gelassen und wurden nicht müde, darauf hinzuweisen, dass wir ausreichende Gasreserven besäßen und selbst bei längerem Lieferstopp nicht frieren würden.
In der Slowakei blieben derweil die Wohnungen kalt und die Fabriken mussten die Arbeiter nach Hause schicken.
Wo war damals jene Solidarität, die ich in meiner Naivität für eine Selbstverständlichkeit in diesem europäischen Haus gehalten hatte?
Mit den Flüchtlingen verhält es sich ganz ähnlich.
Wir schieben Sie wie fehlgeleitete Pakete hin und her, ohne Rücksicht auf familiäre Bindungen, sprachliche Vorbedingungen oder sonstige Voraussetzungen. Hauptsache, wir werden sie los!
Wir schicken gnadenlos Leute zurück nach Polen oder Ungarn. Wohl wissend, was ihnen dort für Schicksal droht.
Denn heute, im 21. Jahrhundert, im Zeitalter von Internet und Social Media, kann mir keiner mehr erzählen, er habe nichts gewusst.
Zum Beispiel davon, wie sich Ungarn entwickelt. Ungarn, das so freudig in dieses gemeinsame europäische Haus aufgenommen worden war, wie alle anderen ehemaligen sozialistischen Länder. Obwohl es vielleicht ratsam gewesen wäre, eben diesen Ländern erst einen Bungalow im Garten zur Verfügung zu stellen und sich ein bisschen Zeit zu lassen mit der Übergabe einer Wohnung in der Beletage.

Nun hat Ungarn diese Wohnung aber bezogen, gleich neben Österreich. Und ist dabei, nicht nur die Parkettböden herauszureißen, sondern auch Bad und Küche in Gefängniszellen zu verwandeln. Anders ausgedrückt – Ungarn geht einen mehr als besorgniserregenden Weg.
Und die restliche Nachbarschaft schaut weg.
Im Wegschauen sind wir Europäer ja bekanntlich Weltmeister.
Als in Ruanda Millionen massakriert wurden – zum Beispiel und um nur ein solches Beispiel von vielen zu nennen.
Jetzt schauen wir eben auch weg, wenn bei unseren Nachbarn wirklich Ungeheuerliches geschieht, wenn das Verfassungsgericht in seiner Unabhängigkeit deutlich beschnitten wird, wenn Roma und Sinti verfolgt werden wie unter den Nazis, wenn die Meinungsfreiheit auf null reduziert wird.
So habe ich mir dieses, mein europäisches Haus nicht vorgestellt.
Und ich erwarte und hoffe, dass sich daran etwas ändern wird.
Was wir brauchen, ist ein großzügiges, liberales, menschenfreundliches Europa – und vor allem eines, das die bereits erwähnte kleinkarierte nationalstaatliche Denkungsart endlich überwinden kann.
Die daheim Weltberühmten sollen nicht mehr die Möglichkeit haben, dieses wunderbare Projekt in Richtung Abgrund zu lenken.
Es werden sich sicher irgendwelche harmlosen Repräsentationsaufgaben für sie finden lassen, in denen sie herumstolzieren und sich wichtig machen können – ohne Schaden anzurichten. Während die Vernünftigen in Brüssel dafür sorgen, dass dieses Europa sich wieder auf seine Ursprünge besinnt und wieder wird, als was es entstanden ist: ein Friedensprojekt nämlich, dessen Ziel auch die Überwindung des nationalstaatlichen Egozentrismus sein muss.
Ich weiß, ich weiß, das ist eine ziemlich utopische Vorstellung, ein zumindest gerade jetzt kaum verwirklichbar scheinender Wunschtraum. Aber wie meine russischen Freunde immer und immer wieder betonen – die Hoffnung stirbt eben tatsächlich zuletzt!

Julya Rabinowich

Fluchtarien

Szene aus dem Theaterstück »Fluchtarien«. Sämtliche Texte des »Posters« sind Originalpostings aus Onlineforen.

Tschetschenin (murmelnd): Slowakei ist eine Glocke. Slowakei ist eine Glocke. Slowakei ist eine Glocke …

Poster: Geh bitte.

T: Dunkelheit vor mir. Feuerschein hinter mir. Schweigen in mir und Stille rundum. Das eine Kind an einer Hand, das andere im Arm, der Bub geht vor, vorsichtig im Dunklen.

P: Geh bitte.

T: Rucksack schneidet ein, ist schwer, die ganze Vergangenheit zusammengeschnürt auf einen Rucksack, und die will man nicht loslassen, irgendwas muss man festhalten, sonst wird man zu leicht, und immer leichter, ausgedünnt von Geschichte, bis man halb durchsichtig ist und dann ganz weg.

P: Zu uns in die soziale Hängematte. Geh bitte.

T: Der Rucksack ist wichtig, er verankert mich auf fremder Erde, die wir unter unseren Füßen weiterschieben, wir stoßen uns ab, wie Schlittschuhläufer stoßen wir uns ab, und gleiten, gleiten aus dem Bekannten ins Ungewisse, und es ist kalt, wie beim Schlittschuhlaufen, aber kein heißes Teeglas in unseren Fingern, die ich kaum noch spüre, weder meine, noch die vom Kind.
Ich atme sie an, ich stoße alle Hitze hervor, die mir noch gehört, ich will ein Drache werden, ich werde rasend vor Wut, weil meine Wärme so eine erbärmliche kleine Wärme ist im großen Dunkel des Waldes, wütend wie ein Drache, aber nicht mal halb so warm, das Feuer ist hinter uns, kein Widerschein gegen den Nachthimmel.
Ich schnappe nach der kalten Luft, stoße die kalte Luft hervor, und die Finger vor mir bleiben, wie sie sind.

P (lachend). WirtschaftsKURflüchtlinge. Keine Existenzsorgen zu haben, befreit ungemein! ;-)

T: Viel später werden wir uns wieder erwärmen, wir drei, der ältere Bub, die Tochter und ich. Und die kleinen Finger werden so bleiben, wie sie sind, ich werde meine eigenen kaum aus ihnen lösen können, nur mit Gewalt, und ich werde nicht weinen, weil ich ja noch zwei Kinder weiterbringen muss und keine Zeit ist für solche Kinkerlitzchen wie stehen bleiben.
Ich geh also und geh, und meine Augen werden Stein, ich kann die Lider nicht senken, ich kann den Blick nicht lösen von dem Ziel, und das Ziel heißt: vorwärts. Das Ziel heißt: nicht innehalten.

P: Alles Schönreden hilft nichts, wenn ich von zu Hause wegrenne, weil ich hart für meine Heimat arbeiten müsste und lieber vom Wohlstand anderer mitnasche, bin ich arm?

T: Und während ich so geh und geh, hör ich meinen Mann, und er sagt mir, wo ich langgehen soll, und er verspricht, dass alles gut wird, und als er mich umarmt, und ich meinen Kopf endlich anlehnen kann an seine Brust, und mich wieder beschützt fühle, wie früher, als ich alle seine Entscheidungen mittrug, so, wie ich es gewohnt bin, und als ich aufatme, weil ich ihm endlich alles überlassen kann, rüttelt mich mein Sohn, rüttelt mich ganz brutal, mit so viel Kraft, wie ich sie ihm nicht zugetraut hätte, und sagt: Mama, steh auf. Und seine Stimme hat auf einmal einen Klang, den ich von den Soldaten kenne, von unseren und von den feindlichen. Heiser, ängstlich, brutal.

P: Ein Großteil jener, die bei uns um Zuflucht ansuchen, sind keine Unschuldslämmer, sondern schlicht kaltblütige Kriminelle, vor deren Gegenwart uns der Staat eigentlich schützen sollte.

T: Und mir wird klar, dass ich diese Stimme aus seinem Kindermund nicht hören will, und das bedeutet, dass ich General werden muss, um ihn vor dem Soldatendasein zu bewahren.

P: Sie kommen nach Österreich, wollen sofort Unterstützung, über 1000 € sind ihnen zu wenig, da liegen sie lieber im Bett, frieren + hungern angeblich. Alle sind so böse zu ihnen.

Wie realistisch ist die vage Vision von den »Vereinigten Staaten Europas«? Die Vorstellung der Vereinigten Staaten von Europa war dem Grundgedanken der Europäischen Gemeinschaft entsprechend immer schon vorrangig eine Friedensvision. Winston Churchill, Victor Hugo und viele andere Väter dieser Idee sahen darin die Vision von Frieden und Wohlstand auf dem immer wieder von Krieg verwüsteten Kontinent. Nun, 2013, haben wir es aber auch ohne »Vereinigte Staaten von Europa« zu lang anhaltendem Frieden und nie da gewesenem Wohlstand gebracht. Viele Menschen fragen sich deshalb, warum braucht es noch Vereinigte Staaten von Europa? Wie soll dieses Konstrukt aussehen, welche Vorteile entstehen für den Einzelnen dadurch? Bei vielen klingt das nach noch mehr Distanz zwischen Bürgern und Politikern, es klingt nach komplexen verfassungsrechtlichen Konstruktionen und es klingt nach den Interessen der Großen, Reichen und Mächtigen. Bei dem Begriff »Vereinigte Staaten« denkt man auch unweigerlich an Amerika. Ist dort wirklich alles besser? Es klingt ein bisschen nach Binnenmarkt und über den sagte schon Jacques Delors, dass man diesen nicht lieben kann. Die Menschen sahen im Binnenmarkt im Gegensatz zu Politik und Wirtschaft auch nie ein geliebtes Ziel, sondern nur den notwendigen Weg zu wirtschaftlichem Aufschwung und zu gemeinsamem Wohlstand. Der Binnenmarkt war Weg, nicht Ziel.

Die juristische Beschreibung einer Staatenkonstruktion kann man nun einmal nicht lieben und es wird auf diese Weise auch Europa keine Seele gegeben! Wir sind an einem Punkt der europäischen Integration angelangt, an dem wir uns essenzielle Fragen stellen müssen. Wie soll unser Zusammenleben in einigen Jahren aussehen? Welche Chancen sollen unsere Kinder in Zukunft haben? Wie wollen ältere Generationen ihren Lebensabend verbringen? Gerade die europäische Vielfalt bietet eine gute Grundlage für neue Chancen und Akzente. Denn wo Grenzen fallen, tun sich neue Möglichkeiten auf.

Zentral für die Annäherung an ein neues Europa wird aber das Umdenken der Menschen sein, ein vereintes und somit einiges Europa nicht als Gefahr, sondern als große Chance und Zukunftsvision zu sehen. Es ist bewusst, dass es gerade in Zeiten der wirtschaftlichen Krise keine Alternative zur Solidarität der Staaten gibt, dass wirtschaftliche Zusammenarbeit im globalen Wettbewerb für den europäischen Wirtschaftsraum ein Gebot ist. Es geht aber, wenn wir von Europa sprechen, um viel mehr: Es geht um ein Europa der Werte, es geht um die Seele Europas. Vereinigte Staaten von Europa werden Wirklichkeit werden, wenn sie der beste Weg für Europa sind, um ein gemeinsames Ziel in einer besseren Zukunft zu erreichen. Gerade auch in dieser Hinsicht erwarte ich mir vom 5. Pfingstdialog viele fruchtbare Diskussionen und weiterführende Impulse.

Hermann Schützenhöfer
Landeshauptmannstellvertreter der Steiermark

T: Und ich lache, und sage, alles wird gut, und ich stehe auf, schüttele den Schnee ab und setze wieder einen Fuß vor den andern.

P: tja, Pech, hättens eben net dauernd kriege angezettelt dann würde es ihnen jetzt net so dreckig gehen.

T: An der Grenze fangen sie uns ab, fangen sie uns auf, ich falle, falle in ihre helfenden Hände, in ihre wärmenden Decken, in ihren Bus, und ich denke, mein Mann hatte recht, alles wird wieder gut.

T: Und als wir schon in Wien sind, und alle gegessen haben, und geschlafen, und sogar beim Arzt waren, als mir ganz klar ist, dass wir leben, da fällt mir der Wald wieder ein. Und der Schnee. Die Stille. Und dann wird mir klar, mein Kleiner hat nicht mal ein Grab, das sich Grab nennen könnte, während wir hier in Traiskirchen –

P: wie die Maden im Speck

T: – ein Bett haben und ein Dach über dem Kopf und billiges Essen. Es geht uns gut.

P: so mancher Pensionist würde gerne tauschen.

T: Uns geht es gut, aber der Wald liegt hinter der Grenze, die wir überwunden haben, der Wald gehört nicht zu Österreich, wie mein Kind nicht mehr zu mir gehört, es ist hinter uns zurückgeblieben und ich habe nicht mal einen Stein für sein Grab.

P: zuenden's ein kerzerl an! ein frommes gebet schadet auch nicht, also bitte drei mal den rosenkranz rauf und runter leiern …
GOTT wird es ihnen danken, he he …

T: und ich werde von vielen Unbekannten befragt, und ich rede und rede, und je mehr ich rede, desto sinnloser kommen mir die Worte vor, weil sie der Realität nicht standhalten können, weil »Weg« und »Kälte« und »Wald« sinnlos sind. Und weil es so sinnlos ist, lache ich und lache und lache, und meine Kinder finden das nicht lustig, und wollen auch reden, und ich hasse die Worte, die mir fehlen und die ich sorgsam verteilen muss, damit ein jeder zufrieden ist, ich lache also und dann schweige ich.

P: – nur damit wir wieder mal deppert herzeigen müssen, wie sozial unser dummer staat ist.

T: und dann kommen andere, die wissen wollen, wo dieser Wald denn ist, und ich weiß es natürlich nicht, und ich lache wieder und sie geben mir Medizin, ich nehme sie statt der Worte in meinen Mund und schlafe. Und dann fragen sie mich wieder, und wieder, wo, warum, weshalb, woher.
Wo ich über die Grenze gekommen bin. Ich wüsst es selber gerne, weil ich in den Wald zurück will. Unbedingt zurück will. Dann bin ich artig, weil ich so viel erzählt habe, und sie sagen mir das Zauberwort: Slowakei. Und ich weine gleich wieder, vor Freude diesmal, weil der Wald kein namenloser mehr ist, sondern ein bekannter, fast ein verwandter. Sl-owa-kei.
Und sie geben mir Blätter zum unterzeichnen, ich mach so, als ob ich die Zeichen deuten könnte, weil es mir peinlich ist, ich habe es nie gelernt, und mach eine Wellenlinie drunter, die wie Zeichen, ja nicht wie ein Kreuz aussehen soll, und sie lassen mich in Ruhe.

P: Schwachsinn.

T: Slowakei ist eine Glocke. Deren Klang breitet sich in mir aus und schwingt und lässt mich beben. Und ich erkläre meinen Kindern, dass ich unbedingt in die Slowakei muss, ihren Bruder holen, damit er endlich wieder bei uns ist. Sie klammern sich an mich, sie lassen mich gleich darauf nicht mehr alleine aufs Klo, in die Küche, nirgendwohin, ich gehe mit einer Traube Kinderkörper an mir umher, meine Zimmernachbarin meint: so ein großer Junge, schäm dich, und mein Sohn kritzelt Zeichnungen an ihre Tür, und wird natürlich ertappt und es gibt Ärger, weniger mit ihr, aber mit der Hausverwaltung, weil die Tür kostbar ist und der Lack auf ihr erst recht.

P: Geh bitte.

T. Unser Lack ist jedenfalls ab. Das wird auch Ärger geben. Ich erfahre: Wir sind mutwillig aus der Slowakei weitergezogen. Jetzt sind wir hier. Lange sind wir schon hier, ich würde sagen: fast zu

lange, meine Kinder versuchen aus allen Kräften, hier zu sein. Ich will in die Slowakei. Nur einmal.
In die Slowakei! Mit Kerzen und Blumen. In die Slowakei!
Mit allem, was dazugehört. Wenn ich wieder über die Grenze gehe, dürfen wir nicht mehr rein. Hier dürfen wir nicht rein.
Wir müssen dann leider draußen bleiben.
Mein Sohn kommt mit neuen Worten, immer neuen. Ich lerne heimlich mit ihm mit, ich bitte ihn, die Worte zu lesen und die Zeichen zu zeigen und während ich ihn lobe, versuche ich mir alles zu merken –

P: statt dass man der eigenen Jugend mal helfen würde.

T: Meine Tochter hat Freundinnen. Ältere. Sie mag keine kleinen Kinder mehr sehen. Wenn sie nicht zu Hause sind, setze ich mich still in eine Ecke und läute innen die große Glocke Slowakei.

»Die Einigung Europas gleicht dem Versuch, ein Omlett zu backen, ohne Eier zu zerschlagen.«

Paul Lacroix (1806–84)
Schriftsteller

Werner Weidenfeld

Europa: die Frage nach Krieg und Frieden

Es gab Zeiten, da löste das Europathema eher Langeweile aus. Die Europäische Wirtschaftsgemeinschaft (EWG) war etabliert. Sie besaß Zuständigkeiten für den Agrarmarkt und den Außenzoll. Die Integration war fester Bestandteil der weltpolitischen Statik des Ost-West-Konflikts. Viele Brüsseler Korrespondenten klagten, dass ihre Heimatredaktionen keine Artikel zu Europa haben wollten.

Dies alles hat sich nun tiefgreifend verändert. Europa ist zum Machtkoloss geworden. Ein umfassender Kompetenztransfer von den Mitgliedstaaten auf die supranationale Ebene hat stattgefunden. Einen symbolträchtigen Ausdruck fand dieser in der Schaffung der gemeinsamen Währung (Euro).

Vor diesem Hintergrund bietet nun seit geraumer Zeit Europa ein großes Drama. Tägliche, fast stündliche Hiobsbotschaften versetzen die Menschen in Aufregung; sie lösen Sorgen und Ängste aus. Schlagzeilen wie »Albtraum Europa«, oder »Der Kontinent brennt« werden gleichsam zur Routine. Und weit über 70 % der Menschen sagen: Ich verstehe das alles nicht.

Notwendig ist also Erklärung, Begründung und Deutung in einer unruhigen und zugleich komplizierten Zeit. In der Geschichte Europas ist diese Notwendigkeit nicht zum ersten Mal gegeben. Der historisch bedeutendste Schritt einer neuen Deutung der Lage war am Ende des Zweiten Weltkriegs zu beobachten. Ein Kontinent hatte über Jahrhunderte Kriege und Katastrophen erlebt. Millionen von Menschen wurden vernichtet. Blutspuren zogen sich durch die Nationen. Das Syndrom des völligen Untergangs, der völligen Vernichtung wurde anschaulich und real. Um dies alles abzuwenden, wurde der Hebel der politischen Kultur komplett gewendet: Nicht mehr eine nationalistische Überschätzung, nicht mehr die aggressive Feindlichkeit sollten die europäische Welt erklären, sondern der Aufbruch in ein gemeinsames Europa. Das Wörterbuch des Unmenschen wurde in das Archiv abgelegt und das Bild von Frieden und Freiheit sollte zum dominanten Deutungsmuster werden. Breite Bürgerbewegungen scharten sich hinter dieser Vision. Eine supranationale Gemeinschaft sollte Frieden unter jenen Staaten schaffen, denen das über Jahrhunderte nicht gelang. Ein rechtsstaatlicher Verbund der ehemaligen Kriegsgegner wurde zum Zukunftsmodell.

Diese Friedensperspektive besaß eine zweite Dimension: Im Ost-West-Konflikt fühlte man sich in den Demokratien des Westens existenziell bedroht durch die kommunistischen Diktaturen des Ostens. Jeder westeuropäische Staat wäre zu schwach, um der imperialen Weltmacht des Ostens erfolgreich Widerstand leisten zu können. Nur gemeinschaftlich würde ein Überleben gelingen. So wurde die Integration Europas zur unmittelbar plausiblen existenziellen Überlebensbedingung der Demokratien. Europarat, Europäische Gemeinschaft für Kohle und Stahl, Europäische Wirtschaftsgemeinschaft, Europäische Atomgemeinschaft, Deutsch-Französischer Freundschaftsvertrag: Eine große Erfolgsgeschichte nahm ihren Lauf auf der Grundlage der neuen Erfahrung von Frieden, Freiheit und Sicherheit.

Aber die unmittelbare, prägende Erfahrung der blutigen Schlachtfelder rückte mehr und mehr in die abstrakten Texte der Geschichtsbücher. Es war nicht mehr der tiefe Eindruck der persönlichen Erfahrung. Die Erosion der Friedensvision wurde später nochmals angegangen; die positive Idee wurde reaktiviert. Als man unter der Führung von Kanzler Helmut Kohl und Frankreichs Präsidenten François Mitterrand eine Wirtschafts- und Währungsunion mit einer gemeinsamen Währung schuf, wurde Kohl nicht müde, diesen Schritt als eine Frage von Krieg und Frieden zu erklären.

In den aktuellen Turbulenzen um den Euro griff Altbundeskanzler Kohl dieses Bild wieder auf. Er schrieb in einem Artikel erneut, Europa sei eine Frage von Krieg und Frieden. Aber die Reaktion war völlig anders als früher. Seriöse Kommentare bescheinigten dieser Formel nun, sie sei »gespenstisch«. Daraus ist abzuleiten: Die elementare Begründung der Einigung Europas muss die neuen Konstellationen ebenso erklären wie die große Erfolgsgeschichte und die lange Geschichte der Krisen. Eine bloße Wiederholung

Um die Zukunft Europas sicherzustellen, muss klar sein, welches die kommenden Herausforderungen für unsere Gesellschaften sein werden, was die Europäische Union in den nächsten Jahrzehnten leisten muss, wie die Bürgerinnen und Bürger ihre Zukunft innerhalb der Union sehen und wie das Ziel eines besseren Europas gemeinsam erreicht werden kann.
Die durch Versäumnisse in der gemeinsamen europäischen Konstruktion ausgelösten krisenhaften wirtschaftlichen Entwicklungen der letzten Jahre waren ein Weckruf und wichtiger Impuls für Reformen. Sie haben der EU rasche und weitreichende Maßnahmen zu ihrer Überwindung abverlangt. Bei der Frage nach der Zukunft Europas geht es allerdings um mehr als ausgeglichene Staatshaushalte und stabile Wirtschaftsdaten. Es geht darum, wie die Arbeitsweise und Regierungsführung der EU gestaltet sein muss, damit in Europa auch in Zukunft nachhaltiger Wohlstand, innerer und äußerer Frieden und soziale Sicherheit gewährleistet werden können. Im Zentrum dieser Debatte steht die Frage nach der Bereitschaft der Mitgliedstaaten, die nächste Stufe der Integration – hin zu einer »immer engeren Union«, wie es in den EU-Verträgen steht – zu gehen.
Die Diskussion um längerfristige Zukunftsfragen ergänzt die Maßnahmen zur Krisenbekämpfung in verantwortlicher Weise und stellt zugleich sicher, dass aus vergangenen Fehlern gelernt und die EU auf solide und zeitgemäße Grundlagen gestellt wird. Selbst- und Systemkritik, Innovationskraft und Erneuerungswille dürfen nicht vorschnell erlahmen.
Bei all diesen Bestrebungen muss besonderes Augenmerk auf die Frage gelegt werden, wie die Mitsprache der Menschen bei der politischen Entscheidungsfindung zu europäischen Fragen auf nationaler und europäischer Ebene verbessert werden kann. Als demokratisch verfasste Gemeinschaft ist die EU nach innen nur dann legitimiert, wenn sie auf die Akzeptanz, das Zugehörigkeitsgefühl und die Loyalität ihrer Bürgerinnen und Bürger zählen kann. Es müssen daher die Anstrengungen zur Schaffung einer europäischen Öffentlichkeit und einer europäischen Identität verstärkt werden. Es muss verständlicher werden, wofür Europa steht und welche Heimat Europa seinen Bürgern heute ist und künftig sein will.
Ich bin überzeugt, dass die Zeit reif ist, eine Debatte über die Zukunft der EU zu führen und erste Maßnahmen schrittweise umzusetzen. Wichtig ist, dass diese Debatte offen und unter Einbeziehung der europäischen Bürgerinnen und Bürger geführt wird.

Michael Spindelegger
Vizekanzler und Bundesminister für europäische und internationale Angelegenheiten der Republik Österreich

der alten Formeln reicht zum Verstehen der komplexen Lage Europas nicht aus. Aber genauso wenig kann das bloße Abheben auf situatives Krisenmanagement und fluide Spekulationswellen der Märkte die Lage erklären. Wie dürftig aber die aktuellen Versuche der Erläuterung in Europa ausfallen, zeigt auch das Urteil des Philosophen Jürgen Habermas, der »eine normativ abgerüstete Generation der Kurzatmigkeit« konstatiert.

Bringen wir die aktuelle Krise, die Schwierigkeiten und Herausforderungen mit den elementaren historischen Begründungen von Krieg und Frieden auf einen Schlüsselpunkt des Themas: Europas Politik muss das Erklärungsdefizit eliminieren. Es sind viel mehr Zeit und Kraft auf die Erläuterung zu richten. Wer die Deutungshoheit gewinnt, der gewinnt auch die Zukunft. Und dennoch: Auch ein strategischer Entwurf zum Projekt Europa wird heute in einen schwierigen Kontext geraten. Die sowieso nur schwach ausgeprägte Identität Europas hat inzwischen ihre politische Stabilisierungsleistung weitgehend eingebüßt. Es gab in früheren Jahrzehnten durchaus stärkere Prägungen. Nach dem Zweiten Weltkrieg spürten die Europäer – jenseits ihrer entfernten historischen Erfahrungslinien – die ausgeprägte Notwenigkeit, als Antwort auf die Weltkriege eine Friedensgemeinschaft aufzubauen. Diese gemeinsame Idee geriet dann in einen dramatischen weltpolitischen Konflikt. Die Auseinandersetzung zwischen Ost und West war mehr als ein bloß vordergründiger Machtkonflikt: Sie war auch ein elementarer Konflikt um Normen. Und dies wirkte wiederum identitätsstiftend. Als der weltpolitische Konflikt zwischen Ost und West beendet war, fehlte die Identitätshilfe.

Europa kann heute nur als rettende, elementare Antwort auf die Globalisierung ein neues Ethos entfalten. In der Globalisierung liegt die Idee für die neue, kraftvolle Begründung. Ein Aufbruch aus der »zweiten Eurosklerose« kann nur vermitteln, wer die Kunst der großen Deutung beherrscht. Am Beginn steht die Globalisierung mit ihren dramatischen Konsequenzen für jeden Einzelnen. Europa liefert die Antwort darauf mit seinem strategischen Konzept der Differenzierung nach innen und nach außen. Nur die Union kann schlüssige Antworten liefern, nur die Gemeinschaft ist stark genug, den einzelnen Staaten Schutz, Ordnung und Individualität zu garantieren. Europa hat das Potenzial zur Weltmacht. Allerdings muss dieses Potenzial angemessen organisiert und mit dem Geist europäischer Identität erfüllt werden. Eine solche historische Großleistung kann das gleiche Europa erbringen, das heute den großen Herausforderungen verunsichert gegenübersteht.

Eine mächtige politische Wirklichkeit, die ihre Identität sucht, braucht den Ort repräsentativer Selbstwahrnehmung. In der klassischen Lehre der repräsentativen Demokratie ist dieser Ort das Parlament. Das Europäische Parlament und die nationalen Parlamente sind heute aber weit davon entfernt, der öffentliche Ort der Selbstwahrnehmung einer Gesellschaft mit ihren Zukunftsbildern und Hoffnungen, mit ihren Ängsten und Konflikten zu sein. Das Europäische Parlament muss also – wie auch die nationalen Parlamente – seine Rolle neu verstehen.

Identität wird durch einen gemeinsamen Erfahrungshorizont kreiert. Die Möglichkeiten hierzu bieten sich schon jetzt. Die Dichte integrativer Verbindung hat drastisch zugenommen. Längst ist es nicht mehr die bloße Zollunion oder dann nur der Binnenmarkt. Die Wirtschafts- und Währungsunion hat einen schicksalhaften Schub des Aufeinander-angewiesen-Seins ausgelöst. Auch aus dem Ausland kommen fast täglich Anfragen – sei es zum UN-Sicherheitsrat, sei es zur Transformation im arabischen Raum, sei es im Nahost-Konflikt oder zu den Klima-Regimen. Aber eine kompakte europäische Antwort bleibt bisher aus. Allzu lange kann sich Europa dies nicht erlauben. Vielmehr muss es sich als Strategiegemeinschaft verstehen. Der Machtzuwachs Europas ist unübersehbar. Der Bedeutungsschub Europas ist greifbar: Europa erlebt eine Zeitenwende. Die Zäsur ist vergleichbar mit den großen Einschnitten in der Geschichte. Das Ringen um imperiale Hegemonie früherer Epochen, die Erfahrung großer kriegerischer Katastrophen erfassten ähnliche politische Tiefendimensionen wie auch die Gründungsschritte zur Erfolgsgeschichte der Integration. Der große Machtapparat der Europäischen Union wird folgerichtig konfrontiert mit der Frage nach seiner Legitimation.

Eva Rossmann

Europa schmeckt …

Viele Köche verderben ja angeblich den Brei. Aber wer kocht heute noch Brei? Und sollte es sich um den inzwischen international-weltumspannenden Einheitsbrei handeln, hätte ich nichts dagegen. Mag es die zertifizierten und in jeder Beziehung berechneten »Laberln« – so sagt man bei uns im Weinviertel auch zu diesen sonst köstlichen Fleischlaibchen, Fleischpflanzerln, Frikadellen – geben, samt Matschbrot, viel Verpackung und diesem nachfolgenden flauen Gefühl im Magen, bei dem ich nie weiß, ob es sich um Hunger oder Übelkeit handelt. Und auch wenn sie sich denn am anderen Ende von »common food« an der ewig gleichen mörderischen Stopfgänseleber delektieren, weil auch der dümmste Esser weiß, dass das Zeug kostbar ist: Die Vielfalt ist es, die Kochen und Essen spannend macht. Quasi zu einer Entdeckungsreise über Zeit und Raum hinaus, einer, die im Unmessbaren, dem Augenblick, beginnt, endet und dauert.
Ja! Regionales! Ich höre die begeisterte Zustimmung der Langsamesser (man sollte sich das Wort auf der Zunge zergehen lassen, dann könnte es zu Langsa-Messer werden, etwas, das nicht alle kennen und das deswegen – womöglich nur deswegen! – bei den Kochfreaks zu einem Verkaufsschlager werden könnte) und Genießerinnen, der Lokalpatriotinnen und Haubenlokalhocker. Liegt ja überhaupt voll im Trend. Klein ist fein und groß ist unangenehm, geht irgendwie über unseren Horizont hinaus und kann erschrecken. Darf es auch. Wenn ich zum Beispiel an das Konzept der Großschlachthöfe denke. Fabriken zur effizienten Tötung von Lebewesen mit Augen und Zungen und sanften Mäulern und einem Herz, bei dem jedenfalls klar ist, dass es schlägt. Wo der Sitz der Seele ist und bei wem sie sich niedergelassen hat, darüber wird seit der Antike nachgedacht.
Also loben wir uns, zum Beispiel, den Weinviertler Röhrndiab. Eine Blutwurstmasse, die gut gewürzt in einer Kastenform gebacken wird. Und weil sie, wenn sie fertig ist, kompakt in sich zusammenfällt, quasi als regional-zaghafte Annäherung an das intergalaktische

Phänomen des Schwarzen Lochs, hat sie diesen Namen bekommen. Weil da irgendwer was aus dem Ofen genommen, gestohlen haben muss. Allerdings, das sollte man auch als Lokalpatriotin zugeben, gibt es Spielarten der Verarbeitung von Blut zu Wohlschmeckendem bald wo. In der Schweiz ist das Blutwurstbrät ganz fein. In Portugal oft ziemlich fett. Und der Black Pudding kann hinreißend, aber auch nach Blutpappe schmecken.
Warum nennen wir so etwas dann nicht einfach »Europäische Küche«? Zwar sind wir alle EU (auch wenn es viele nicht wahrhaben wollen). Und um die gemeinsame Währung machen wir uns schreckliche Magenkrämpfe, während ein paar wenige immer fetter werden. Aber wenn es ums Eingemachte, nämlich Leben und Überleben, also um Genuss oder zumindest doch Nahrungsaufnahme geht, da drücken wir uns um den Brei herum. Der ja trotzdem kein einheitlicher sein müsste. Vielleicht hat es damit zu tun, dass viele unserer Volksvertreter magenkrank aussehen. Man will sich nicht anstecken.
Dabei ist immer schon über unsere engen und immer engeren Grenzen hinaus genossen worden. Die klassische französische Küche etwa, die kommt aus Italien. Behaupten zumindest italienische Küchenfreaks und gewisse Kulturhistoriker. Weil Catarina de' Medici von Florenz nach Paris gegangen ist, um einen Heinrich zu heiraten, der später König wurde. So eine ging nie allein in derartige Abenteuer. Sie nahm auch ihre Köche mit. Und die sollen die damals noch ziemlich mittelalterlich kochenden Franzosen gelehrt haben, wie man Eis, feine Desserts, aber auch raffinierte Fleischgerichte macht und das Ganze dann auch noch in die klassische Menüreihenfolge von sauer auf süß bringt. Nix mehr großes Stück Fleisch am Spieß, sondern Tournedos, wie später vom Rossini (der ja königlicher Hofkomponist und Generalinspekteur des Gesangs in Frankreich war) mit Trüffeln und allem Drum und Dran. Nennt man die Klassiker einfach europäisch, der italienisch-französische Küchenstreit wäre zusammengefallener Eischnee von gestern, Uralttextur, die man entsorgt.
Und dann das mit den Teigtascherln: Die gibts (wieder einmal) quer durch Italien, aber selbst in Kärnten und in Zypern, doch

nicht nur dort. Man feiert Piroggen als Landesspezialität im karelischen Teil Finnlands, in Estland, in Litauen. Kann schon sein, dass die Italiener auch dort kulinarisch umtriebig waren. Aber es ist wahrscheinlicher, dass sie dort aus einem anderen Grund in anderen Varietäten auftauchen. Weil sie nämlich vom Fernen Osten gekommen sind. Einmal über den Landweg von China und Russland, einmal über den Seeweg (angeblich mit Marco Polo, aber der war nicht nur Abenteurer und Geschäftsmann, sondern vor allem Geschichtenschreiber, und ich kenne deren Hang zum Aufschneiden, ich komme aus der Branche).
Oder: Man ist schlicht da und dort draufgekommen, dass man, richtig verbunden, Mehl und Wasser füllen kann.
Einmal im Monat sollte es einen Abend im EU-Parlament geben, bei dem alle Kommissare und Botschafterinnen, alle Geschäftsträger und Aktenträgerinnen anwesend sein müssten. Da würden dann quer durch die Länder Rezepte – zum Beispiel eben für Teigtaschen – ausgetauscht. Was es da für Gemeinsamkeiten zu entdecken gäbe! Welch unterschiedliche Nuancen geschmeckt werden könnten! Und das dürfte man dann weitergeben an die daheim. Was? So füllen die Letten ihre Teigtaschen? Und: Die zypriotischen Ravioles sind fast nicht zu unterscheiden von gewissen Schlutzkrapfen? Wie kann das sein? Worin unterscheiden wir uns sonst nicht? – Um nicht gleich das große Wort von der Gemeinsamkeit zu führen …
Endlich wäre es kein Problem mehr, dass vieles aus dem Mehlspeisenland Österreich eigentlich aus Böhmen kommt. Noch dazu, wo wir uns den nördlichen Nachbarn auch jetzt noch gerne überlegen fühlen, weil sie ja lange hinter dem »Eisernen Vorhang« waren, während unsereins immer ach so demokratisch, weltoffen, aufgeschlossen, mit voller Reisefreiheit gewesen ist, sogar bis Jesolo und Caorle, wo man dann das Wiener Schnitzel quasi in die Heimat zurückimportiert hat. Weil wer will schon im »Ausland« was Fremdes? So kann man sich täuschen. Denn unser Schnitzel hat nicht die Maria Theresia erfunden (auch wenn sie so aussieht), sondern der umtriebige Prinz Eugen dürfte es aus – ja! – Italien mitgebracht haben.

Und jetzt gehts noch um die Wurst. Weil, was eine, die bisweilen das Weinviertel verlässt, um fremde Lebensformen zu erforschen, seit Langem beschäftigt: Warum heißen die langen dünnen Dinger bei uns »Frankfurter«, während sie in Frankfurt und Umgebung »Wiener« genannt werden? Steckt da irgendeine Bösartigkeit dahinter? »Du Würstchen« ist ja nicht unbedingt positiv besetzt, ganz abgesehen davon, dass sie viel mehr scheinen, als sie (meistens) sind: Nämlich Wasser, Pökelsalz, Mehl, ein wenig Fleisch, das man zu nichts anderem als zu Brät verarbeiten konnte, je nach Qualität mit mehr oder weniger »E«s angereichert, also diesen kennzeichnungspflichtigen, angeblich nicht besonders gesunden, jedenfalls aber kaum naturnahen Zusatzstoffen. Ist nicht lange her, da hat einer eine Radioumfrage gemacht, wofür denn dieses »E« stehe. Die meisten haben vermutet ... ja. Richtig. Für EU. Nachdem Sprache bekanntlich Bewusstsein schafft, meine Idee: Benennen wir die »E«s um, am besten in »X«e, damit würde man die wenigsten beleidigen. Und dafür taufen wir zumindest die Wiener/Frankfurter in Europäer um. Ausnahmeweise könnte ich damit leben, dass ausschließlich die männliche Form verwendet wird. Man muss klein anfangen. Und man kann ja auch gute Würste machen. Es gibt ja sogar gutes Tiramisu. Und das, obwohl es nicht in Italien, sondern in Deutschland erfunden wurde. Während die Pizza in Venedig lange gleich unbekannt war wie in Hamburg. Weil eben in Süditalien daheim. Hm. Und in ähnlicher Form übrigens auch in der Türkei. – Gehören die womöglich doch zu uns?

Gut. Es ließe sich behaupten, die »Europäische Küche« gebe es nicht, sie sei nicht eigenständig, sondern habe vieles von auswärts im Wortsinn vereinnahmt, aber: Wir können doch wenigstens so tun, als gebe es sie. Derartiges tun wir doch sonst auch. Neben dem wunderbar Regionalen. Nicht wichtiger, aber da. Mit all den Querverbindungen und Nuancen. Es wäre ein schmeckbarer Anfang.

Aleš Debeljak

Living in Union Street: From Yugoslavia to the European Union

Nomen est omen. How, then, could I fail to note the suggestive and troubling connotation of the name of my street? *Zvezna ulica*, Union Street, is generous to my family of five. It's a dead-end street, though. Perhaps that's the reason it can afford to be safe for kids playing and comfortable for neighbours trading gossip over the low garden fences. The street starts at the city's main cemetery and passes the tracks of the trains that rumble between Trieste and Vienna. It ends in a traditionally working-class neighbourhood of one-family houses in Ljubljana.

The name of my street doesn't simply denote a generic union, a bond that ties together »more than one« entity. Its primary meaning continues to be Yugoslavia, the political union of Southern Slavs (except Bulgarians), the union that emerged out of the ashes of the Austro-Hungarian Empire in 1918 and collapsed in the flames of the disintegrating Socialist Federal Republic of Yugoslavia in 1991. Recall: Yugoslavia was a political community that was explicitly established as a transnational union of states. For the last two decades, Slovenians have lived in an independent state, one that six years ago willingly joined another transnational union of states.

Like Yugoslavia, the European Union is a political community explicitly established as a transnational union of states. Indeed, parallels between the two are easy to draw. Is this a somewhat distasteful comparison? Well, let's see. Let's bracket the political nature of the Titoist regime, and compare the Yugoslav and European unions from the viewpoint of cultures. Both unions feature various Abrahamic religions, including Judaism, Catholicism, Protestantism, Eastern Orthodoxy, and Islam; diverse nations and minority ethnic communities or »nationalities«; various languages; various writing systems; the legacies of ancient Rome and the medieval Byzantine Empire; the rationalism of Western Christi-

Wo liegt Europa, was ist Europa? Die Wortwurzel ist möglicherweise ein semitisches »ereb«, »Dunkel«, was auf eine Namensnennung aus östlicher Perspektive deutete. Im Griechischen erscheint der Name erstmals beim frühgriechischen Lehrdichter Hesiod, der damit, wie übrigens auch mit Asie, eine Nymphe, eine der Töchter des Okeanos bezeichnete. Darauf begründete man dann auch die Namen der Erdteile.

Das Europa der Geisteswissenschaftler ist – noch mehr als das der Geografen mit einer klaren Grenze am Atlantik, aber einer durchaus fraglichen im Osten – kein klar definierter Kontinent, sondern eher ein imaginärer Raum, ein gedachtes und zugleich gelebtes Kaleidoskop, geprägt von politischen, gesellschaftlichen, wirtschaftlichen und kulturellen Eigenheiten, deren Ausformung sich über Jahrtausende zurückverfolgen lässt.

Die Erzählung von der phönizischen Prinzessin Europe, die von Zeus begehrt und entführt und aus ihrer orientalischen Heimat in ein Land gebracht wurde, dem sie ihren Namen gab, versinnbildlicht nicht nur die Verbundenheit Europas mit dem Orient, sondern legt den Grundstein für eine Konzeption, die in einer besonderen Kultur im Griechenland eines Sokrates und Platon aufkeimen und in der Folge universale Tragweite gewinnen konnte. So stehen am Beginn der Begründung Europas die griechisch-antike Idee der »Oikumene« und das Römische Reich, die einander durchdringen, angemessen Pate. In solchem Raum lassen sich auch die explizit politischen Konzepte weiterentwickeln, die zur Grundlage des europäischen Denkens und Geisteslebens werden sollten: die Philosophie der Griechen und das römische Recht – wenngleich der geografisch-kulturelle Kern dieser ersten Vorstellung von Europa immer auch den gesamten Mittelmeerraum impliziert.

Griechische Philosophie, römisches Recht und Christentum, all diese weitgreifenden Konzepte definieren zweifelsohne »Europa«. Sie sind aber keinesfalls unangefochten, denn sie entstehen in steter Auseinandersetzung mit den großen kulturellen Entwicklungen besonders an den geografischen Rändern und kulturellen Ausfransungen des Kontinents. Die Genese der politischen Vorstellung von »Europa« verläuft demnach nicht immer friedvoll: Das achämenidische Reich, das alte Israel, die politischen Ordnungen Mesopotamiens, die drei Reiche und Zeitalter Ägyptens, Karthago – alle sind Ausgangspunkte, Koordinaten und spürbare Mitspieler unserer »abendländischen« Kultur.

So entsteht Europa, so entwickelt sich das kulturelle, politische und schließlich historiografische Verständnis eines Kontinents in einer Spannung und Dialektik von Abgrenzung und Zusammenführung.

Karlheinz Töchterle
Bundesminister für Wissenschaft und Forschung der Republik Österreich

anity and the mysticism of Orthodox Christianity; the Renaissance, Humanism, and the Enlightenment. These parallels are also evident in regard to the Muslim communities: Muslims in Yugoslavia lived contiguously and in historical continuity in nearly all of its republics, not only in Bosnia and Herzegovina. The inglorious exception was Slovenia, with its dubious honour of being the most religiously and ethically uniform Yugoslav republic.

Unity in diversity?

Both political unions are characterized by deficits of democracy. Granted, the member states of European Union are capitalist while Yugoslav republics were socialist. Yes, the »cult of personality« that helped define socialist Yugoslavia is relatively unknown in the European Union. Though, on the other hand: remind me, please, who is the current president of the European Commission or Council? And: under capitalism, man oppresses his fellow man; under socialism, it's the other way around. That's an old joke from the time of the Cold War.

Today, »unity in diversity« in the European Union is no less elusive than »brotherhood and unity« was in the former Yugoslavia. Both ideologies are screens onto which nations and individuals project their own desires and expectations. Yugoslavism bit the dust. Europeanism continues to hold out the promise that its far-reaching, inclusive, utopian agenda might appeal to the majority of the citizens and peoples of Europe.

So far, alas, precious few efforts have been made to facilitate the construction of a common narrative. Among the numerous national, ethnic, and cultural traditions on the continent, Europeanism does not figure very high on anyone's menu of identities. Moreover, it would not be too excessive to claim that the systemic and institutional integration of the European continent is increasingly diverging from what should be its complementary process – cultural integration.

The latter is as relevant an issue as the current financial crisis, though the possible collapse of the euro is a more imminent danger. Still, with understandable regret I must state the obvious: the

European Union has not yet succeeded in building a satisfactory series of images, values, and ideals that would transcend our immediate existence with all its difficulties and joys. Europeanism – as a constellation of aspirations, images, attitudes, convictions, and concepts that could serve as a source of individual inspiration and grant meaning to collective behaviour – has not yet appeared on the horizon.

Nevertheless, I am convinced that it needs to be jointly contemplated and envisioned; otherwise, we all will find ourselves, rich West Europeans no less than poor East Europeans, in an undesirable situation. We will end up sharing institutions and agencies designed to facilitate free-flowing financial and labour transactions, but our respective cultural spheres will remain condemned to, at best, reciprocal tolerance, which is to say, mutually-encouraged passivity.

The twin of such tepid tolerance is a lack of active interest in each other's immediate lived experience. Without a broad social consensus on the legitimate and, thus, publicly recognized presence of a commonly shared narrative in which Europeans can recognize themselves precisely as Europeans – and not exclusively as members of ethnic or national communities – any attempt to construct such a narrative has to resort to abstract postulates.

Transnational identifications presuppose the need to recognize multiple loyalties. The forging of a new European identity as a complex, hybrid, and invented tradition demands the recognition of the ineluctably multiple identities from which Europeanism might be fashioned. There is, of course, an element of wishful thinking here: multilayered identities should allow for the simultaneous celebration of local, national, and continental aspects of one's self. Our basic allegiance need not be exclusivist if it is realized in a democratic form. It should not be impossible to be at the same time, for example, culturally Catalan (ethnicity), politically Spanish (citizenship), and psychologically European (intellectual framework).

Unfortunately, the current negotiation on the shape and character of »Europeanism« is to a large degree guided by a profound

distrust of particular ethnic and national identifications. Such distrust may be understandable in regard to the horrific massacres committed in the 20th century in the name of »the nation«, but it is epistemologically unacceptable in a globalizing world in which »europeanism« is itself but a particular collective identity.
If one wilfully avoids acknowledging the relevance of the cultural habits and values of the various nationalities of Europe, one's »europeanism« will end up looking hollow, simulated, and insubstantial. Neither the authority of the European Commission nor the civic and ethnically blind character of Europe's transnational bodies possesses the ability to inspire citizens; these institutions are too hollow for social mobilization and too abstract to spark spontaneous affection.

The elusive face of Europe

Back on my street, the guys outside the newsstand/café sip steaming brown liquid from paper cups. I'm a regular, too. On my bicycle route to the office, I stop for a jolt of caffeine and a morsel of gossip. I know these guys: a postman, a hairdresser, a motorbike mechanic, and a fellow who is said to work for »Sun Management,« a local expression that means he's perennially unemployed. We're all roughly the same age, give or take a decade. In other words, all of us were born and socialized in Yugoslavia; all witnessed the emergence of independent Slovenia and now live in Euroslovenia.
One foggy, sickly warm December Monday, I stopped there again. This time, several more people crowded around the tiny table on its tall stand. Some slips of paper were being passed from hand to hand, making the rounds. It turned out to be an exercise in comic nostalgia: the »manager« had brought a handful of tolars. Beautifully designed, the tolar, the currency of independent Slovenia, was issued to replace the yet older Yugoslav dinar, a currency of the defunct Southern Slavic union. The tolar's gorgeously tasteful display of iconic Slovenian personalities helped turn the banknotes into a veritable gallery of national cultural history. As a cur-

rency, it didn't last long. It did, however, inspire affection, as the faces of these men and women (well, one woman) continue to animate the popular discourse as a reminder of a narrative Slovenians tell about themselves.

Little affection is prompted by euros, with which I settled the tab at the newsstand/café. The design of euros had to please many constituencies and is of course a result of a compromise. Is the euro banknote a mirror of Europe and europeanism? Consider: what visually distinguishes the €5 bill is an image of a vaguely ancient viaduct that could have been erected anywhere in the Roman Empire. The €10 bill shows what looks like a Romanesque portal while the €200 bill bears an opaque glass door and a kind of iron bridge. The euro is unlike various national currencies in that it is too timid to show a face and too reticent to suggest a biography, to give pride of place to a story. Not a single human being appears on these banknotes. Incapable of inspiring any meaningful identification and failing to deliver on the imperative *de te fabula narratur*, these banknotes are abstractions. In vain one searches for portraits of such familiar figures as Erasmus, Shakespeare, Michelangelo, Mickiewcz, Velasquez, Newton, Goethe, Andrić. The columns and arches on these notes instead suggest ruined empires transformed into a longing for connection and community. They resignedly echo something lost in the sands of the irrecoverable past with no foundation and no recognizable landscape. They present a no-man's land bereft of history and memory.

Must we sadly infer that contemporary Europe is a land with no founding events, heroes, or battles for independence? Is it soon to be without its currency too? I'm afraid so. I hasten to add, though, that I have no illusions about the »natural,« »everlasting,« or »stable« nature of collective narratives about events, heroes, or battles. These are of course always the provisional outcome of ongoing public negotiations over the choice of building blocks for the construction of collective imaginings.

The Invisible Hand of Solidarity vs. the Invisible Hand of the Market

In this regard, Europe's weakness lies in its inability to offer a coherent collective narrative, an integrative template for common dreams. In the absence of such a narrative, many offshoots of political populism flourish. Fearmongers are adept at using metaphors of besiegement such as »full boat«, »fortress Europe«, »barricaded society«, et cetera. These conservative metaphors have one goal in particular: to hide the pursuit of profit behind the calls for purity. In other words, they mask economic interests with ethnic slogans. Appeals to an exclusivist concern for one's own ethnic community seek to cover up the effects of globalization on the distribution of wealth and contribute to the erosion of important European traditions such as social democracy and the welfare state. These traditions are rooted in trust and solidarity. As with many other underlying social concepts, however, Western and Eastern Europe differ in their concept of the basic social bond. In modern Western Europe, the concept of solidarity is pragmatic, while in the eastern and southern parts of the continent, the concept of solidarity is moral. Typical of the West is a concerted effort to combine the forces of all involved in order to attain a common goal that reflects the common values and interests of the participants. In the East and South, the prevailing belief is that solidarity is rooted in the imperative of unselfish assistance offered by the stronger to the weaker, even if the only reward is a feeling of moral satisfaction.

There is no doubt that institutionalized solidarity played a key role in contributing to the modernization of Greece, Ireland, Spain and Portugal following their entry into the common European structures. Solidarity, alas, has since been forced to yield to the demands for greater individual freedom and economic profits that have grown apace with global capitalism. In Western Europe the rebellion of the middle class against the continuation of guarantees for the social safety net has been politically channelled into restrictions on the national budgets. The result? Solidarity, once

»Man kann dies nicht oft genug sagen. Die politische Union ist das unerlässliche Gegenstück zur Währungsunion. Die jüngere Geschichte, und zwar nicht nur die Deutschlands, lehrt uns, dass die Vorstellung, man könne eine Wirtschaft- und Währungsunion ohne politische Union auf Dauer erhalten, abwegig ist.«

Helmut Kohl
Deutscher Bundeskanzler a. D.

the central pillar of social order, is now seen as a luxury which individual nations may, but are not obliged to, spend money on. Solidarity is no longer a central value. It has been sidelined. Since the political elites cannot deal critically with transnational global corporations, on which their nationally-grounded survival increasingly depends, the simplest way to divert the public's attention is to scapegoat foreigners, immigrants, and refugees. An enlightened segment of the public still recognizes these outbursts of »fascism with a smile« as aberrant and unacceptable behaviour.

Expressions of chauvinistic populism against and scapegoating of the »other« cannot be simply reduced to deviations from the norm. They are, alas, constituent parts of long-term processes that have focused on economic freedom and the unfettered market in the course of European integration since World War II. The free market in turn has ushered in the corporate homogenization of everyday life. The invisible hand of political solidarity that once guaranteed the welfare state and its social safety nets has gone missing.

Those who reject solidarity and prefer to rely on the invisible hand of the market, however, remain ignorant of the position in which it would appear were it to become visible: clenched in a fist with the middle finger extended.

Martin Eichtinger

Dialog der Kulturen und seine Bedeutung in den internationalen Beziehungen am Beispiel der Allianz der Zivilisationen[1]

Wenn wir in Europa über den Dialog der Kulturen sprechen, so haben wir zumeist das Verhältnis zwischen Europa und der islamischen Welt vor Augen. Die jahrhundertelange Geschichte dieser Beziehungen ist eine Geschichte der Konflikte, Fehleinschätzungen und Vorurteile. Aber sie ist auch eine Geschichte der wechselseitigen Bereicherung und der Beeinflussung durch Höchstleistungen auf den Gebieten der Wissenschaft, Kultur und Philosophie. Versäumnisse im Dialog zwischen dem sogenannten Westen und der islamischen Welt wurden in erschreckendem Maße durch die Attentate des 11. September 2001 in New York offenbar. Terrorismus »im Namen des Islam« wurde zum Schreckgespenst der westlichen Welt, die sich gleichzeitig auch den Herausforderungen der Globalisierung gegenübersah. Die Notwendigkeit eines intensiven Dialogs mit der islamischen Welt führte zu einer Reihe internationaler Initiativen, zu denen die Gründung der Allianz der Zivilisationen gehört, auf die ich gerne näher eingehen möchte. Lassen Sie mich davor aber auf eine österreichische Initiative in diesem Bereich eingehen, deren Beginn weiter in der Vergangenheit liegt.
Im Februar 1991 stattete der österreichische Vizekanzler und Außenminister Alois Mock Teheran einen Besuch ab. Dabei traf er den damaligen Minister für Kultur und Führung, den späteren iranischen Staatspräsidenten Seyed Mohammad Khatami.[2] Minister Khatami beeindruckte Alois Mock mit seiner offenen Haltung in der Frage eines interreligiösen Dialogs zwischen Islam und Chris-

[1] Der Artikel basiert auf einer Rede, die Botschafter Eichtinger anlässlich der Verleihung des Ehrendoktorats der Babeş-Bolyai-Universität in Klausenburg (Cluj-Napoca) am 13.3.2013 gehalten hat.
[2] Martin Eichtinger / Helmut Wohnout: Alois Mock – Ein Politiker schreibt Geschichte, S. 242, Styria Verlag Wien/Graz/Klagenfurt 2008.

tentum. In der Folge ersuchte Mock den Leiter des Religionstheologischen Instituts St. Gabriel in der Nähe von Wien, Pater Andreas Bsteh, eine internationale Christlich-Islamische Konferenz zu organisieren. Diese erste Konferenz fand im März 1993 statt.[3] Ihr folgten weitere internationale Religionskonferenzen und eine Serie von Iranisch-Österreichischen Konferenzen.[4]
Wir sehen diese Bemühungen, schon sehr früh eine Intensivierung des Dialogs zwischen der westlichen und der islamischen Welt herbeizuführen, als Geburtsstunde Wiens als Stadt und Zentrum des interkulturellen und interreligiösen Dialogs. Seit dieser Zeit hat Österreich eine Reihe von Aktivitäten auf diesem für das friedliche Zusammenleben der Völker so wichtigen Gebiet gesetzt, die erst vor wenigen Tagen in der Abhaltung des fünften Globalforums der Allianz der Zivilisationen einen neuen Höhepunkt erlebten.
Im Jahre 1996 hat der amerikanische Universitätsprofessor Samuel Huntington die Welt mit seinem Werk »Clash of Civilizations and the Remaking of World Order« schockiert, in dem er die These vertritt, dass die Welt nach dem Ende des Kalten Krieges von der Auseinandersetzung der Zivilisationen und Kulturen geprägt sein werde.[5]
Der 11. September schien diese These ebenso zu bestätigen, wie die tragischen Anschläge von Madrid und London. Die Madrider Zuganschläge vom 11. März 2004, bei denen 191 Menschen ums Leben kamen, veranlassten den spanischen Ministerpräsidenten, José Luis Rodriguez Zapatero, bei der Generalversammlung der Vereinten Nationen im selben Jahr eine Initiative für eine Allianz des Westens mit der arabischen und muslimischen Welt zu propagieren, und er nannte diese Initiative als Gegenprogramm zum Clash of Civilizations »Alliance of Civilizations«. Zapatero meinte

[3] Ebenda, S. 242.
[4] Vgl. die vier von Pater Bsteh im Verlag St. Gabriel herausgegebenen Tagungsbände der iranisch-österreichischen Konferenzen.
[5] Samuel P. Huntington, The Clash of Civilizations and the Remaking of World Order, 1996 (first published by Simon & Schuster UK Ltd. 1997).

damals: *»Vor einigen Jahren fiel eine Mauer. Wir müssen jetzt verhindern, dass Hass und Unverständnis eine neue Mauer errichten.«*[6]
Noch im Jahr 2004 bildete sich eine »Group of Friends« bestehend aus Staaten und internationalen Organisationen zur Unterstützung der Initiative und im Juni 2005 trat der türkischen Premierminister Recep Tayyib Erdogan dem Projekt von Premierminister Zapatero als Co-Sponsor bei. Kurz darauf gab UN-Generalsekretär Kofi Annan den offiziellen Startschuss für die Allianz der Zivilisationen.
Zur Umsetzung seiner Initiative hatte Premierminister Zapatero die Einrichtung einer High Level Group vorgeschlagen, die im Jahre 2006 dem Generalsekretär der Vereinten Nationen einen Bericht übergab, in dem die Ernennung eines Hohen Vertreters (High Representative) zur Schaffung einer internationalen Organisation angeregt wurde. Diese Ernennung erfolgte am 26. April 2007. Jorge Sampaio, der frühere Präsident Portugals, begann mit dem Aufbau einer Organisation, die vor wenigen Tagen ihr 5. Globalforum in Wien abhielt und bei dem Präsident Samapio nach fast sechs Jahren den Stab an den früheren Präsidenten der UN-Generalversammlung, den katarischen Diplomaten Nassir Abdulaziz al-Nasser übergab.
Im Folgenden möchte ich anhand der Entwicklung der Allianz der Zivilisationen die Bedeutung des Dialogs der Kulturen für das friedvolle Zusammenleben der Menschen darstellen. Die Globalisierung hat nicht nur den weltweiten Austausch von Gütern und Informationen vervielfacht, sie hat auch im Wege über globale Transportmittel viele Menschen in unmittelbare Berührung mit anderen Kulturen und Religionen gebracht. Der 24-Stunden-Nachrichtenzyklus und die sozialen Medien haben nicht nur die Weltbevölkerung zu Bewohnern eines »globalen Dorfes« gemacht, nationale Medien verstärken oftmals auch Vorurteile und

[6] Statement by the President of the Spanisch Government, Mr. José Luis Rodriguez Zapatero to the General Debate of the 59th period of sessions of the United Nations General Assembly, New York, 21 September 2004, http://www.un.org/webcast/ga/59/statements/spaeng040921.pdf.

In einem vereinten Europa können Herausforderungen gemeinsam besser gemeistert werden und bieten sich laufend neue Möglichkeiten für mehr Wachstum und Wettbewerbsfähigkeit. 2013 geht es darum, trotz der in vielen Ländern notwendigen Budgetkonsolidierung wieder auf einen stärkeren Wachstumspfad einzuschwenken, Arbeitsplätze und Wohlstand zu sichern sowie die globale Konkurrenzfähigkeit europäischer Unternehmen weiter zu unterstützen. Sowohl die Europäische Kommission als auch die EU-Ratspräsidentschaften setzen dabei auf gezielte Wachstumsimpulse und neue Maßnahmen für bessere Rahmenbedingungen.

Besonders entscheidend ist, dass das Potenzial des europäischen Binnenmarktes stärker entfesselt und die Innovationsfähigkeit der europäischen Wirtschaft erhöht wird. Darüber hinaus müssen wir auch die Wirtschaftsbeziehungen mit den Partnerländern der EU intensivieren und zusätzliche Märkte in Drittstaaten erschließen. Durch eine stärkere Diversifizierung werden wir unabhängiger von Konjunktureinbrüchen in einzelnen Weltregionen und können die Wachstumschancen in Zukunftsmärkten wie China, Indien oder Russland besser nützen. Gerade der Handel ist ein zentraler Treiber zur Schaffung von Wachstum, Arbeitsplätzen und Wohlstand.

Um neue Chancen in der globalisierten Welt optimal zu nützen, brauchen wir insgesamt ein »Mehr« an Europa. Gerade die Krisen der vergangenen Jahre – von der weltweiten Finanzkrise bis zur Schuldenkrise – haben gezeigt, dass eine reine Koordinierungsrolle der Europäischen Union nicht ausreicht, auch wenn Beschlussfassungen in einer Gruppe von bald 28 Mitgliedstaaten komplex und intensiv sind. Umso wichtiger sind effektive Kontroll- und Durchsetzungsmechanismen auf der europäischen Ebene. Zudem gilt es, das Vertrauen der Bevölkerung in die EU-Institutionen zu stärken.

Im Rahmen der Pfingstdialoge »Geist & Gegenwart« reflektieren hochkarätige Referenten die zentralen Herausforderungen für Europa und analysieren den Stand des Integrationsprozesses. Angesichts der Folgen der Schuldenkrise und der Debatte über die Bürgernähe der Europäischen Union stellt sich die Frage nach der langfristigen politischen und wirtschaftlichen Zukunft Europas drängender denn je. In diesem Sinne wünsche ich den Veranstaltern viel Erfolg und allen Teilnehmern einen informativen und spannenden Pfingstdialog 2013.

Reinhold Mitterlehner
Bundesminister für Wirtschaft, Familie und Jugend der Republik Österreich

werden von extremistischen Strömungen verschiedenster Kulturen missbraucht oder manipuliert.
Die Allianz der Zivilisationen, die sich auf die von den Vereinten Nationen proklamierten Grund- und Freiheitsrechte beruft, sieht es als ihr Ziel, Extremismen, Vorurteilen und populistischer oder nationalistischer Hetze entgegenzuwirken.
Dabei konzentriert sich die Allianz in ihrer Arbeit auf vier Schwerpunktgebiete: Jugend, Bildung, Medien und Migration. In besonderem Maße beschäftigt sich die Allianz der Zivilisationen neben dem interkulturellen auch mit dem interreligiösen Dialog. Dabei geht es nicht um einen Dialog über religiöse Themen, sondern um die Anerkennung der Tatsache, dass die Religionen weltweit in hohem Maße einen Beitrag zur gesellschaftlichen Entwicklung und zur Ausbildung der ethischen Maßstäbe zur Umsetzung der Grund- und Freiheitsrechte leisten.
Zum Zeitpunkt des 5. Globalforums der Allianz der Zivilisationen in Wien (26.–28. Februar 2013) zählte die Gruppe der Freunde der Allianz (Group of Friends) 135 Mitglieder, darunter 112 Staaten und 23 internationale Organisationen. In Wien kamen mit Armenien, Panama und der Panamerican Health Organization weitere drei Mitglieder hinzu. Das Bekenntnis zu einem kontinuierlichen weltweiten Dialog hat tatsächlich weltweite Unterstützung gefunden.
Terroristische Aktivitäten in vielen Ländern der Welt zwischen Afghanistan und Mali und in den Ländern des arabischen Frühlings führen uns die Notwendigkeit eines permanenten Dialogs täglich vor Augen. Als Reaktion auf die weltweit auftretenden Spannungen haben sich die Dialogbemühungen wahrlich globalisiert und haben die ursprüngliche Beschränkung auf die Dialogebene zwischen dem Westen und der arabisch-muslimischen Welt hinter sich gelassen.
Das Mission Statement der Allianz der Zivilisationen lautet wie folgt: »*The primary mission of the UNAOC is to forge collective political will and to mobilize concerted action aimed at improving cross-cultural understanding and cooperation among countries, peoples and communities. The Alliance develops its actions at both governmental and civil society*

levels. It also works to counter forces that fuel polarization and extremism. The UNAOC's particular focus is on improving relations within and between Wetern and Muslim societies and addressing persistent tensions and divides.«[7]

Mit ihrer Zielbestimmung deckt die Allianz der Zivilisationen im System der Vereinten Nationen eine ganz spezifische Nische ab. Sie versteht sich einerseits als intergouvernementale Organisation. Anderseits legt sie ein klares Bekenntnis zu einem »bottom-up«-approach in der Durchsetzung ihrer Ziele ab. Diese sollen mittels des mittlerweile globalen und dichten Netzes an zivilgesellschaftlichen Organisationen erreicht werden. Dementsprechend sind die Globalfora der UNAOC durch eine besonders enge Verflechtung von Regierungsvertretern und –vertreterinnen und von Mitgliedern zivilgesellschaftlicher Organisationen geprägt. Dabei verwendet die UNAOC einen betont weiten Begriff der Zivilgesellschaft, der auch die Wissenschaft, Stiftungen und die Wirtschaft inkludiert.

Die vier Kernbereiche der Allianz sind mit größter Sorgfalt gewählt: Gerade die Erziehung der Jugend und die Arbeit mit der Jugend erlauben es, auf eine tolerante, offene, vom Respekt gegenüber anderen Kulturen und Religionen getragene Geisteshaltung hinzuwirken. Damit sollen auch künftige politische und gesellschaftliche Führungspersönlichkeiten erreicht werden.

Den Medien kommt eine besondere Bedeutung beim interkulturellen und interreligiösen Dialog zu. Hier lag der Fokus des Wiener Forums auf dem Medienpluralismus, der Pressefreiheit und dem Schutz von Journalisten.

Schließlich widmet sich die UNAOC dem Phänomen der weltweiten Migration, die zum Zusammentreffen verschiedener Kulturen führt. Hier will die UNAOC durch einen Fokus auf den positiven, befruchtenden Beitrag der Migration zu einer Gastgesellschaft Stereotype abbauen und die Bildung inklusiver Gesellschaften fördern. Eine wichtige Rolle spielt dabei das Konzept der Schaffung von Mehrfachidentitäten: Es soll für Migranten und Migrantinnen möglich sein, ein gutes Mitglied der Gesellschaft

[7] Vgl. www.unaoc.org/docs/UNAOC%20Brochure.pdf, Seite 1.

des Gastlandes zu sein, ohne gleichzeitig seine ursprüngliche Identität aufgeben zu müssen.

Damit folgt die UNAOC den Bemühungen der Internationalen Organisation für Migration (IOM), die für ein gänzlich neues Narrative über die Migration eintritt, wie dies auch der Generaldirektor der IOM, Lacey Swing im IOM World Migration Report 2011 treffend ausführt: *»The World Migration Report 2011 highlights the need for innovative approaches to the construction of a positive public mage of migrants and migration. The report underlines, in particular, the need for the promotion of a better understanding and recognition of the benefits of migration, more evidence-based policymaking and a more effective engagement with migrants itself.«*[8]

Das 5. Gobalforum der UNAOC in Wien hat sich in besonderem Maße des Ausbaus des Netzes von Regionalstrategien angenommen. Dieses Instrument, das konkrete, von zivilgesellschaftlichen Organisationen vorgeschlagene Dialogprojekte in Form von Aktionsplänen für eine ausgewählte Region zur Umsetzung bringen möchte, wurde in Wien um die Regionen Asien und Donau-Schwarzmeer-Südkaukasus-Zentralasien erweitert. Mit den bestehenden Regionalstrategien für Lateinamerika, Südosteuropa und die MENA-Staaten sind nunmehr fünf Regionalstrategien in unterschiedlichen Phasen der Ausarbeitung und Umsetzung. Für diese Regionalstrategien steht auch der Aufbau eines Netzes von Regionalbüros in Diskussion.

Die Zukunft der Allianz der Zivilisationen wird sehr stark vom Willen und den Fähigkeiten der Mitglieder der Group of Friends abhängen, die notwendigen finanziellen Mittel für die kleine Struktur des New Yorker Sekretariats und eine gewisse Dotierung für Projektarbeit zur Verfügung zu stellen. Das Gros der Projekte auf dem »grassroots level« wird zu jeder Zeit durch individuelle und lokale Finanzierungen erfolgen müssen.

Die wachsende Zahl an Mitgliedern zeigt, dass sich die internationale Gemeinschaft der Bedeutung von Dialogaktivitäten zur Friedensförderung und zur Bekämpfung von Extremismen be-

[8] IOM World Migration Report 2011, http://publications.iom.int/bookstore/free/WMR2011_English.pdf.

»Unsere Standfestigkeit, unsere Balance ist so gut wie unsere Bereitschaft, sie aufs Spiel zu setzen und sie zu verlieren, darauf vertrauend, sie in einer anderen Lage wieder zu erreichen.« (Ruthy Alon)

Das Projekt Europäische Union wurde von jeher als politisches Gesamtwerk gedacht und nicht ausschließlich als wirtschaftliche Strategie einzelner Geschäftspartner. Selbst das engmaschigste Handelsnetz ist nicht tragfähig genug, um die Menschen in Europa zu fangen und zu tragen. Wirtschaftsverkehr bringt die Menschen in Kontakt zueinander, er bringt sie nicht automatisch in Übereinstimmung. Das europäische Volk besticht durch seine Vielfalt, sein Bekenntnis zu Wissenschaft und Kultur und durch ein Bekenntnis zum sozialen Miteinander. Dies alles spricht keinesfalls gegen einen gemeinsamen Wirtschaftsraum. Aber es macht deutlich, dass die Qualitäten eines vereinigten Europas nicht durch technische, fast technokratische Vorschriften über Gurkenkrümmungen oder technologische Vorgaben für Glühbirnen sichtbar bzw. spürbar werden. Die Beständigkeit und der Zusammenhalt einer Gemeinschaft werden durch zwei Rahmenbedingungen sichergestellt: ein gemeinsames Wertesystem und ein gemeinsames Ziel – vielmehr eine gemeinsam getragene Vision. Toleranz, Gerechtigkeit, Nächstenliebe und Geborgenheit sind nur einige der zentralen Grundfesten. Es sind menschliche Grundbedürfnisse, die nicht adäquat in Gesetzen oder Verordnungen niedergeschrieben werden können. Sie müssen aber sichtbar und spürbar die immanenten und stabilen Bestandteile unserer Verfassung, unserer Rahmenordnung für das Zusammenleben, darstellen.
»Vereinigte Staaten von Europa« – für manche eine faszinierende Zukunftsvision, die hoffentlich so rasch als möglich erreicht werden kann, für andere wiederum das genaue Gegenteil – eine Horrorvorstellung, die nie Wirklichkeit werden soll. Ist der Begriff »Vereinigte Staaten von Europa« ein Ziel, eine Vision, eine Hoffnung, ein Wagnis? Soll man darauf wirklich zu hoffen wagen? Was genau kann man sich darunter vorstellen? – Auf jeden Fall eine mögliche Vision, die zur differenzierten Auseinandersetzung mit einer Weiterentwicklung unseres gemeinsamen Europas Anlass geben soll. Aber abseits vom Streit um die Semantik: Wenn es darum gehen sollte, den groß- und einzigartigen Reichtum der geistigen und kulturellen Vielfalt der europäischen Völker, Sprachen, Länder und Regionen in einem selbstbewusst und tolerant zusammenarbeitenden Kontinent zum Tragen zu bringen, dann ist das absolut zu bejahen.
Der internationale und interdisziplinäre Austausch von Wissenschafterinnen und Wissenschaftern, ihren Ideen und Erkenntnissen, die Grenzen in jeglicher Hinsicht zu überwinden, gehören zum Wesen von Wissenschaft und Forschung seit Anbeginn. Geist & Gegenwart ist eine gelebte Auseinandersetzung dieses Zuganges.

Kristina Edlinger-Ploder
Landesrätin der Steiermark für Wissenschaft & Forschung, Gesundheit und Pflegemanagement

wusst ist. Die Turbulenzen in der globalisierten Welt von heute lassen eine Zunahme der Notwendigkeit für derartige Aktivitäten als »soft tool« der Diplomatie erwarten.

Für Österreich war das 5. Globalforum der UNAOC in Wien in mehrfacher Hinsicht bedeutsam. Zum einen stärkte die Abhaltung des Forums die Rolle Wiens als Zentrum und Standort des Dialogs, der kürzlich durch die Eröffnung des König Abdullah Bin Abdulaziz Internationalen Zentrums für Interreligiösen und Interkulturellen Dialog eine weitere Aufwertung erfahren hat. Diese internationale Organisation, die von Saudiarabien, Spanien und Österreich gemeinsam mit dem Heiligen Stuhl als Beobachter gegründet wurde, vereint in seinem Direktorium Vertreter der fünf großen Weltreligionen und soll dem Dialog von Vertretern und Vertreterinnen von Religionsgemeinschaften und Weltanschauungen eine dauerhafte Plattform geben. Durch Konferenzen, Seminare und Fortbildungsprojekte sollen Kommunikation, Verständigung, aber auch konkrete Kooperationen zwischen Menschen unterschiedlicher kultureller und religiöser Zugehörigkeit entstehen bzw. unterstützt werden. Das Zentrum ist der Allgemeinen Erklärung der Menschenrechte der Vereinten Nationen und der Förderung und Einhaltung der Grund- und Freiheitsrechte verpflichtet.

Zum anderen gelang es Österreich, mit der inhaltlichen Ausrichtung des 5. Globalforums der UNAOC einen wichtigen Impuls für die Zukunft der Allianz zu geben. Unter dem Titel »Promoting Responsible Leadership in Diversity and Dialogue« konzentrierten sich die Debatten auf die Themen Religionspluralismus und Freiheit der Religionsausübung, Pressefreiheit, -pluralismus und Schutz von Journalisten sowie Anerkennung des positiven Beitrags von Migration zur gesellschaftlichen Entwicklung. Diese Themenwahl entspricht auch den Kernthemen der österreichischen Aktivitäten und Initiativen im Menschenrechtsrat der Vereinten Nationen und im Exekutivrat der UNESCO, in denen Österreich zurzeit Mitglied ist.

Ganz im Einklang mit den außenpolitischen Schwerpunkten Österreichs und von Vizekanzler und Außenminister Dr. Michael

Spindelegger stand die Initiative Österreichs für eine UNAOC-Regionalstrategie für die Region Zentralasien bis Zentraleuropa mit ihren Subregionen Donauraum, Schwarzmeerregion, Südkaukasus, Kaspisches Meer und Zentralasien. Diese Strategie soll mit der Unterstützung mehrerer Länder der Region bis zum nächsten Globalforum der UNAOC in Indonesien im Jahre 2014 ausformuliert und in einen konkreten Aktionsplan gegossen werden.
Zum Abschluss sei noch auf einige österreichische Dialogaktivitäten hingewiesen:
Die innereuropäischen und globalen Entwicklungen der letzten Jahre unterstreichen die Notwendigkeit eines von Österreich – wie schon erwähnt – bereits vor drei Jahrzehnten begonnenen Dialogs zwischen und mit den großen Weltreligionen.
Zugleich wurde deutlich, dass die Dialogstrategien über die Unterstützung des interreligiösen Dialogs weit hinausgehen und sich Themen im Spannungsfeld von Migration und Integration ebenso widmen müssen, wie den zentralen politischen Herausforderungen von Demokratie, Rechtsstaatlichkeit, der Einhaltung der Grund- und Menschenrechte sowie der Förderung gesellschaftlicher und kultureller Vielfalt.
Dialog ist damit ein wichtiges Instrument für »Diversity Management« und für nachhaltige Konfliktprävention und Konfliktlösung. Österreich ist an einem umfassenden Dialog der Kulturen und Religionen interessiert, vor allem im Zusammenhang mit der Entwicklung des Islam in Europa und des europäischen Lebensmodells. In den Dialogaktivitäten mit muslimisch geprägten Gesellschaften vornehmlich in Asien, der arabischen Welt und der Türkei wird großes Augenmerk auf die verstärkte Einbindung von Frauen, ihre gesellschaftliche und politische Partizipation sowie die Einbeziehung von Jugendlichen gelegt.
Seit 1. Juli 2007 gibt es in der Kulturpolitischen Sektion des Bundesministeriums für europäische und internationale Angelegenheiten eine »Task Force Dialog der Kulturen«. Sie hat u. a. folgende Projekte verwirklicht:
In Kooperation mit dem Türkischen Präsidium für Religionsangelegenheiten (Diyanet) und dem Verein ATIB (Türkisch Islami-

sche Union für kulturelle und soziale Zusammenarbeit in Österreich), dem Österreichischen Integrationsfonds und der Universität Wien organisiert das österreichische Außenministerium regelmäßig »Landeskundliche Schulungen für türkische Religionsbeauftragte«. Diese Schulung dient der Vorbereitung des Einsatzes von Imamen, welche in den ATIB-Moscheevereinen ihren Dienst versehen. Die Schulung besteht aus Vorträgen, Seminaren und Exkursionen mit dem Ziel, die Religionsbeauftragten mit Geschichte, Politik, Rechtssystem, Gesellschaft und Beratungseinrichtungen in Österreich vertraut zu machen. Schwerpunkte liegen auf den Themen Frauen, Familie und Bildung sowie dem interkulturellen Dialog in Österreich und Europa.
Darüber hinaus finden seit Kurzem auch landeskundliche Schulungen für ehrenamtliche Frauenbeauftragte in österreichischen Moscheevereinen und Dialogbeauftragte interkultureller und interreligiöser Zusammenarbeit statt. Diese erfolgten in Kooperation mit der Islamischen Glaubensgemeinschaft in Österreich.
Das Islam-Gesetz trat am 15. Juli 1912 in Kraft. 2012 jährte sich somit die rechtliche Anerkennung des Islam in Österreich zum einhundertsten Mal. Österreich widmete diesem Jubiläum mehrere Veranstaltungen wie etwa ein Symposium und einen Festakt im Wiener Rathaus.
Von 11. bis 15. November fand in Kairo das 2nd Arab-European Young Leaders Forum (AEYLF II) als eine wesentliche Dialoginitiative des österreichischen Außenministeriums im arabischen Raum statt.
Österreich sieht im Dialog der Kulturen ein wichtiges neues Betätigungsfeld der Kulturdiplomatie und der Public Diplomacy. Aus der Überzeugung, dass der Dialog der Kulturen in Zeiten der globalen Vernetzung eine entscheidende Rolle für das friedvolle Zusammenleben der Völker und die Lösung der vor uns stehenden, weltweiten Herausforderungen spielt, wird Österreich auch in den nächsten Jahren diesem wichtigen Tätigkeitsbereich große Aufmerksamkeit widmen.

United Nations Alliance of Civilizations

VIENNA DECLARATION ON THE ALLIANCE OF CIVILIZATIONS

27 February 2013

We, the Ministers of Foreign Affairs of States belonging to the Group of Friends of the United Nations Alliance of Civilizations;
Together with the General Directors and other Heads of Delegation of international organizations also belonging to the United Nations Alliance of Civilizations;
On the occasion of the Fifth Global Forum of the Alliance of Civilizations, held in Vienna, Austria, on 27 and 28 February, 2013, preceded by a Global Youth Event, held on 26 February;
Reaffirming our commitment to the purposes and principles of the Charter of the United Nations, the Universal Declaration of Human Rights, as well as other relevant international instruments, such as the UNESCO Universal Declaration on Cultural Diversity;
Recognizing that all cultures, civilizations and religions contribute to the enrichment of humankind;
Convinced that the world's cultural diversity is a wealth to be cherished by all as a factor for peace and development;
Stressing the importance of respect and understanding for cultural and religious diversity, and encouraging tolerance, respect, dialogue and cooperation among different cultures, civilizations and peoples;
Emphasizing more specifically the importance of combating intolerance and discrimination based on ethnicity, race, colour, religion or belief;
Recognizing the importance of intercultural and interreligious dialogue in order to promote tolerance, pluralism and mutual respect, and expressing our support for the diverse initiatives taken

by many countries and regions towards advancing such dialogue; Emphasizing the important role of UNESCO and other international organizations in promoting these values, and the need to develop closer cooperation between them, in particular their interaction and coordination with the United Nations system;
Welcoming the continuing efforts made by the United Nations Secretary General and his outgoing High Representative for the Alliance of Civilizations, Mr. Jorge Sampaio, to promote greater understanding and respect among civilizations, cultures and religions, by means *inter alia* of concrete projects in the priority areas of youth, education, media and migration, in collaboration with governments, international and regional organizations, the private sector, foundations and civil society in general;
Taking into consideration United Nations General Assembly Resolution 64/14 of 10 November 2009, adopted by consensus;
Recognizing the efforts made by Mr. Sampaio over the past years to enhance the Alliance, enlarge its membership and develop local, national and regional actions on the ground at a global scale involving a wide range of stakeholders, partners and constituencies;
Reaffirming that at a time of global changes when our world is more interdependent than ever, it is crucial to promote responsible leadership in all spheres and at all levels, leadership that understands the complexity of the world we live in and integrates values-based leadership, ethical decision-making and the cross-cultural bridge-building that is imperative in medium and long-term perspectives;
Praising Austria, as the host country of the 5th Global Forum of the Alliance, for focusing the Vienna Forum on the central topic of »Responsible Leadership in Dialogue and Diversity« and for promoting an informed debate on how responsible leadership can make a difference in three major areas: first, promotion, protection and full enjoyment of the right to freedom of religion and belief in a context of religious pluralism which consists not only of greater diversity, but of perceptions of that diversity and new patterns of interaction among religious groups; second, media pluralism and diversity of media content and its contribution to

the fostering of public debate, democracy and awareness of diverse opinions; and third, shaping a new narrative about migration, integration and mobility in the global economy;

Acknowledging the launch of the King Abdullah bin Abdulaziz International Centre for Interreligious and Intercultural Dialogue in Vienna as a new participant in the effort to enable, empower and encourage dialogue among followers of different religions and cultures around the world;

Acknowledging the unique opportunity created by the Vienna Forum to further deepen the regional approach that the Alliance has been developing over the past years, namely in the Mediterranean, South Eastern Europe, Latin America, Asia and the South Pacific, as well as to open new avenues for cooperation in the Danube and Black Sea Region, the Southern Caucasus and Central Asia,

1. Welcome the new members of the Group of Friends of the Alliance of Civilizations;
2. Reiterate our commitment to the advancement of the goals and principles of the United Nations Alliance of Civilizations based on the founding Report presented by the High Level Group in 2006;
3. Acknowledge the leadership and contributions of Turkey and Spain as the Co-Sponsors of the Alliance of Civilizations;
4. Pay tribute to Mr. Sampaio, who is completing his tenure as High Representative in Vienna, for his tireless efforts, his commitment and his strong leadership of the Alliance over the past six years, with gratitude for the last report he submitted to the Group of Friends;
5. Congratulate His Excellency Mr. Nassir Abdulaziz Al-Nasser, former President of the General Assembly, on his appointment as the new High Representative, and wish him well;
6. Express our support for the priorities identified by the incoming High Representative, Mr. Al-Nasser, in the Report he submitted to the Group of Friends, and state that it will be used as a basis to prepare the 4th Implementation Plan of the Alliance of Civilizations, to be submitted in Summer 2013 to the United Nations Secretary General and the Group of Friends;

7. Stress the importance of implementing the Alliance's goals at national level, in collaboration with governments and civil society, namely through the implementation of actions at national level and through National Plans for Intercultural Dialogue;
8. Support the development of regional processes to increase cooperation among countries in intercultural dialogue, praising, in that regard, the presentation of the 2nd Action Plan for the Mediterranean; the 2nd Action Plan for South-Eastern Europe; the conclusions of the 2nd Regional consultation for Asia/South Pacific; the presentation of the Regional Strategy for Latin America endorsed by Ministers and representatives of the region; the launch of a regional debate on the Danube and Black Sea Region, the Southern Caucasus and Central Asia, promoted by Austria; and welcome the announcement by the League of Arab States of the intention of its member states to develop their own regional strategy;
9. Recognize that the Alliance grew stronger with the commitments made by the Group of Friends at the First Partners Forum, organized under the Replenishment Mechanism on 31 May–1 June 2012 in Istanbul, and emphasize the importance of maintaining the momentum that was created therein;
10. Stress the importance of the Second Replenishment Session to the Voluntary Trust Fund of the UNAOC to be held on 28 February aimed at securing more consistent resources for the Alliance, enlarging the community of donors to the private sector, philanthropists and other individuals, as well as increasing the level of available resources;
11. Recognize the important contributions by the youth to the debates and welcome their commitment to lead by example in the promotion of responsible leadership in dialogue and diversity;
12. Acknowledge the importance of the annual Global Forums involving the Group of Friends and partners, together with leading personalities of various areas, including the participation of youth and civil society as a means to promote the Alliance of Civilizations' ownership by all stakeholders and to reach out to the grassroots;

13. Call for increased coordination and consultation between the Alliance and the members of the Group of Friends through the network of the National Focal Points, as well as for more active participation by the members of the Partners Assembly in the activities of the Alliance;
14. Reiterate our gratitude to Spain for the First Global Forum, held in Madrid in January 2008; to Turkey, for the Second Global Forum, held in Istanbul in April 2009; to Brazil for the Third Forum, held in Rio in May 2010; and to Qatar for the Fourth Forum, held in Doha in December 2011;
15. Welcome the offer made by Indonesia to host the next Global Forum in 2014;
16. Extend our gratitude to the government and people of Austria, in particular to the City of Vienna, for convening the present Fifth Global Forum in the period 27–28 February, 2013;
17. Call upon the full implementation of the announcements and commitments made in Vienna;
18. Express our conviction that the Vienna Forum has achieved its main objective of making the United Nations Alliance of Civilizations a truly global undertaking, with universal aims, which raises awareness of the urgent need to promote responsible leadership in all fields of action.

Manfred Prisching

Die europäische Verunsicherung

Wir haben uns geirrt,

in den neunziger Jahren, als sich damals alles recht gut angelassen hat – der Zusammenbruch des Bolschewismus; der europäische Einigungsprozess; das vermeintliche »Ende der Geschichte«[1]; der Sieg von Demokratie und Marktwirtschaft. Doch mittlerweile stellen wir fest, dass die Erfolge keine wirklichen Erfolge sind, dass wir das, was wir im Griff zu haben glaubten, gar nicht im Griff haben, dass einiges, was uns ungefährdet schien, aus dem Ruder läuft. *Marktwirtschaft* beherrschen wir, so haben wir gedacht, bis hin zur Ausbügelung von harmlosen Konjunkturzyklen – und dann kommt die Wirtschaftskrise, wir nehmen die generelle Finanzialisierung des Wirtschaftslebens[2] wahr, und wir wissen nicht, wie wir den spekulativen Geist in die Flasche zurückbekommen. Die Vermutung liegt auf der Hand, dass es ein bisschen Basel III und Transaktionssteuer nicht tun werden. – Die *Demokratie* ist gut verankert, so haben wir gedacht, seit der zweiten Hälfte des 20. Jahrhunderts, selbst in Mitteleuropa, und niemals gab es weltweit so viele Demokratien wie in den neunziger Jahren.[3] Mittlerweile gibt es aber ein paar Backlash-Effekte, und vor allem sind wir nicht mehr sicher, wie sich die Qualität unseres eigenen politischen Systems unter längerfristigen ökonomischen Schlechtwetterbedingungen entwickeln würde. Vielleicht haben wir die Stabilität unserer »jungen« Demokratie überschätzt. – In der *Bildung* stehen wir nicht so schlecht da, so haben wir gedacht. Dann aber kommen PISA und andere Vergleichsstudien, und wir

[1] *Francis Fukuyama*, Das Ende der Geschichte. Wo stehen wir? Müchen 1992.

[2] *Paul Windolf* (Hrsg.), Finanzmarkt-Kapitalismus. Analysen zum Wandel von Produktionsregimen. Wiesbaden 2005.

[3] *Samuel P. Huntington*, Democracy's Third Wave, in: Journal of Democracy 2, 1991, 12–34.

»Die Globalisierung bringt den Regionalismus. Man entdeckt die eigene Kultur, die eigene Geschichte. Insgesamt wollen die Menschen den Euro nicht weghaben. Auch an Brüssel werden sie sich gewöhnen, so wie die Amerikaner an Washington, D.C. Sie schimpfen auf Washington, wie wir auf Brüssel schimpfen, aber das gehört dazu.«

Cees Nooteboom
Schriftsteller

müssen eingestehen, dass wir selbst bei den grundlegenden Fähigkeiten gravierende Versäumnisse aufweisen. Von Asien können wir lernen, welch eine Überraschung. – Die *Europäische Union* ist eine Erfolgsgeschichte, so haben wir gedacht. Und heute können wir sie nur aufrechterhalten, indem wir tüchtig schummeln, auf allen Ebenen, und selbst bei Verwendung dieser fragwürdigen Methoden wissen wir nicht, wie es weitergehen soll.

Wir haben ein Systemproblem,

nicht nur Reparaturbedarf. Reparaturbedarf würde bedeuten: Wir haben da oder dort Dummheiten gemacht, das System leichtsinnig überfordert, wir sind irgendwo an der Kante des Machbaren entlanggeschlittert und verschiedentlich darüber hinaus, wir müssen nachjustieren. Alles das mag auch der Fall sein, aber im Grunde haben wir ein multiples Problem mit der Logik verschiedener Subsysteme. Damit ist nicht die Notwendigkeit einer klassischen Ordnungsdiskussion gemeint, niemand, der einigermaßen bei Sinnen ist, spekuliert mit planwirtschaftlichen Modellen oder abgehobenen Utopien über eine Wirtschaft, in der wir das Geld oder zumindest das Profitmotiv abschaffen müssen – Vorschläge, die sicherstellen, dass die nächsten hundert Jahre nichts geschieht. Systemproblem bedeutet: Etliche Systeme müssen neu erfunden werden, über marginale Korrekturen hinaus, und fatalerweise haben wir wenig Vorstellungen darüber, wie eine solche Neukonfiguration aussehen kann.
Bleiben wir bei den oben genannten Beispielen. Die moderne *Marktgesellschaft* tritt in ein »age of volatility« ein, in eine Phase

ihrer Instabilität, die durch die Stimmungsanfälligkeit des wuchernden Finanzsektors zu einem Dauerphänomen wird.[4] Die Krise ist längst nicht vorbei, allein schon weil es lange Zeit dauern wird, die aufgelaufenen Schulden abzutragen – schon das dauert zwanzig Jahre; weil weiters die permanente Beunruhigung die Wachstumsaussichten beeinträchtigt; weil die neue globale Situation Europa langsam an die Peripherie des Geschehens driften lässt – vor allem aber deshalb, weil mittlerweile jeder weiß (oder wissen kann), dass bis zum Ende des Jahrhunderts keine Verzehnfachung des realen Sozialprodukts eintreten wird können (wie es der Fall wäre, wenn man längerfristig auch nur mit einem bescheidenen Wachstum von zweieinhalb Prozent rechnete).[5] Es gibt aber keine guten Modelle dafür, wie eine nachhaltige Gesellschaft funktionieren kann – wir wissen es einfach nicht, und schon gar nicht wissen wir, wie man den erforderlichen »Switch« in den Köpfen bewirken könnte.[6]

[4] Es wird auch noch viele Jahre dauern, bis die akademische Ökonomie wieder Relevantes zum Wirtschaftsgeschehen zu sagen haben wird – und das ist die optimistische Perspektive. Im schlechteren Fall bleibt sie bei der gegenwärtig dominierenden Wissenschaftstheorie des 19. Jahrhunderts und überlässt weiterhin die Bearbeitung der Wirklichkeit einigen wenigen nichtorthodoxen Ökonomen. »As turmoil builds, investors and policy makers are being tipped into cognitive shock. In the past few decades, most investors have operated as if the world was a place in which the key variables could be plugged into a spreadsheet or computer model. Ever since the computing revolution took hold on Wall Street and the City of London in the 1970s, finance has been treated not as an art but a science – and banks have operated as if computer models could not just explain the past but predict the future, too. Now those õquantsã and rocket scientists find themselves at sea. Computer models alone can no longer calculate meaningful probabilities about what will happen next in the eurozone. Instead, what really matters now in places ranging from Finland to Greece are non-quantitative issues such as political values, social cohesion and civic identity. Above all, the question of õcreditã is key to working out whether bonds can ever be repaid. But this is not credit in the mathematical sense by which banks have often defined it (as a projected probability on a chart), but in the old fashioned, Latin – social – meaning (belief)' (Financial Times, June 4, 2012).

[5] *Tim Jackson*, Wohlstand ohne Wachstum. Leben und Wirtschaften in einer endlichen Welt. 5. Aufl. München 2012.

[6] *Manfred Prisching*, Fetisch Wachstum: Die politische Ausweglosigkeit der Steigerungsprogrammatik, in: Wissenschaft & Umwelt interdisziplinär, 2009, 136–149.

Dasselbe gilt für die *demokratische* Ordnung – wir haben keine Ahnung, was geschieht, wenn wir über die traditionelle Versprechungs- und Verteilungspolitik nicht mehr verfügen können: wie man etwa Wahlkämpfe absolvieren kann, in denen nach allen Seiten nur schlechte Botschaften zu übermitteln sind. Man schließt deshalb vorderhand die Augen und verkündet, dass mehr Demokratie die Lösung für alles ist. – Unser Problem mit der *Grundbildung* der nachkommenden Generationen wird verdrängt: Obwohl das Defizit offensichtlich in den ersten Schuljahren (beim Lesen, Schreiben und Rechnen) liegt, also die Volksschule ein wesentliches pädagogisches Problem aufzuweisen hat, wird die Problematik dadurch zu lösen versucht, dass man weiterhin die gescheiterte Didaktik der Grundschule lobt, ja sogar auf höhere Bildungsetagen ausweiten will. Man schließt die Augen und glaubt, gut österreichisch, mit einer Titelverleihung (»Hochschule« und »Bachelor«) Probleme gelöst zu haben. – Und mit der *Europäischen Union* steht es nicht anders: Wir wissen nicht, wie man dieses Ding, dieses europäische Gebilde, diese Institution *sui generis*, diese langsam wachsenden Vereinigten Staaten von Europa, die eigentlich niemand so recht will, aufbauen kann – man verfrachtet sie einfach in die TINA-Ecke (*there is no alternative*) und erwartet europaweite Mitmachbereitschaft.

Wir haben gepfuscht,

auf einer ganz handwerklichen Ebene, bei der Etablierung der Währungsunion. Die gegenwärtige Lage ist nicht durch die allgegenwärtig pathetische Semantik zu lösen: *Wir brauchen mehr Europa – ein erfolgreicher Weg – Europa als Friedensprojekt darf nicht in Frage gestellt werden – die Krise zeigt die Notwendigkeit einer entschiedenen Brüsseler Führung* … und so weiter mit den Appellen, mehr mit Herz als mit Verstand. Oder noch anders: Der Verstand wird, soweit da und dort vorhanden, sorgfältig verborgen.
In den letzten Jahren hat sich die Überzeugung verbreitet, dass zwar an der europäischen Bürokratie herumgemäkelt wird, dass aber der europäisierende Prozess doch im Großen und Ganzen nicht so schlecht gelaufen ist. Bemängelt wurde allenfalls das *kultu-*

relle Defizit: Eine ökonomische Erfolgsgeschichte sei es ohnehin; das Politische ließe sich Schritt für Schritt weiterentwickeln; aber kulturell gebe es Desiderate – Europa müsste in den Köpfen der Menschen besser verankert werden, ein Integrationsprozess der Ideen und Gefühle sei erforderlich, am *europäischen Bewusstsein* müsste noch gearbeitet werden, eine geeignete Vision, einen europäischen Traum[7], müsste man noch entwickeln.
Mittlerweile wissen wir: Es ist genau umgekehrt. Das *Kulturelle* lässt sich ohnehin nicht genau einschätzen, abgesehen von der Tatsache, dass wir feststellen, was die empirischen Sozialforscher schon seit Langem gefunden haben – dass die europäischen Länder ziemlich unterschiedlich sind, dass die Menschen unterschiedliche Werte und Weltvorstellungen haben, dass die Pfadabhängigkeit in der Entwicklung ihrer Weltsichten höchst unterschiedliche Ausprägungen und Verhaltensweisen hervorgerufen hat. Die Griechen und die Deutschen, das sind eben zwei Welten. Die Irländer und die Spanier, die Bulgaren und die Österreicher – sie alle haben jeweils eine unterschiedliche Welt vor Augen, in der Wirklichkeit und im Geiste, unterschiedliche Bilder von Mensch und Staat, von Mann und Frau, von Familie und Verwandtschaft.[8]
Aber ganz entscheidend ist die Erkenntnis, dass jenseits dieser komplexen Befindlichkeiten auch das *Handwerkliche* nicht funktioniert hat: das strukturelle Design einer Währungsunion. Die Erwartung, das vergemeinschaftete Europa könnte einer Weltmacht wie Amerika ebenbürtig sein, USE so wie USA, war voreilig.[9] Jetzt, nach der Krise, treten die Ökonomen auf den Plan

[7] *Jeremy Rifkin*, The European Dream. How Europe's Vision of the Future is Quietly Eclipsing the American Dream. New York 2005.

[8] *Jürgen Gerhards/Michael Hölscher*, Kulturelle Unterschiede in der Europäischen Union. Ein Vergleich zwischen Mitgliedsländern, Beitrittskandidaten und der Türkei. 2. Aufl. Wiesbaden 2006.

[9] Samir Amin, Direktor des Third World Forum in Dakar, Senegal, meldet nüchtern: »I believe that Europe suffers from three major handicaps that rule out such a comparison. First of all, the northern part of the American continent (the United States and – what I call its external state – Canada) is endowed with natural resources incomparably greater than the part of

und verkünden, dass die Gemeinsamkeit von Ländern auf einer derart unterschiedlichen Entwicklungsstufe, insbesondere mit hohem und niedrigem Produktivitätsniveau im Rahmen einer gemeinsamen Währung, nicht funktionieren könne. Das wurde seinerzeit wohlweislich verschwiegen, man hat aus politischen Gründen[10] die Analyse durch Hoffnung ersetzt – durch das Prinzip: Es wird schon irgendwie gehen. Aber das Prinzip *eyes wide shut* hat nur wenige Jahre funktioniert.

Wir wissen nicht,

wie wir unter den gegebenen Verhältnissen eine wirtschaftliche Struktur basteln, die uns auf Dauer aus der Krise führt. In ökonomischer Hinsicht stehen die beiden großen Schulen einander gegenüber. Die eine Schule will Verschuldung und Unfinanzierbarkeit durch Sparen bekämpfen. Schulden zurückzahlen – das geht nur, indem man den Gürtel enger schnallt. Insbesondere

Europe to the west of Russia, as is shown by Europe's dependence on imported energy. Secondly, Europe is made up of a good number of historically distinct nations whose diversity of political cultures, even though this diversity is not necessarily marked by national chauvinism, has sufficient weight to exclude recognition of a ›European people‹ on the model of the United States's ›American people.‹ […] In the third place (and this is the main ground excluding such a comparison), capitalist development in Europe was and remains uneven, whereas American capitalism has developed in a fairly uniform way throughout the northern American area, at least since the Civil War. Europe, to the west of historic Russia (including the Ukraine and Belarus), is composed of three unequally developed sets of capitalist societies.« *Samir Amin*, Implosion of the European System, in: Monthly Review 64, 2012.

[10] Neuerdings ist auch mehrfach darauf hingewiesen worden, dass es ohnehin Bedenken gegen die Etablierung einer einheitlichen Währung gegeben hat, dass es sich allerdings um ein politisches Gegengeschäft gehandelt hat: Die Franzosen wollten der deutschen Wiedervereinigung nur zustimmen, wenn die Deutschen ihre DM aufgeben und in eine gemeinsame Währung eintreten. Das hat etwa der Spiegel wieder in Erinnerung gerufen: »Historischer Deal: Mitterrand forderte Euro als Gegenleistung für die Einheit. Die Wiedervereinigung hatte ihren Preis. Aus bisher geheim gehaltenen Protokollen geht nach SPIEGEL-Informationen hervor: Erst die Bereitschaft der Kohl-Bundesregierung, ihren Widerstand gegen die Einführung des Euro aufzugeben, ebnete den Weg zur Einheit« (Spiegel Online 25.09.2010).

wenn man sich die Einkommensströme ohnehin ergaunert hat, ist es geboten, auf jenes Niveau zurückzugehen, welches durch die eigene wirtschaftliche Ertragskraft gerechtfertigt ist. Es läuft auf das Gleiche hinaus, wenn man sagt: Da eine Anpassung durch Währungsabwertung unmöglich ist, muss man eben dieselbe Abwertung durch inneren Einkommensverzicht bewerkstelligen – nur ist Letzteres politisch viel brisanter als Ersteres. Die andere Schule sorgt sich um Teufelskreise nach unten. Man müsse eine weitere Verschuldung in Kauf nehmen, ja sogar verlorenes Geld nachschießen, um einen Absturz gefährdeter Ökonomien zu verhindern. Sie beruft sich dabei auf Keynes, fälschlicherweise, da es sich beileibe um keine »keynesianische Situation« handelt. Die Europäische Zentralbank wird mittlerweile zweckentfremdet, um die gesamte Euro-Zone zu stabilisieren, mit längerfristigen Konsequenzen, über die kein Ökonom einigermaßen zuverlässig Auskunft geben kann. Es werden Wertpapiere in beliebiger Menge angekauft, hinsichtlich derer die kontrafaktische Übereinkunft besteht, dass man sie vorderhand als Wertanlagen behandelt, obwohl sie keinen Wert besitzen.

Die ökonomische Krise wird als Mechanismus gesehen, den ohnehin vorgesehenen Prozess zu einer stärkeren Zentralisierung, d. h. in Richtung auf Vereinigte Staaten von Europa (United States of Europe: USE), weiter voranzutreiben: die Krise als Zwang, als Suggestion einer Alternativlosigkeit, der sich auch eher unwillige europäische Wählerschaften beugen müssen. Dabei werden beliebige Argumente verwendet, auch solche, die in Wahrheit gar nichts damit zu tun haben – so etwa das Argument, man brauche eine stärkere Integration, um das europäische Sozialmodell zu verteidigen.[11] Freilich ist die *Sui-generis*-Konstruktion zahnlos: *»Bis heute wagt niemand sich vorzustellen, welche öffentlichen Reak-*

[11] Es wurde mit Recht in der Presse kritisiert, dass man möglicherweise mehr Wachstum in Europa brauche, um das europäische Sozialmodell (welches denn überhaupt?) zu verteidigen, dass aber durch Zentralisierung diese spezifische Ausformung der Marktwirtschaft nicht vor dem Ansturm der Schwellenmärkte geschützt werden könne (Daniel Gros in der Presse vom 6. Jänner 2013).

Die Steiermark ist eine von 271 Regionen in der EU. Mit einer regionalen Forschungs- und Entwicklungsquote von 4,3 Prozent zählt unser Land zu den innovativsten Regionen Europas. Die EU hat die Steiermark daher als »Europäische Unternehmerregion 2013« ausgezeichnet. Als starke Region müssen wir uns aktiv für die notwendige Weiterentwicklung Europas einsetzen. Wie diese Weiterentwicklung aussehen soll, wurde in den letzten Wochen und Monaten intensiv diskutiert.
Die Frage, ob die Europäische Union zu den »Vereinigten Staaten von Europa« nach dem Vorbild der USA weiterentwickelt werden soll, steht seit der Gründung der EU im Raum. Vor dem Hintergrund der gegenwärtigen Schuldenkrise in einigen Euro-Ländern haben sich zahlreiche europäische Politiker zuletzt für diesen Weg ausgesprochen. Die aktuellen Entwicklungen machen eines deutlich: Europa muss zu einer echten Wirtschafts- und Währungsunion werden. Die USA dürfen aber für die weitere politische Integration Europas meines Erachtens nach nicht als Vorbild gesehen werden. Die USA waren spätestens nach dem amerikanischen Bürgerkrieg eine Nation. Die US-Bundesstaaten waren im Gegensatz zu den europäischen Staaten nie ethnisch und sprachlich separate Nationen. In Europa heißt »Staat« aber immer auch »Nation«. Der politische Erfolg der EU bestand und besteht darin, die einzelnen Nationalismen der europäischen Geschichte durch wirtschaftliche Verflechtung zu überwinden. Eine Entwicklung Europas in Richtung Bundesstaat stößt jedoch genau auf die Hürde des Selbstverständnisses der europäischen Staaten als Nationen.
Ich bin der Meinung, dass Europa einen eigenen, besseren Weg bei der weiteren Integration gehen muss, als es das zentralistische Modell der USA ist. Europa kann in Zukunft nur dann erfolgreich sein, wenn wir weiterhin auf Wettbewerb setzen. In einzelnen spanischen und portugiesischen Regionen sind etwa mehr als die Hälfte der jungen Menschen arbeitslos, während die Jugendarbeitslosigkeit in Österreich unter zehn Prozent liegt. Ein fairer Wettbewerb zwischen den Standorten ist der Motor dafür, dass sich schwächere Regionen an den stärkeren orientieren und sich damit Europa insgesamt positiv entwickelt. Dies ist aber nur möglich, wenn das föderalistische europäische Modell weiterentwickelt wird. Die Mitgliedstaaten und Regionen müssen daher auch in einer enger zusammenrückenden Europäischen Union eine starke Rolle spielen. Wir müssen dort gemeinsam handeln, wo es notwendig ist – z. B. in der Wirtschafts- und Wettbewerbspolitik. Wir müssen aber in anderen Bereichen die Vielfalt fördern, die die Menschen und Regionen in Europa auszeichnet.

Christian Buchmann
Landesrat der Steiermark für Wirtschaft, Europa und Kultur

tionen es hervorrufen würde, wenn etwa ein Kommissar aus Brüssel (abgesichert durch entsprechende militärische Kräfte zum Beispiel aus Frankreich) bei der Bundesbank in Frankfurt erschiene, um Strafgelder, die die Bundesrepublik nicht bezahlt, zwangsweise einzutreiben. Und ebenso unvorstellbar wäre es, die Museen in Griechenland zu räumen und die Kunstwerke bei Sotheby's zu versteigern, wenn einer der europäischen Rettungsfonds in Anspruch genommen wird.«[12] Also drückt man sich herum, mit Lösungen, die wiederum nur ein paar Monate halten.

Der Vorteil einer europäischen Zentralregierung (zu der auf absehbare Zeit nur die Länder der Eurozone zählen werden, mit der Wirkung, dass es de facto zu einer Spaltung Europas kommt) ist es, dass leichtsinnige Regierungen quer durch Europa kontrolliert und *overruled* werden können. Sie können ihre Daten weniger leicht fälschen, und sie können, unabhängig von der an der Macht befindlichen Regierung, ihre Budgets nicht beliebig überziehen. Daran hat Deutschland Interesse, da es doch auf absehbare Zeit der größte Zahler sein wird – wenn man schon auf Dauer Subventionen leisten muss, dann soll das Geld wenigstens nicht verschleudert werden. Der Nachteil einer solchen Zentralregierung ist freilich, dass ihre Aufgabe darin gesehen wird, sich das zentrale Element einer politischen Souveränität, nämlich die Verfügung über die finanziellen Ressourcen, anzueignen – also eine Konstellation zu schaffen, in der man überhaupt nicht mehr von souveränen Staaten als Mitgliedern sprechen kann. Es handelt sich dann in der Tat um Staatlichkeit, die eine Etage höher angesiedelt ist. In diesen süßen oder sauren Apfel könnte man noch beißen, insbesondere wenn man die besonderen Bedingungen für die Teilnahme an der vermeintlich paradiesischen europäischen Apfelplantage den Völkern verheimlicht. Problematischer ist die Tatsache, dass auch durch eine Zentralisierung der Macht die wesentliche Frage nicht berührt ist: Wie funktioniert eine Wirtschaftsgemeinschaft mit einheitlicher Währung, wenn die wirtschaftliche Gestion

12 *Benno Heussen*, Europa als Fusionsprojekt. Eine Manöverkritik, in: Merkur 66, 2012, 297–310, hier 300.

der Mitgliedsländer ganz unterschiedlich ist? Die Hoffnung auf rasche wirtschaftliche Konvergenz ist illusorisch.[13] Selbst wenn noch einige Gelder nach Griechenland gegossen werden, selbst wenn das finanzielle Gerüst des Landes in Ordnung gebracht und die Löhne reduziert werden, nimmt niemand an, dass Griechenland in wenigen Jahren eine potente und dynamische Industriestruktur entwickelt, die mit der österreichischen oder deutschen einigermaßen in Wettbewerb treten kann. Wenn allerdings die Befunde zur gegenwärtigen Lage richtig sind, ist nicht nachvollziehbar, was die Konstruktion der Vereinigten Staaten von Europa bewirken könnte. (Neben der erwähnten Kontrollfunktion gegenüber leichtsinnigen Regierungen bleibt nur die Annahme, dass sich in einem verstärkten politischen Rahmenwerk der dauerhafte

[13] »From the start, the euro has rested on a gamble. When European leaders opted for monetary union in 1992, they wagered that European economies would converge toward one another: the deficit-prone countries of southern Europe would adopt German economic standards – lower price inflation and wage growth, more saving, and less spending – and Germany would become a little more like them, by accepting more government and private spending and higher wage and price inflation. This did not occur. Now, with the euro in crisis, the true implications of this gamble are becoming clear. Over the past two years, the eurozone members have done a remarkable job managing the short-term symptoms of the crisis, although the costs have been great. Yet the long-term challenge remains: making European economies converge, that is, assuring that their domestic macroeconomic behaviors are sufficiently similar to one another to permit a single monetary policy at a reasonable cost. For this to happen, both creditor countries, such as Germany, and the deficit countries in southern Europe must align their trends in public spending, competitiveness, inflation, and other areas.
Aligning the continent's economies will first require Europe to reject the common misdiagnoses of today's crisis. The problem is not primarily one of profligate public sectors or broken private sectors in debtor countries. It is rather the result of a fundamental disequilibrium within the single currency zone, which applies a single monetary policy and a single exchange rate to a diverse group of countries. Policy proposals for budgetary austerity, the micromanagement of national budgets, fiscal federalism, bailouts, or large funds to stave off speculators are insufficient to solve this problem alone« (*Andrew Moravcsik*, How to Sustain a Common Currency, in: Foreign Affairs 91, 2012).

Subventionierungsstatus unter dem Etikett »gesamteuropäischer Solidarität« leichter durchsetzen lässt; was sich allerdings auf Dauer bezweifeln lässt. Denn in der Sache meint eine derartige »Solidarität«, dass etwa österreichische und deutsche Steuerzahler alljährlich eigene Einkommensteile an die europäische Peripherie, an verschiedene Mittelmeerländer, abgeben müssten; und im Wissen um die eigenen Zahlungen werden auch von den Touristen ausgedehnte Siestas im mediterranen Raum als weniger romantisch betrachtet werden.) Das Problem der *Heterogenität* ist ungelöst: die Schnittstellenproblematik, d. h. die Bindung der Mitgliedsländer aneinander, auch der produktiven und der unproduktiven Länder.

Wir sind weit weg,

weit weg von der Brüsseler Europaregierung. Das ist nicht einmal so sehr im geografischen Sinne gemeint, denn Europa als Ganzes stellt ja eine relativ kleine Halbinsel dar. Es ist als *Wahrnehmungskategorie* gemeint. Denn das Problem der europäischen Demokratie, welches in der Diskussion häufig kritisch und hoffnungsvoll apostrophiert wird, ist nicht damit gelöst, dass das EU-Parlament ein paar Kompetenzen dazubekommt. Es gibt keine Demokratietheorie, die ohne die Idee einer »demokratischen Öffentlichkeit« auskommt. Die Wählerschaft muss den politischen Prozess beobachten, im Idealfall analysieren, diskutieren und bewerten; es wären ja auch Wahlprozesse sinnlos, wenn sie gar nicht auf Urteilskraft, sondern auf Zufall beruhten. Aber es gibt keine brauchbare Vorstellung davon, wie eine europäische Öffentlichkeit gefördert oder hergestellt werden könnte.

Einstweilen ist Brüssel ein weißer Fleck auf der geistigen Landkarte der europäischen Völker. Man hat eine gewisse Vorstellung von der jeweiligen nationalstaatlichen Politik, von den handelnden Akteuren, von der Leistungsfähigkeit der heimischen Minister; wie berechtigt auch immer diese Einschätzungen sein mögen. Aber selbst wenn man politisch interessierte Menschen danach fragt, welche ihres Erachtens die zwei besten und die zwei schlechtesten EU-Kommissare sind, werden sie fast immer in Verlegenheit geraten. Die EU-Kommissare sind durchwegs wichtiger als die inländischen Minister, gleichwohl verharren sie im Zustand der Unbeobachtbarkeit. Wir kennen sie nicht. Wir sehen sie nicht. Das ist nur bedingt die Schuld der Medien, die wissen, dass sie mit ausführlicher Europaberichterstattung ihre Leserschaft nicht faszinieren; und es ist nicht die Schuld der Kommission, denn auf den Homepages der EU ist alles Wichtige nachzulesen, ja diese sind viel ausführlicher als auf der nationalstaatlichen Ebene. Dennoch ist die Zugänglichkeit eingeschränkt, allein schon aufgrund der unterschiedlichen kulturellen Hintergründe: Sprachbarrieren, Körpersprache, Hintergrundverständnis. Europa ist vielfältig, und wir können nur sehen, was zu sehen wir prädestiniert sind.

Natürlich gibt es die *technokratische* Option. Die Brüsseler Bürokratie ist, wie uns Robert Menasse in seiner ehrlichen Selbstkorrektur mitgeteilt hat, kompetent und engagiert. Wie alle Konservativen diagnostiziert er die Krise in der »Halbheit« der europäischen Konstruktion: Europas Länder haben keine ausreichende Souveränität mehr, aber es mangelt auch am gemeinschaftlichen politischen Instrumentarium.[14] Man könnte freilich der technokratischen Option mit einigem Zynismus etwas abgewinnen: Die

[14] *Robert Menasse*, Der europäische Landbote. Die Wut der Bürger und der Friede Europas oder warum die geschenkte Demokratie einer erkämpften weichen muss. Wien 2012. »Ich bin mit Vorurteilen nach Brüssel gekommen. Vorurteile, die ich nicht denunzieren will, es waren einfach Vorurteile im wörtlichen Sinn des Begriffs: Urteile, die ich hatte, bevor ich hierher kam. Und sie alle hatten ihre Beglaubigung in Fakten und Empirie. [...] Das also war mein Vor-Urteil: dass die Europäische Union eine schöne Idee in einem System zu verwirklichen versucht, das diese Idee unterhöhlt, weil darin die Demokratie versickert – und dass dies zu hinterfragen sei. [...] Ich muss, bevor ich diese Frage präzisiere und begründe, von meinen Erfahrungen der letzten Wochen berichten: Ich habe mich jeden Tag in den langen Korridoren der EU-Verwaltung, in den Arbeitszimmern und Sitzungssälen der viel geschmähten EU-Bürokratie herumgetrieben, mit zahllosen Beamten im Berlaymont-Gebäude der Kommission und im Justus-Lipsius-Gebäude des Rats Gespräche geführt, mir erklären lassen, wie und woran sie arbeiten, ihren Arbeitsalltag beobachten können, – und ich habe bestens qualifizierte, europäisch denkende Menschen kennengelernt, die in verwunderlicher

Brüsseler Menschen arbeiten, ungestört von einer oft unberechenbaren Wählerschaft, an den wichtigen Dingen, während die nationalstaatliche Politik ihren Populismus auslebt und der Wählerschaft eine Art von demokratischer Folklore vorspielt. Das Fußvolk darf sich an Entscheidungen von lokaler Relevanz abarbeiten, das dient als Beschäftigungstherapie, vermittelt ein demokratisches Grundgefühl und sichert einen politischen Entertainment-Faktor. Auch wenn man zugeben muss, dass in einer zunehmend komplexer werdenden Gesellschaft ein größerer Anteil der Entscheidungen ohnehin jenseits des Verständnishorizontes der Wählerinnen und Wähler zu liegen kommt, so dass diese allenfalls als Störfaktoren wirksam werden, schafft eine solche Aufteilung der Ebenen Unbehagen – so haben wir uns Demokratie denn doch nicht vorgestellt, in keiner Variante. Abgesehen von allgemeinen Appellen gibt es aber derzeit keine substanzielle Diskussion über die politische Verfasstheit der EU und die praktischen Konsequenzen für die demokratische Ordnung. Wahrnehmbar ist eher, wie in der aktuellen Krise an der Demokratie vorbeiregiert wird – sinnvollerweise.

Kann es sie geben,

diese Vereinigten Staaten von Europa? Dieses Gespenst, das derzeit in Europa umgeht? Wahrscheinlich wird sich der ganze europapolitische Prozess langsam und zäh in diese Richtung bewegen, ohne eine durchschlagende Lösung, mit vielen Kompromissen, so

Effizienz eine hochkomplexe Maschinerie zur Produktion von Rationalität bedienen. Wären diese Menschen abhängig von den Stimmungen in ihren Herkunftsländern, gar diesen verpflichtet, würden sie sich treiben lassen von den Peitschenhieben nationaler Medien, die gebieterisch die Begehrlichkeiten nationaler Eliten aus Wirtschaft und Politik als Volksmeinung vorformulieren, sie würden nur noch unproduktive, wenn nicht gemeingefährliche Widersprüche produzieren« (Robert Menasse in der Kleinen Zeitung vom 28.03.2010). Und Menasse stellt die richtige, irritierende Frage: »Was aber (ich wage es kaum, diese Frage zu stellen), wenn wir den klassischen Demokratiebegriff, statt ihn zum Maßstab unserer Beurteilung des EU-Systems zu machen, bewusst aufgeben, und gerade in seiner Preisgabe eine historische Vernunft erblicken?«

wie die europäische Politik eben ist, und die meisten Bürgerinnen und Bürger werden nicht mitbekommen, was geschieht. Denn auch über die USE soll man sich keine Illusionen machen: Verschiedene Länder wollen nicht wirklich wesentliche Teile ihrer Souveränität abgeben. Großbritannien, ohnehin ein unwilliges Mitglied, will das keinesfalls[15], auch das britische Pfund soll nicht aufgegeben werden, weitere britische Sonderrechte sollen erpresst werden – und wenn das nicht läuft, wird die Insel lieber ausscheiden. Aber auch Frankreich oder Polen wollen keinen echten Souveränitätsverzicht, und ebenso wird es bei anderen Ländern nur im »Doppelspiel« funktionieren, indem man der Wählerschaft die wirklichen Verhältnisse verschweigt. Zudem ist nicht ganz klar, was man sich von der Vereinigung wirklich erwartet: Es gibt eine offizielle Argumentation, die jener ziemlich ähnlich ist, mit der man in den neunziger Jahren die Ära der Mergers & Acquisitions im Wirtschaftsleben einbegleitet hat; hinterdrein weiß man, dass mehr als die Hälfte (manche sagen 80 %) der Fusionen schiefgegangen sind, aus ganz verschiedenen Gründen. Eine Fusion europäischer Staaten ist freilich noch viel schwieriger zu bewerkstelligen als die Fusion von Unternehmenskulturen. Jedenfalls wird es nicht damit getan sein, sich auf der Ebene der üblichen Sager aufzuhalten: *Man müsse Brüssel entbürokratisieren – die nationalen Politiker sollten positiver über die EU reden – man müsse den Menschen Europa besser erklären.*[16] Alles das mag schon sein, aber das hat es auch schon bisher gegeben, und die Er-

[23] Cameron hat das in seiner Europa-Rede »ein für alle Mal« klargestellt; ebenso wie die zukünftige Strategie Großbritanniens, weiterhin »Sonderrechte« für sich aushandeln und in Anspruch nehmen zu wollen. In diesem Falle gilt, wie zuweilen in der Politik: Wenn man solche Partner hat, muss man sich um seine Feinde nicht sorgen.

[24] Die Krise freilich lässt den Europapolitikern einigen Spielraum. Härter formuliert: Europa war schon bisher ein Prozess der Eliten, und die Krise spielt ihnen in die Hände. Mehr Angst bei den Bürgern bedeutet mehr Optionen für die Eliten. Sie können in der Krise einen Prozess weitertreiben, an dem sie sonst scheitern würden, allerdings sind sie mindestens im gleichen Maße Getriebene wie Treibende.

klärungsversuche sind ohne Erfolg geblieben. In Anbetracht der Krisenerscheinungen war es vielleicht auch gerechtfertigt, dass ihnen Erfolg versagt geblieben ist.

Langsam und zäh wird es gehen,

und dennoch können Überraschungen nicht ausgeschlossen werden. Wir müssen auch mit der Kontingenz der Geschichte rechnen, und die Kontingenz ist derzeit in Europa besonders spürbar. Jeder, der nicht aus professionellen Gründen zur euphorischen Verkündigung gezwungen ist, wird sagen müssen: Derzeit lassen sich für die Zukunft Europas keine Prognosen stellen, auf die man sein Geld verwetten sollte.

Elmar G. Arneitz

Das Hoffen wagen!

Jeder noch so lange Weg beginnt mit dem ersten Schritt. Im Falle eines föderalen Staatenzusammenschlusses in Europa ist dieser erste Schritt ein Loslassen: das Loslassen antiquierter Denkansätze über einen reichen Norden und einen armen Süden bedeutet aber auch das Loslösen vom strengen Diktat des Kapitalismus als einzig wahrer Form der zwischenstaatlichen Kommunikation.
»Unser Europa« liegt seit 2008 gebeutelt von der Bankenkrise am Boden, orientierungslos, die (Er)Lösung erwartend. Ausgelöst, aber teilweise wieder ausgemerzt, durch das alles diktierende kapitalistische Wertesystem. Die südlichen Staaten der EU klammern sich hilfesuchend an den Norden, der – wie in Amerikas Sklavereisystem – umgekehrt als Retter Bedingungen und Unterwerfung fordert. Der nationale Stolz bleibt die einzige Hoffnung der Völker der Südstaaten, der ihnen die Kraft gibt, das Warten auf bessere Tage zu ertragen. Nur vereinzelte Politiker der nördlichen Länder, wie Angela Merkel, stellen sich kampfbereit den gierenden, weltweiten Vernichtungsmächten entgegen, nicht wissend, ob deren Energie- und Finanzreserven ausreichen, die ersehnte Balance zwischen Grundbedürfnissen und dem notwendigen Nachschub innerhalb der EU wieder herzustellen.
In einem Europa, in dem jede Sekunde ihren Tribut an die vorhandenen (und nicht mehr vorhandenen) Finanzmittel einfordert, spielen Wirtschaftsjongleure akut die notwendigsten Lösungsstrategien durch, um eine ersehnte Atempause zur Energieschöpfung zu erwirken, ohne sich zu vergegenwärtigen, dass ihr Denken und Handeln wiederum nur dem einen Herrn – dem Kapitalismus – dient. Er bleibt der verborgene Herrscher, Richter und Henker über die Welt. Dieses gierige, nicht satt zu bekommende, sich selbst verschlingende schwarze Loch, das sich keine Minute lang besänftigen lässt. Der Großteil der Bürger Europas fordert aus Angst vor dem eigenen Ruin die Opferung des Südens, um den gefräßigen Finanz-Moloch zu besänftigen, und um den Blick wie-

der in Richtung Wirtschaftsaufschwung richten zu können. Ein Szenario, welches sich in der Geschichte der Menschheit an verschiedensten Orten wiederholte.
Was aber passiert mit den Südstaaten, wenn wir sie dem Ruin aussetzen? Werden sie nordafrikanische Verhältnisse erleben? Wird der Tourismus vollends einbrechen? Werden wir vorindustrielle Phänomene wiedererleben? Welchen Preis haben wir für die freie Marktwirtschaft bezahlt? Einen zu hohen? Freilich: Wir leiden nicht unter Hunger und können uns über die Landesgrenzen hinweg frei bewegen, ohne durch einen Krieg gefährdet zu werden. Wir – wir in Europa – ja. Aber bereits ein paar Kilometer vor den europäischen Grenzen, in Nordafrika, sieht man diesen Optimismus etwas verklärter. Noch etwas weiter südlich stehen Hungerkatastrophen, extreme Kindersterblichkeit und Unfreiheit sowie Kriegsdramen an der Tagesordnung. Inwiefern werden die Südstaaten Europas ein neues Afrika auf dem eurasischen Kontinent werden? Und was passiert, wenn Afrika in den kommenden zwanzig Jahren vermehrt nach Südeuropa flüchtet, schwimmt, immigriert? Es sollte ein gemeinsames, großes Europa werden, so war es zumindest von Winston Churchill angedacht, als er bereits 1946 die Vereinigten Staaten von Europa ausrufen wollte. Ein halbes Jahrhundert blieb der Begriff eine Hülse, eine vokabulare Leiche, bis man ihn just wieder in einer hochdramatischen Krisenzeit ausbuddelte, um die vermeintliche »Wirtschaftsleiche« Griechenland zu exhumieren. *»Um im globalen Wettbewerb zu bestehen, reicht eine gemeinsame Währung nicht aus, man braucht eine politische Union«*, meint Deutschlands Außenministerin Ursula von der Leyen und warnt vor einem Auseinanderbrechen Europas, denn dann *»werden sich unterschiedlichste Allianzen in Europa bilden, mit allen Gefahren für den gemeinsamen Binnenmarkt und die politische Zusammenarbeit«*. Kurz gesagt: Ohne Vereinigte Staaten geht irgendwann gar nichts mehr. Einheitliche Geldscheine und Münzen alleine sind zu wenig.
Immer mehr nach Anerkennung suchende Bürger und Volksgruppen der EU werden sich zusammenschließen, um ihren eigenen Vorteil zu sichern, und den »schuldigen Staaten« weitere Ver-

Bereits im Jahr 1946 forderte der britische Premierminister Winston Churchill in seiner berühmten Rede vor der akademischen Jugend an der Universität Zürich die Schaffung der Vereinigten Staaten von Europa. Er war davon überzeugt, dass nach dem Zweiten Weltkrieg nur ein vereinigtes Europa den Frieden garantieren und Nationalismen und Kriegstreiberei überwinden könne. Unerwähnt blieb auch damals, wie eine Beteiligung Großbritanniens bei den Vereinigten Staaten von Europa aussehen sollte.
67 Jahre später erlebten wir Verhandlungen über ein mehrjähriges EU-Budget, die in der öffentlichen Debatte sehr von Nationalismen, wirtschaftlichen Egoismen und europapolitischer Nabelschau geprägt waren. Im Kern jedoch unterstreicht ein mehrjähriger EU-Finanzrahmen eine Entwicklung, die zukunftsweisend für die Europäische Union ist und sie sowohl nach innen als auch nach außen stärkt. Zum einen, weil ein mehrjähriger Finanzrahmen eine höhere Widerstandsfähigkeit gegen politische und wirtschaftliche Instabilität bedeutet. Zum zweiten, weil das EU-Budget sowohl dem Gedanken der Solidarität Rechnung trägt und auch weiterhin überwiegend schwächere Regionen und Mitgliedstaaten im sozialen und wirtschaftlichen Aufholprozess unterstützt, als auch den Investitionsgedanken bei Projektfinanzierungen zugrunde legt, um die Wettbewerbsfähigkeit der gesamten EU zu steigern und das europäische Lebensmodell abzusichern.
Gerade dieses europäische Lebensmodell, basierend auf der Freiheit des Einzelnen, individuellen Entwicklungsmöglichkeiten für alle, höchsten Sozial-, Gesundheits- und Umweltstandards steht europaweit außer Streit. Europa setzt eben nicht auf Massenproduktion oder auf Wirtschaftswachstum zum Nachteil von Sozial-, Gesundheits- oder Umweltstandards.
Europa wählt einen umfassenden Ansatz, der vor allem den Menschen und seine Würde in den Mittelpunkt stellt und sowohl den Klimaschutz und saubere Energieträger fördert als auch die Wettbewerbsfähigkeit Europas steigert, ohne dabei die soziale Verträglichkeit der Maßnahmen aus den Augen zu verlieren.
Europa entwickelt sich im ureigensten Interesse stetig und unaufhaltsam zu einer weltweit einzigartigen Föderation von Staaten weiter, die sich im Geiste Robert Schumans »nicht mit einem Schlage herstellen lassen, sondern durch konkrete Tatsachen entstehen wird.«

Johannes Hahn
EU-Kommissar für Regionalpolitik

pflichtungen abzuringen. Verpflichtungen, denen noch Generationen an unschuldigen Nachkommen unterjocht sein werden. Es ist ein vermeintlich gemeinsames, wirtschaftlich starkes Europa, das gerade an der Wegkreuzung rätselt, in welche Richtung eine Zukunft ohne Widerstand führen kann – demonstrationsfrei, revoltenfrei und schuldenfrei.

Die Lösung kann nicht nur die reine Vergebung und das Erlassen von Schulden sein, zumindest aber der erste Schritt. Das Bewusstsein, dass es nur auf einem gemeinsamen Weg gehen kann – ohne Übervorteilung einzelner kraftloser Staaten im eigenen Terrain – kann einen Start bedeuten. Die globalen Konkurrenten agieren nicht im eigenen Gebiet, sondern von außen her, wie sie es all die Jahrzehnte davor schon getan haben. Jener Energieeinsatz, den einzelne Staaten der Europäischen Union aufwenden, um ihn in rhetorischer Exzellenz gegeneinander einzusetzen, ist genau jene ablenkende Beschäftigungspolitik, die von der ungreifbaren Konkurrenz geschürt wird. Wahrscheinlich bräuchten wir weniger Energie, um die Lösung für einen gemeinsamen Weg zu finden, als das Problem ewig zu umschreiben und zu Tode zu diskutieren – Europa eine Diskussionsleiche?

Die weltweit einsetzende Demokratie ermöglicht dem Kapitalismus eine gewalt- und kraftlose Übernahme aller Machtverhältnisse. Nur eine konstruktive und nachhaltige gemeinsame Politik kann hier dagegenlenken, ohne sich darauf zu beschränken, Wahlen zu gewinnen und Versprechungen abzugeben, die niemals eingehalten werden können.

»Es dürfen nicht mehr Worthülsen und Täuschungen im Vordergrund stehen, sondern für den unpolitischen Menschen verständliche und verbindliche Umsetzungsmöglichkeiten.«

Volksnahe Politik darf wieder mit Lösungen glänzen, ohne Übervorteilung und Machtgehabe. Die Zusammenarbeit mit allen Staaten Europas, ohne Wertigkeiten und Vorurteilen einzelnen Ländern gegenüber, darf nur mehr in eine Richtung zielen: in die gemeinsame Zukunft.

Kulturell sind wir hoch entwickelt, aber wie sieht das soziale Miteinander aus? Wie fürsorglich gehen wir miteinander um? Hoch

entwickelt ist unsere westliche Gesellschaft, aber auch hoch verschuldet und hoch deprimiert – alles kein Anlass für Optimismus. An Europas Weggabelung des 21. Jahrhunderts glänzt der eine – der richtige – Weg ganz klar: Es soll nicht mehr um das Nachdenken, sondern mit aller Kraft um das Vor(aus)denken gehen! Wenn wir eine weitere Epoche der Entwicklung erleben möchten, müssen wir uns vor Augen halten, dass wir jahrzehntelang eingewickelt und aufgewiegelt wurden.
Schon das Wertesystem in der Schule, in dem unmerklich in unsere Gehirne »einmassiert« wird, dass den Fächern Rechnen und Schreiben ein höherer Stellenwert beigemessen wird als etwa dem Werken, dient nur dazu, um uns später vor Augen zu führen, dass der Finanzwelt mehr Bedeutung zukommt als der Facharbeiterbranche. Diese manifestierten Werte ziehen sich durch unsere gesamte Schulbildung, in der wir »eingewickelt« werden, um dann im Erwachsenenleben Werten von »besseren« Menschen, Sportlern und anderwärtig Erfolgreichen nachzurennen, ja sogar nachzutrauern. Ein ewiges Kräftemessen, ein fortlaufendes Bewerten, ein Egotrip – von Kindesbeinen anerzogen. Schon in der Schule will jeder Klassenbester sein. Zumindest in den westlichen Industriestaaten – anderen Kulturen ist dieses Denken völlig fremd.
Der Geist der Vereinten Staaten Europas darf sich nicht der Versuchung hingeben, einzelne Staaten mit einer Bewertung zu behaften, also zu messen, wer erfolgreicher oder besser arbeitet, sondern darf nur ein einziges Ziel verfolgen: Lösungen zu finden und der Zukunft vorbereitet entgegenzublicken. Erst wenn wir bereit sind, all unsere eigenen egoistischen Interessen abzulegen, wird es uns gelingen, geschlossen und entschlossen auf die Zukunft des Staatenbundes hinzuarbeiten.
Ein nationales Beispiel: Als im Jahr 2010 der südlichste Teil der Nation durch den Hypo-Skandal finanziell »erkrankte«, hat kein anderes Bundesland in Österreich je einen Gedanken daran verschwendet, das kaufkraftarme, einkommensschwache Kärnten zu opfern und auszugliedern oder es sich selbst zu überlassen.

Den Geist der Vereinten Staaten Europas müssen daher jene Mächte anführen, die sich ausschließlich auf den Nutzen der Bürger in der EU konzentrieren und sich eine stabile Wirtschaft im Dienste der Bevölkerung vorstellen können. Hier haben kapitalistisch gesteuerte und risikobereite Entscheidungsträger in der Politik und Wirtschaft einfach keinen Platz mehr. Es geht nicht mehr um einen Sieger und Gewinner, um den Besten, den Vorzeigeschüler, der dem Schuldner die Rute ins Fenster stellt.
Es muss ein Grundpfeiler der sozialen Verträglichkeit installiert werden, der auf die Bedürfnisse der Bürger eingeht, statt den Machthunger und die Gier Einzelner zu befriedigen. Zahlungsmittel müssen wieder zu ehrlichen Tauschmitteln werden, sie dürfen nicht mehr der Machterhaltung und dem Schüren von Angst dienen. Vor allem müssen Fördergelder stärker in Entwicklungstechnologien fließen und nicht zum Ausgleich von Defiziten missbraucht werden.
Wenn Sie, liebe Leser, sich fragen, was Sie persönlich dazu beitragen können, ist meine Antwort eine ganz einfache: mehr Bewusstsein, weniger Wegsehen und vor allem keine (Vor-)Verurteilungen und Bewertungen mehr! Egal ob damit Staaten, Regionen, Menschen oder Religionen gemeint sind. Es bleibt Ihnen vorbehalten, darüber nachzudenken, ob ein großes und vereinigtes Europa nicht doch eine Chance verdient hat, auch die, sich hoffnungsvoll zu verbessern. Was werden wohl unsere Nachfahren in fünfzig Jahren über uns denken? Werden sie die Worthülse »Vereinigte Staaten von Europa« wieder ausgraben? Oder wird dies ein Alltagsbegriff sein?
Wie optimistisch werden sie sein? Wir alle tragen den Geist Europas in uns und müssen ihn auch leben – für uns und kommende Generationen.

Franz Fischler

Vereinigte Staaten von Europa – die Zukunft der Integration

Um es gleich von vornherein klar zu postulieren: Vereinigte Staaten von Europa nach dem nationalstaatlichen Modell der USA wird und soll es nicht geben. Dafür gibt es eine ganze Reihe von Gründen.

Es beginnt schon bei den europäischen Werten. Wenn man den Grundrechtskatalog der USA mit dem der Europäischen Union vergleicht, dann wird deutlich, dass wir mit unserem Demokratieverständnis, mit unseren Vorstellungen des sozialen Zusammenhalts und der Solidarität, mit unseren Umweltzielen und zahlreichen anderen Grundrechten den USA weit voraus sind. Es wäre nicht einmal möglich, mit den USA Integrationsverhandlungen zu führen, solange sie an der Todesstrafe festhalten und ihre Bestimmungen über das Tragen von Waffen nicht ändern. Ebenso gravierend ist der Unterschied im Verständnis von *governance* und das amerikanisch-imperialistische Verhalten. Durch beides kommt sehr deutlich eine antiquierte Auffassung von *governance* zum Ausdruck, die keinen aussichtsreichen Weg für Europas Zukunft weist. Das entscheidendste Argument jedoch ist, dass mehr und mehr augenscheinlich wird, dass der nationale Bundesstaat amerikanischer und europäischer Prägung zwar die richtige Staatsform für das Industriezeitalter und den daran gekoppelten Kapitalismus gewesen sein mag, aber nicht den Herausforderungen einer globalisierten Welt mit wachsender Ressourcenknappheit, mit Arbeitslosigkeit, Energie- und Umweltproblemen gewachsen ist.

Es müssen daher in Europa neue Wege beschritten und ein ähnliches Wagnis eingegangen werden wie zur Zeit des Beginns der europäischen Integration. Auch damals hat es kein fertiges Modell gegeben. Der Architekt der Integration, Jean Monnet, hat sogar davor gewarnt, zuerst die »finalité« Europas auszuhandeln und erst dann mit der Realisierung zu beginnen. Sein pragmatischer und technokratischer Ansatz hat darauf gesetzt, dass konkrete europäische Projekte, wie das gemeinsame Verwalten von Kohle und Stahl, nicht nur Frieden in Europa sichern, sondern zudem auch immer neue Integrationsprojekte stimulieren. Das hat in der Vergangenheit zwar mit Unterbrechungen wie der Zeit der Eurosklerose ganz gut funktioniert, nur jetzt scheint es, dass wir bedingt durch die Finanzkrise, das Einbrechen des Wirtschaftswachstums, durch den groß gewordenen Populismus und durch Mangel an Leadership mancher Entscheidungsträger in eine veritable Krise geraten sind, aus der wir mit den traditionellen Krisenbewältigungsinstrumenten nicht mehr so recht herausfinden können. Mark Leonard hat in einem bemerkenswerten Aufsatz kürzlich darauf aufmerksam gemacht, dass wir gleich in drei Dilemmas stecken:

1. Der Ruf nach mehr Europa und der Populismus sind zu zwei einander verstärkenden Kräften herangewachsen.
2. Die Finanzindustrie und die internationalen Konzerne bestimmen immer deutlicher, was die Politik zu liefern hat, und die Geschwindigkeit der Veränderungen auf den Märkten diktiert die Abfolge der politischen Entscheidungen.
3. Der von den Finanzmärkten ausgehende Zeitdruck lässt teilweise ein ordentliches demokratisches Entscheidungsverfahren gar nicht mehr zu.

Manche politischen Kräfte machen hier aus der Not bereits eine Tugend, indem sie die Raschheit und Entscheidungsmacht undemokratischer Politiksysteme nicht nur loben, sondern sogar zur Nachahmung empfehlen. Kurzum, es müssen neue Wege aus der politischen Krise gesucht werden. Zurzeit sind es im Wesentlichen vier Wege, die als Auswege aus der Krise diskutiert werden:

– Aus Deutschland, Frankreich und den Beneluxstaaten ist wieder häufiger die Idee eines Kerneuropas zu hören.
– Es ist aber auch ein Zerfall der EU zumindest denkmöglich geworden.
– David Cameron ist erst vor Kurzem mit einem eigenen Modell vorstellig geworden

»Es ist evident, dass Europa seine Höhepunkte hinter sich hat […] Unser Wohlstandsniveau ist nicht zu halten. Weil wir unsere Zukunft vernachlässigt haben und andere Regionen aufstreben. Wir werden das Venedig der Welt werden: schön zu besuchen, tolle Denkmäler und gutes Essen.«

Karl Schwarzenberg
Tschechischer Politiker
(Kurier, 6. Jänner 2012)

– und interessanterweise wurde von Seiten kreativer Kräfte wie Robert Menasse das postnationale Europa in die Diskussion eingebracht.

Die Kerneuropa-Idee verbunden mit einer aufgemöbelten Freihandelszone für die übrigen EU-Staaten ist nicht neu und braucht daher nicht näher diskutiert zu werden. Ebenso ist an dem britischen Modell mit einem gut ausgebauten Binnenmarkt, permanenten Optingouts, dem Einfrieren des Integrationsstatus quo oder der Möglichkeit der Rückübertragung von EU-Kompetenzen in die nationale Zuständigkeit nicht so sehr das Modell an sich neu, sondern schon eher, diese Vorstellungen mit einem Referendum über den möglichen Austritt des UK aus der EU zu verbinden.

Bemerkenswert ist, dass heutzutage auch die Möglichkeit eines Zerfalls der EU in den Bereich des Denkbaren gekommen ist und damit die These der Unumkehrbarkeit des europäischen Integrationsprozesses in Frage gestellt wird. Den besten Weg, mit dieser Hypothese umzugehen, hat Jan Zielonka in seinem Buch »Marching towards disintegration« aufgezeigt, nämlich die Folgen der Desintegration abzuschätzen und damit die Alternativlosigkeit der EU zu untermauern.

Eine spannende, wenngleich auch die revolutionärste These ist jedoch die des postnationalen Europas. Diese Idee ist die Fortführung einer schon länger laufenden Entwicklung. Niemand bestreitet, dass wir das Industriezeitalter längst hinter uns gelassen haben und schon 1969 hat Alain Touraine aufmerksam gemacht: *»Es entstehen Gesellschaften neuen Typs. Man wird sie postindustrielle Gesellschaften nennen«*, und Daniel Bell hat dem 1973 gewissermaßen hinzugefügt: *»Das Konzept der nachindustriellen Gesellschaft betont* *die zentrale Stellung des theoretischen Wissens als Achse, um die sich die neuen Technologien, das Wirtschaftswachstum und die Schichtung der Gesellschaft organisieren.«*

Nachdem der Kapitalismus das Wirtschaftsmodell des Industriezeitalters war, ist es nur logisch, für den Postindustrialismus auch ein postkapitalistisches Wirtschaftsmodell zu suchen. Claus Schwab hat daher beim letzten Weltwirtschaftsforum in Davos zu Recht die Frage gestellt: »Was kommt nach dem Kapitalismus?«

Elemente für ein postkapitalistisches Wirtschaftsmodell werden längst intensiv diskutiert. Es muss darum gehen, ein robustes (nachhaltiges) Gleichgewicht zwischen Ökonomie, Ökologie und Sozialem zustande zu bringen. Wir müssen lernen, unser Wirtschaftssystem auch mit wenig Wachstum stabil zu halten, wobei dafür auch ein neuer, ein qualitativer Wachstumsbegriff zu definieren ist. In eine solche Definition müssen dann auch kulturelle Elemente einfließen, ohne die eine gute Lebensqualität nicht denkbar ist. Und wir müssen die Rolle der Ordnungspolitik vis-à-vis den Märkten und ihren Teilnehmern überdenken. Dabei wird es darauf ankommen, die neuen technischen Hilfsmittel zu nutzen, um sehr komplexe Systeme, mit denen wir es immer häufiger zu tun haben, besser verstehen zu lernen, statt sie wie bisher zu simplifizieren.

Für die Politik hat Colin Crouch den Begriff der Postdemokratie eingeführt, diesen aber benützt, um auf demokratische Dekadenzerscheinungen wie die Dominanz der Konzerne über die Politik, die Macht der Lobbys und das wachsende politische Desinteresse aufmerksam zu machen. Hier gilt es, das richtige Modell für das postdemokratische Zeitalter erst zu entwickeln, wobei der Kern einer künftigen *governance*-Struktur ein postnationales System sein müsste.

Das Modell des Nationalstaates, wie er im 19. Jahrhundert geprägt wurde, hat ausgedient. Was wir brauchen, ist ein *new governance*-Modell, das eine regionale, nationale und kontinentale (globale) Ebene vorsieht, mit klarer Aufgabenteilungen (Subsidiarität) und ebenso klarer Gewaltenteilung zwischen Legislative, Exekutive, Jurisprudenz und Kommunikation.

Dementsprechend müsste das postnationale Europa auf den europäischen Werten und dem bereits im Lissabonvertrag beschriebenen europäischen Wirtschafts- und Sozialmodell aufbauen, auf einem zukunftstauglichen partizipatorischen Demokratiemodell und auf einem weiterentwickelten Subsidiaritätsmodell. Diesen Modellen müssten sich alle *governance*-Ebenen verpflichtet fühlen.

Auf der europäischen Ebene geht es weder um einen klassischen, nach nationalstaatlichen Prinzipien organisierten Bundesstaat noch um eine Föderation im Sinne eines Staatenbundes. Worum es gehen sollte, hat José Manuel Barroso »Föderation neuer Art« genannt. Der Name ist nicht entscheidend, entscheidend ist, dass dafür in der künftigen europäischen Verfassung die europäischen Kernkompetenzen und das Verhältnis zur nationalen und regionalen Ebene festgeschrieben werden, dass ein Vollparlament und der Rat als gleichwertige 2. Kammer eingerichtet werden und die Kommission zur europäischen Regierung avanciert. Ebenso muss durchgängig das Prinzip der Mehrheitsentscheidungen gelten und Europa eine eigene Steuerhoheit erhalten.

Eine solche postnationale *governance*-Struktur kann nur sinnvoll über einen Gründungskonvent zustande kommen, in dem alle 3 Ebenen paritätisch vertreten sind und der als Hauptziel die Aufgabenverteilung und die Zusammenarbeit zwischen Regionen, Staaten und EU hat.

Ja, das mag alles ziemlich utopisch klingen, ist aber die Alternative zum »Weiterwursteln« und beinhaltet die Chance, Europa zum globalen Referenzmodell für *new governance* zu machen.

Franz Küberl

Die Zeit ist reif für den nächsten Schritt

Die Idee eines vereinten friedlichen Europa war schon lange entstanden, bevor die Baumeister der Europäischen Gemeinschaft nach dem Zweiten Weltkrieg – wie der französische Außenminister Robert Schuman und sein kongenialer Partner im Geiste der europäischen Integration, der Unternehmer, Politiker und Wirtschaftsberater Jean Monnet – im Mai 1950 die Pläne für eine gemeinsame deutsch-französische Institution für die Produktion von Kohle und Stahl – die Montan-Union – präsentierten. Schon 1849 hatte der Schriftsteller Viktor Hugo auf dem Pazifisten-Kongress in Paris seine Vision formuliert: *»Der Tag wird kommen, an dem die beiden Ländergruppen, die Vereinigten Staaten von Amerika und die Vereinigten Staaten von Europa sich von Angesicht zu Angesicht die Hände über die Meere reichen werden.«*[1] Nach dem Zweiten Weltkrieg rückte die Frage der zukünftigen Verfasstheit Europas immer mehr ins Zentrum des Interesses der europäischen Mächte. Dabei standen und stehen sich zwei Hauptströmungen gegenüber – die bundesstaatlichen Föderalisten und die staatenbündischen Unionisten. Die Föderalisten zielen auf eine Überwindung der Nationalstaaten in einer supranationalen Ordnung ab.[2] Die Unionisten halten hingegen die nationalstaatliche Souveränität für unantastbar.[3]

Wir wissen, dass die großen Etappen des europäischen Integrationsprozesses – vom Römischen Vertrag 1957 bis zum Vertrag von Lissabon 2007 – stets den Pragmatismus der Unions-Idee über die Vision des bundesstaatlichen Prinzips stellten. Anders wären die Riesenhürden, die das vereinte Europa auf dem Weg

[1] http://de.wikipedia.org/wiki/Vereinigte_Staaten_von_Europa.
[2] Einen wesentlichen programmatischen Anker lieferte dazu das Hertensteiner Programm von 1946, vgl. http://europaunion.org/Hertenstein.html.
[3] http://www.ieg-ego.eu/de/threads/modelle-und-stereotypen/modell-europa/georg-kreis-europakonzeptionen-foederalismus-bundesstaat-staatenbund/?searchterm=georg%20kreis&set_language=de, S. 3.

durch die letzten Jahrzehnte genommen hat, wohl auch kaum möglich gewesen. Das Europa des kleinsten gemeinsamen Nenners war und ist die Wirtschaftsunion, der gemeinsame EU-Binnenmarkt, der den freien Verkehr von Personen, Waren, Dienstleistungen und Kapital garantiert. Doch heute, da die europäische Idee durch die von der Krise an den Finanzmärkten ausgelöste Schuldenkrise hart auf die Probe gestellt wird, gewinnen neben den unübersehbaren Re-Nationalisierungstendenzen auch die bundesstaatlichen Ideen wieder an Aufschwung. Europa ist an einer Weggabelung angelangt und wird sich entscheiden müssen – zwischen einer bloß am europäischen Binnenmarkt ausgerichteten Europa AG und einer politischen Union – den Vereinigten Staaten von Europa.

Robert Menasse hat im Vorjahr in einem Essay[4] die inneren Widersprüche zwischen nationaler Demokratie und europäischer Entwicklung offengelegt. Diese Widersprüche treten auch angesichts des jüngsten Ränkespiels der nationalen Regierungen und des EU-Parlaments um das EU-Budget wieder offen zutage. Für Menasse besteht der Ausweg in der Errichtung eines supranationalen Bundesstaates. Als Hort des nationalstaatlichen Kleingeists brandmarkt Menasse den Europäischen Rat, die Versammlung der europäischen Regierungschefs. Auch Guy Verhofstadt und Daniel Cohn-Bendit, die Vorsitzenden der Liberalen beziehungsweise der Grünen Fraktion im Europäischen Parlament, setzten sich mit dem Thema auseinander und veröffentlichten ein Manifest für ein föderales Europa.[5] Der Österreicher Othmar Karas, vor Kurzem zum Vizepräsidenten des Europäischen Parlaments gewählt, wünscht sich jetzt einen *»Quantensprung in Richtung Vereinigter Staaten von Europa, also zu einer politischen Union.«*[6] Doch wo sollte man beginnen? EU-Kommissarin Vivian Reding hat unlängst in

[4] Robert Menasse: Der europäische Landbote. Die Wut der Bürger und der Friede Europas. Zsolnay, Wien 2012.

[5] Daniel Cohn-Bendit, Guy Verhofstadt: Für Europa! Ein Manifest. Hanser, München 2012.

[6] http://derstandard.at/1326502791403/Parlamentarier-Karas-fuer-Vereinigte-Staaten-von-Europa.

der »Kleinen Zeitung« darauf hingewiesen, dass etwa die Verfassung und die bundesstaatliche Struktur Deutschlands ein Modell für die Vereinigten Staaten von Europa abgeben könnte.[7]

Wir brauchen eine europäische Solidaritäts- und Verantwortungsgemeinschaft

Jahrelang hat die Caritas schon auf die Notwendigkeit hingewiesen, dass es neben den Entwicklungen am EU-Binnenmarkt auch eine Entwicklung hin zu einer Solidaritäts- und Verantwortungsgemeinschaft – zu einer sozialen Union – braucht. Die Zeit dafür ist reif. Doch gilt es, einige große Hürden zu bewältigen.

Die Krise an den Finanzmärkten, die Bankenrettungspakete, die Schuldenkrise und die hektische Flucht in die Politik der Austerität haben die soziale Ungleichheit in Europa verschärft. Die Unterschiede in den sozialen Sicherungssystemen sind größer geworden. Dabei haben sich bisher gerade jene Länder am besten gegen die Krise wehren können, die über die besten wohlfahrtsstaatlichen Systeme verfügen. Die Lage in Staaten wie Griechenland, Portugal oder Spanien hingegen ist dramatisch. Die Caritas Europa kommt in einer aktuellen Studie über die Auswirkungen der Krise zum Schluss: *»Alle Länder müssen anerkennen, dass gerade – weil die soziale und die ökonomische Entwicklung so eng miteinander verflochten sind und in der Tat zwei Seiten einer Medaille darstellen – das Ergreifen von Austeritätsmaßnahmen allein die Krise in Europa nicht beenden wird. Im Gegenteil: die Austerität gefährdet den sozialen Zusammenhang und damit die Zukunft der Europäischen Union.«*[8]

Damit der europäische Geist neu entfacht werden und der Integrationsprozess auf eine neue Ebene gehoben werden kann, muss Europa jetzt zu einer echten Sozialunion ausgebaut werden. Die vereinbarten Maßnahmen zur Wachstums-Strategie »Europe

[7] http://www.kleinezeitung.at/nachrichten/politik/3198800/reding-fuer-vereinigte-staaten-europa.story.

[8] Caritas Europa: The Impact Of The European Crisis. A Study Of The Impact Of The Crisis And The Austerity On People, With A Special Focus On Greece, Ireland, Italy, Portugal And Spain. Brüssel 2013, S. 5.

»Mich treibt um, dass man das Vertrauen der Menschen in das Europäische Projekt wiederherstellen muss, denn dieses ist zugegebenermaßen derzeit ziemlich lädiert. Bei aller Notwendigkeit, die EU-Bürger mit dem Europäischen Projekt versöhnen.«

Jean-Claude Juncker
Premierminister von Luxemburg

2020«[9], die auf 20 Millionen weniger Arme in Europa abzielt, dürfen nicht auf die lange Bank geschoben werden. Konjunkturbelebende Programme sind nun ebenso essenziell wie Maßnahmen zur Bekämpfung der Kinderarmut, der Jugendarbeitslosigkeit, der Langzeitarbeitslosigkeit und Maßnahmen zur Verbesserung der Gesundheitsversorgung und der Bildung von marginalisierten Bevölkerungsteilen. Vor allem die Arbeitslosigkeit entwürdigt Millionen Menschen. Sie führt zum Verlust der Selbstachtung, sie löst sozialen Stress aus und macht Menschen kaputt. Wenn fast die Hälfte der jungen Leute in manchen Ländern keine Arbeit hat, wird dieser Hälfte die Zukunft geraubt. Das wäre menschlich entsetzlich und politisch wahrlich nicht folgenlos. MigrantInnen müssen stärker als bisher in den Fokus der Programme rücken, ebenso wie die Roma in den neuen EU-Ländern in Osteuropa. Es war wohl der schwerste Fehler der damaligen 15 Mitgliedstaaten, weitere zentraleuropäische Staaten aufzunehmen, ohne Garantien zu verlangen und entsprechende Beiträge zu leisten, dass die dramatische Armut und Ausgrenzung der Roma Zug um Zug verringert wird. Gemeinsame soziale Standards in den EU-Ländern dürfen aber keinesfalls eine automatische Nivellierung nach unten bedeuten. Im Gegenteil: Die EU muss eine Sozialunion sein oder sie wird nicht sein. Auch Karin Kneissl kommt in ihrem aktuellen Buch zu einem ähnlichen Schluss: *»Viel dringender sind aber die sozialen Fragen. […] Freie Handelsräume, wie sie vor 1914 bestanden, waren keine Garantie für einen Frieden. Gesellschaftlicher Kitt braucht auch Respekt für die Gemeinschaft und das Individuum.«*[10]

[9] http://ec.europa.eu/europe2020/index_de.htm
[10] Karin Kneissl: Die zersplitterte Welt. Was von der Globalisierung bleibt. Braumüller, Wien 2013. Zitiert nach einem Auszug in »Die Presse« vom 24. Februar 2013, S. 46 f.

Die Balance droht zu kippen

Mir ist allerdings auch bewusst, dass neben den offiziellen Politikentwürfen auch andere Kräfte existieren, über die man bei gehobenen Seminaren nicht so gerne spricht. Es gibt handfesten Egoismus – von einzelnen Menschen, die jede Maßnahme der Politik nur danach beurteilen, ob sie ganz persönlich einen Vorteil daraus ziehen. Der Gedanke daran, dass ein Gemeinwesen nur dann nicht gemein ist, wenn alle Menschen eines Landes Zukunftschancen haben, ist ihnen fremd. Die Balance zwischen der notwendigen Befriedigung der Bedürfnisse des Einzelnen und dem Wissen um die Notwendigkeit der Solidarität als Gesellschaftsprinzip droht zu kippen. Dabei kann man nur gemeinsam und nicht gegeneinander überleben.
Noch immer gibt es in Europa zahlreiche zentrifugale Kräfte. Manchmal meint man, dass ein Landstrich nicht klein genug sein könnte, um noch eigenständig, unabhängig sein zu wollen. Man denke an Nordirland, an Katalonien, an das Baskenland, an den Balkan, an Konflikte zwischen Nord- und Süditalien oder der West- und der Ostslowakei … Vereinfacht gesagt –
man sollte nicht »Identität« schreien, bevor man »Solidarität« buchstabieren kann.
Doch noch ist kein Ende abzusehen, häufig fehlt es an überzeugenden, gewinnenden, ausgleichenden nationalstaatlichen Konzeptionen, die innerstaatliche Bewegungsmöglichkeiten für Regionen sichtbar machen. Das heißt, ein Konzept der Vereinigten Staaten von Europa braucht gleichzeitig ein überzeugendes politisches Ausgleichskonzept innerhalb der Nationalstaaten. Zwischen überbordendem französischen Zentralismus und überbordendem österreichischen Föderalismus könnten mit Sicherheit vernünftige Definitionen von innerstaatlicher Gemeinsamkeit gefunden werden.

Die EU hat nach dem Zweiten Weltkrieg ein historisches Friedensprojekt gestartet, das in wunderbarer Weise die Überwindung des Nationalismus in Europa erreicht hat. Aber das Eis, über das wir gemeinsam gehen, ist dünner, als wir glauben. Der nun notwendige nächste Schritt zu einer Vertiefung der politischen Union

– im Sinne der Vereinigten Staaten von Europa – hat nur dann eine Erfolgschance, wenn er von einer konsequenten und qualitätsvollen Transformation der sozialen Sicherungssysteme begleitet wird. Er braucht weniger Marktradikalismus und mehr ökosoziale Marktwirtschaft. Das Ziel des gemeinsamen Europa kann nicht sein, dass die Caritas und vergleichbare soziale Organisationen noch mehr Löcher stopfen müssen. Im Zuge der Finanzkrise hat man gelernt, wie man Staaten bei der Sanierung helfen kann. Eine Sanierung, die bloß darauf abzielt, dass an den Börsen wieder kräftig Geld verdient werden kann, zielt in die falsche Richtung. Die Lektion, die gelernt werden muss, ist, dass eine Sanierung immer auch die soziale Dimension umfassen muss. Was wir also zuerst brauchen, ist eine echte europäische Solidaritäts- und Verantwortungsgemeinschaft, die ihre soziale Integrationskraft nach innen wie nach außen (auch in der Entwicklungszusammenarbeit) aktiv entfaltet.[11]

Dann werden die Vereinigten Staaten von Europa bald keine Utopie mehr sein.

[11] Eine Europäische Solidaritäts- und Verantwortungsgemeinschaft. Erklärung der Bischöfe der COMECE zum EU-Vertragsziel der wettbewerbsfähigen sozialen Marktwirtschaft. Comece, Brüssel 2011. Zitiert nach http://www.katolsk.dk/uploads/media/EconomyDE.pdf.

Wilhelm Molterer

Europa braucht Seele, Geist und Vision

Die Geschichte des Einigungsprozesses Europas nach 1945 war immer von zwei großen Strömungen begleitet – der Vertiefung und der Erweiterung.

Von der EGKS über die EWG zur EG und zur EU – hinter jedem dieser Kürzel steckt ein klares politisches Konzept, ein Ziel: eine politische Union zu schaffen. Schon die Vordenker und Gründer hatten diese Vision des politisch geeinten Europas, die wirtschaftliche Integration des gemeinsamen Marktes wurde als Weg beschritten, um dem Ziel der politischen Vereinigung schrittweise näher zu kommen.

Die wirtschaftliche Integration war daher nicht Selbstzweck, sondern Wegbereiter der politischen Union.

So wie die Vertiefung war und ist die Erweiterung ein Wesensmerkmal der europäischen Einigung.

Es darf daran erinnert werden, dass am Beginn sechs Gründungsmitglieder standen und die Union demnächst (mit Kroatien) 28 Mitgliedstaaten haben wird. Ja, die Bereitschaft zur Erweiterung ist in den Verträgen verankert, das Recht auf Mitgliedschaft besteht, wenn ein Staat dies will, die Aufnahmekriterien erfüllt und die Union die Aufnahme in allen Parlamenten unterstützt.

Beide, die Vertiefung und die Erweiterung, waren und sind von der großen Idee »Frieden für Europa« getragen. Es ist wohl mehr als eine Idee, als eine Vision. Denkunmöglich ist Krieg zwischen Deutschland und Frankreich, eine echte und dauerhafte Friedensperspektive am Westbalkan schafft wohl nur das geeinte Europa.

Die wirtschaftliche und politische Einigung hat den Menschen in Europa Wohlstand gebracht, weil von Beginn an das Ziel bestand, die ärmeren an die wohlhabenden Regionen heranzuführen. Dieser Wille zur Solidarität wurde in einer Zeit der Armut, der Kriegsschäden geboren und umgesetzt, die Kleinkrämerei (siehe EU-Budgetverhandlungen) des heute reichen Europas ist vor diesem Hintergrund beschämend.

»Unsere Länder sind zu klein geworden für die gegenwärtige Welt, gemessen an den modernen technischen Mitteln, gemessen an dem Amerika und Russland von heute, dem China und Indien von morgen.«

Jean Monnet (1954)
Gründervater der Europäischen Gemeinschaft

Und schließlich: Es ist meine feste Überzeugung, dass ohne die Vision von FREIHEIT und DEMOKRATIE im geeinten Europa die Berliner Mauer nicht gefallen wäre, der Warschauer Pakt in der einen oder anderen Form noch bestünde. Die Menschen in den Diktaturen des Ostens sahen das gelebte Beispiel im Westeuropa, die damaligen politischen Eliten im Westen ließen auch keinen Zweifel aufkommen – Ihr seid willkommen!

Wenn das alles stimmt, warum diese Sklerose, die Müdigkeit, der Skeptizismus?

Ich bin 1955 geboren, mein Großvater hat den Ersten Weltkrieg, mein Vater den Zweiter Weltkrieg erlitten. Meiner Mutter hat 1968 der Einmarsch der Sowjettruppen in Prag schlaflose Nächte bereitet. Sie hat 1945 bis 1955 in der sowjetischen Zone gelebt. All das habe ich erzählt bekommen oder miterlebt.
Selbst erlebt habe ich die Teilung Europas, unvorstellbare Schikanen in Ostberlin am Checkpoint Charlie, die Angst der illegalen Geldwechsler in Prag, die Kalaschnikows bei den Grenzkontrollen. Und die Panzer in Laibach, die österreichischen Soldaten an der jugoslawischen Grenze.
Für die Generation meiner Söhne ist dies alles Geschichte, Frieden, Freiheit und Demokratie eine gelebte Selbstverständlichkeit. Nur ob für ihre Generation Europa den Wohlstand bieten kann, den meine Generation erreicht hat, ist noch keine ausgemachte Sache.
Und die letzten großen realisierten Visionen liegen auch schon zwanzig oder mehr Jahre zurück: die Einführung des EURO, unser EU-Beitritt oder die Erweiterung um Mittel- und Osteuropa. Fehlen etwa die Visionäre, die Europa Geist und Seele geben?

Der Pragmatismus regiert, die Krise dirigiert

Natürlich bestimmt derzeit die Bewältigung der Krise das politische Geschehen und das nicht nur in Europa. Das ist absolut verständlich und auch nachvollziehbar, geht es doch schlicht und einfach um die Verteidigung unseres Wohlstands. Für längere Zeit wird Europa mit den Reparaturarbeiten beschäftigt sein, die Krise wird uns auch noch einige Jahre beschäftigen.
Vieles muss jetzt nachgeholt werden, was nach der Schaffung der Währungsunion versäumt bzw. in den Boomjahren bis 2007 vernachlässigt wurde. Mit großer Intensität wird an den unterschiedlichen Baustellen gearbeitet, erste Erfolge werden sichtbar und bis vor Kurzem Undenkbares (z. B. Europäische Bankenaufsicht) wird umgesetzt.
Ein Zurück zum Status quo ante ist ausgeschlossen! So weit, so gut. Aber halt, da gibts doch David Cameron oder Václav Klaus. Die sehen die politische Integration Europas als die eigentliche Ursache der Krise und die Wurzel allen Übels. Und schnell finden sie Nachahmer. Und treibt nicht da und dort der überwunden geglaubte Nationalismus neue Blüten?
An dieser Weggabelung stehen wir oder werden wir in kurzer Zeit ankommen: Entweder es gelingt ein großer und entscheidender Schritt einer politischen Vertiefung, oder es gewinnen die Kräfte, die eine Desintegration, ein Zurück zu einer reinen Wirtschaftsgemeinschaft wollen. Austreten will Cameron ja nicht, er will nur wieder zurück zur EWG, zu einer reinen Wirtschaftsgemeinschaft.

Die Vereinigten Staaten von Europa

Weitgehend unbemerkt von der breiten Öffentlichkeit hat in den letzten Jahren ein massiver politischer und wirtschaftlicher Bedeutungsverlust Europas stattgefunden.
China ist seit Kurzem die Welthandelsmacht Nr. 1, die *emerging markets* suchen ihren berechtigten Platz in der G 20, in Lateinamerika wird an der wirtschaftlichen Integration genauso gearbeitet wie in Asien. Russland strebt zumindest eine Freihandelszone in

Osteuropa und Zentralasien an, was der Arabische Frühling wirklich bringt, wissen wir alle noch nicht, jedenfalls aber eine selbstbewusste Türkei.
Die jüngste Ankündigung Obamas, eine Freihandelszone mit Europa anzustreben, spiegelt alle diese Entwicklungen wider.
Wenn Europa seinen Platz in der Welt wirtschaftlich und politisch verteidigen will, muss der Weg zur Schaffung der Vereinigten Staaten von Europa beschritten werden. Kein europäisches Land, weder Deutschland noch Frankreich werden stark genug sein, ihren Platz zu behaupten, von mittelgroßen oder kleinen europäischen Staaten gar nicht zu reden.
Aber noch viel wichtiger: Das europäische Lebensmodell des nachhaltigen Wachstums, der sozialen Balance zwischen Arbeit und Kapital, der Solidarität mit den ärmeren Regionen, der ökologischen Verantwortung und der demokratisch freiheitlichen Gesellschaft kann von den Einzelstaaten gegenüber der globalen Konkurrenz nur schwer oder gar nicht verteidigt werden. Wenn wir dieses Lebensmodell nicht vehement verteidigen und durch einen massiven Integrationsschritt stärken, wie sollen wir dann andere Partner in der Welt davon überzeugen?
Die Vision sind die Vereinigten Staaten von Europa, der Geist ist das europäische Lebensmodell und das Ziel ist ein starker Platz Europas in einer neuen globalen Ordnung.
Und die Seele? Die liegt in der Vielfalt der Kulturen, in den Werten, die uns die Religionen bieten, in den Errungenschaften der Aufklärung.
So wichtig die Begründung des geeinten Europas aus seiner schrecklichen Geschichte ist, das allein wird für die jungen Menschen nicht reichen.
Mindestens genauso bedeutsam ist eine klare Perspektive für die Zukunft, für die Zukunft der jungen Europäer, sie müssen ihren Platz in einer anderen Weltordnung finden.
Als Bürger der Vereinigten Staaten von Europa.

Gerhart Holzinger

Die Herzen der Menschen müssen gewonnen werden

Im kommenden Jahr, 2014, wird sich zum 25. Mal jene Wende in Osteuropa jähren, die die politische Landschaft unseres Kontinents, aber auch der Welt insgesamt, in einer Weise veränderte, wie dies wenige Jahre vor diesem Ereignis kaum jemand für möglich gehalten hätte. Das Jahr 1989 – jenes »annus mirabilis« der europäischen (Nachkriegs-)Geschichte also – markiert zugleich auch den entscheidenden Wendepunkt der österreichischen Integrationspolitik. Mit dem Beitrittsansuchen vom 17. Juli 1989 wurden damals die Weichen für die Mitgliedschaft Österreichs in der Europäischen Union gestellt. Sie wurde nach der Volksabstimmung vom 12. Juni 1994, in der sich – bei einer Beteiligung von 82,5 % – zwei Drittel der Wahlberechtigten für den EU-Beitritt aussprachen, mit 1. Jänner 1995 Realität. Diese beiden Ereignisse – die politische Wende in Osteuropa, insbesondere der damit eingeleitete Zerfall der Sowjetunion einerseits, und der österreichische EU-Beitritt andererseits stehen übrigens in einem bemerkenswerten Zusammenhang: Erst die von *Michail Gorbatschow* Mitte der 1980er Jahre in der Sowjetunion eingeleitete Reformpolitik ermöglichte jene Neuorientierung der österreichischen Integrationspolitik, die schließlich zum EU-Beitritt führte, während bis dahin jeder Versuch einer substanziellen Annäherung Österreichs an die EG am sowjetischen Veto gescheitert war.

Diese historischen Zusammenhänge können nicht oft genug in Erinnerung gerufen werden. Sie werden allzu leicht und allzu schnell vergessen. Und zwar gerade auch bei uns in Österreich. Hand aufs Herz: Wer von uns, der diese Zeit bewusst erlebt hat, hätte sich noch Mitte der 1980er Jahre, also vor weniger als 30 Jahren, träumen lassen, dass Österreich schon ein Jahrzehnt später Mitglied der Europäischen Union, Nachbar eines wiedervereinigten Deutschland und von seinen Nachbarn im Norden und Osten nicht mehr durch den Eisernen Vorhang getrennt, sondern zwei

»23 Jahre nach dem Zweiten Weltkrieg hat das Jahr 1968 stattgefunden, das eine grundsätzliche Wandlung der europäischen Gesellschaft mit sich gebracht hat. Dann kam die Wende von 1989. Und nun, 23 Jahre nach 1989, wächst also wieder so eine neue Generation heran. Nach einem Umbruch brauchen die Leute Zeit, um sich zu erholen, neu einzurichten. Dann wächst eine neue Generation, die neue Ideen hat. In den nächsten Jahren erwarte ich eine grundsätzliche Wandlung, also einen Jugendaufstand in Europa in irgendeiner Form. Dass die nicht zufrieden sind mit den heutigen Zuständen, verstehe ich. Ich glaube aber, sie wird unblutig verlaufen, also keine russischen oder französischen Verhältnisse bringen.«

Karl Schwarzenberg
Tschechischer Politiker

Die unvollendete Zeit

auf diesem Weg stapft das Vergessen
und wälzt sich seit Unzeiten eine feurige Erde
auf diesem Weg betritt man die Ewigkeit
und fallen die Götter

(Ali Podrimja (1942–2012), Ich sattle das Ross den Tod. *Ausgewählt und aus dem Albanischen übersetzt von Hans Joachim Lanksch, Wieser Verlag, Klagenfurt/Celovec 1991, S. 36)*

Jahrzehnte später in einem Staatenverbund vereint sein würde? Was lange Zeit hindurch nicht mehr als ein kühner Traum war, wird heute als selbstverständlich hingenommen – und als solches zu wenig geschätzt!
Die Erfolgsgeschichte Europas steht in einem untrennbaren Zusammenhang mit der europäischen Integration, die in den 1950er Jahre begonnen und 1993 – mit der Errichtung der Europäischen Union – ihren vorläufigen Höhepunkt erreicht hat. Die Ergebnisse der europäischen Integration sprechen für sich: ein Binnenmarkt, der derzeit 27, ab 1. Juli dieses Jahres 28 Staaten umfasst und ungeachtet aller aktuellen Probleme weltweit einen der leistungsstärksten Wirtschaftsräume bildet, ein gemeinsamer, nicht durch Grenzen getrennter Raum der Freiheit, des Rechts und der Sicherheit und vor allem eine europäische Friedensordnung, die – sieht man von den tragischen kriegerischen Ereignissen am Balkan nach dem Zerfall Jugoslawiens ab – mittlerweile bald 70 Jahre währt, was in der neueren Geschichte unseres Kontinents ohne Beispiel ist.
Das Konzept der europäischen Integration ist weltweit einzigartig. Es gründet sich – wie in der Präambel des EU-Vertrages betont wird – auf das gemeinsame kulturelle, religiöse und humanistische Erbe Europas, aus dem sich universelle Werte entwickelt haben: unverletzliche und unveräußerliche Rechte des Menschen, Freiheit, Demokratie, Gleichheit und Rechtsstaatlichkeit.
Wie steht es nun um das Verhältnis zwischen der Europäischen Union und den Nationalstaaten? Welche Rolle wird den Nationalstaaten im Europa der Zukunft zukommen?
Auch wenn sich die Bedeutung der Nationalstaaten in einem »Staatenverbund«, wie ihn die Europäische Union darstellt, deutlich relativiert, heißt das nicht, dass die Nationalstaaten »ausgedient« hätten. Vielmehr ist es gerade die geschichtlich gewachsene sprachliche, kulturelle und soziale Vielfalt seiner Glieder, aus der Europa gestern, heute und wohl auch morgen seine Kraft schöpft und seine Stellung in der Welt behauptet.
Die Wahrscheinlichkeit, dass sich die Europäische Union zu einem Staat entwickelt – in Betracht käme ohnehin nur ein Bundes-

staat –, ist auch auf lange Sicht gering. Das Konzept der Vereinigten Staaten von Amerika, das von Vertretern der Idee eines europäischen Bundesstaates gerne bemüht wird, ließ sich nur in einer völlig singulären historischen Situation verwirklichen. Auf Europa lässt es sich wegen gänzlich anderer Gegebenheiten nicht übertragen.

Die geltende »Verfassung« der Union, wie sie durch den EU-Vertrag und den rechtlich gleichrangigen Vertrag über die Arbeitsweise der Union verkörpert wird, folgt dementsprechend nach wie vor dem Konzept eines supranationalen Verbundes – grundsätzlich souveräner – demokratischer Staaten. Diese Systementscheidung kommt in mehreren Bestimmungen des EU-Vertrages zum Ausdruck:

An erster Stelle ist hier das sogenannte Prinzip der begrenzten Einzelermächtigung zu nennen. Danach wird die Union »nur innerhalb der Grenzen der Zuständigkeiten tätig, die die Mitgliedstaaten ihr in den Verträgen zur Verwirklichung der darin niedergelegten Ziele übertragen haben«, wobei »[a]lle der Union nicht in den Verträgen übertragenen Zuständigkeiten [...] bei den Mitgliedstaaten [verbleiben]« (Art. 5, Abs. 2 EU-Vertrag).

Von besonderer Bedeutung ist weiters Art. 4, Abs. 2 EU-Vertrag, der die »Achtung der nationalen Identität der Mitgliedstaaten«, die in ihren grundlegenden politischen und verfassungsmäßigen Strukturen einschließlich der regionalen und lokalen Selbstverwaltung zum Ausdruck kommt, zu einem Prinzip der Union erklärt. Zudem verpflichtet Art. 4, Abs. 2 die Union, die »grundlegenden Funktionen« des Staates zu achten, insbesondere die Wahrung der territorialen Unversehrtheit, die Aufrechterhaltung der öffentlichen Ordnung und den Schutz der nationalen Sicherheit; insbesondere diese letzte Aufgabe fällt weiterhin »in die alleinige Verantwortung der Mitgliedstaaten«.

Diese Rechtslage entspricht nicht nur einer zutreffenden Einschätzung der gegenwärtigen Realität, in ihr kommt – auf lange Sicht – auch das einzige zukunftsweisende Konzept der europäischen Integration zum Ausdruck.

Sehr zutreffend betonen die Mitgliedstaaten in der Präambel des EU-Vertrages ihre »Entschlossenheit«, »den Prozess der Schaf-

fung einer *immer engeren* Union der Völker Europas … weiterzuführen« (Hervorhebung von G. H.).
Genau darum geht es! In einem behutsamen Prozess, den man in langen Zeiträumen denken muss, die bestehende Union Schritt für Schritt auszubauen und zu perfektionieren.
Dabei muss man vor allem zweierlei im Auge behalten:
Zum einen: Wie es das deutsche Bundesverfassungsgericht in seinem Lissabon-Urteil ausgedrückt hat, fehlt es der Union, gemessen an verfassungsstaatlichen Erfordernissen, *»an einem durch gleiche Wahl aller Unionsbürger zustande gekommenen politischen Entscheidungsorgan mit der Fähigkeit zur einheitlichen Repräsentation des Volkswillens. Es fehlt, damit zusammenhängend, zudem an einem System der Herrschaftsorganisation, in dem ein europäischer Mehrheitswille die Regierungsbildung so trägt, dass er auf freie und gleiche Wahlentscheidungen zurückreicht und ein echter und für die Bürger transparenter Wettstreit zwischen Regierung und Opposition entstehen kann.«*
Das Europäische Parlament ist zwar berufen, die Bürgerinnen und Bürger auf Unionsebene unmittelbar zu vertreten (Art. 10, Abs. 1 EU-Vertrag). Ein Repräsentationsorgan eines souveränen europäischen Volkes ist es aber nicht. Einerseits weil die – vom völkerrechtlichen Prinzip der Staatengleichheit beeinflusste – degressiv proportionale Zusammensetzung des Parlaments dem elementaren Gebot der Wahlgleichheit zuwiderläuft. Andererseits aber aus dem Grund, weil es ein »europäisches Volk« oder auch nur eine »europäische Öffentlichkeit«, die Voraussetzung für einen funktionierenden Parlamentarismus wären, praktisch nicht gibt. Wegen der sprachlichen und kulturellen Vielfalt Europas wird es bei diesem Befund wohl noch auf lange Sicht bleiben.
Und zum anderen: Bei all den begrüßenswerten europapolitischen Fortschritten der vergangenen Jahrzehnte sollte nicht übersehen werden, dass der dramatische Wandel, den Europa in diesem Zeitraum in politischer, gesellschaftlicher und ökonomischer Hinsicht erlebt hat, in Teilen unserer Gesellschaft – und das gilt nicht nur für Österreich! – auch Ängste und Sorgen hervorruft. So manches, was die einen als Fortschritt preisen, empfinden andere als Bedro-

hung. Dieser Herausforderung muss man sich auf europäischer Ebene ebenso wie auf nationaler Ebene stellen. Das Projekt einer immer engeren Union der europäischen Staaten und damit der europäischen Völker wird nur dann gelingen, wenn wir die Menschen in ganz Europa auf diesem Weg »mitnehmen«. Die Europäische Union als ein Elitenprojekt, das an den Menschen vorbei und über ihre Köpfe hinweg betrieben wird, wird auf Dauer nicht erfolgreich sein. Worum es geht, ist, die Menschen in Europa so intensiv wie möglich in diesen Prozess von epochaler Bedeutung durch umfassende, möglichst verständliche Information und vor allem auch durch direkt-demokratische Entscheidungsprozesse einzubeziehen.

Das Ergebnis dieser Bemühungen entscheidet letztlich über das Schicksal der Union. Auf Dauer kann die europäische Integration nämlich nur dann Erfolg haben, wenn es gelingt, auch die Herzen der Menschen für dieses Projekt zu gewinnen.

»Europa ist zweifellos die Wiege der Kultur. Aber man kann nicht sein ganzes Leben in der Wiege verbringen.«

Oskar Maria Graf (1894–1967)
Schriftsteller

David Schalko

Europa

George Washington hat gesagt: »Eines Tages werden, nach dem Muster der Vereinigten Staaten von Amerika, die Vereinigten Staaten von Europa gegründet werden.« Ähnliches prophezeiten Benjamin Franklin, Victor Hugo, Guiseppe Garibaldi oder Winston Churchill. Nur Margret Thatcher lehnte die Idee kategorisch ab. Helmut Kohl druckste herum und sprach von einer bundesstaatlichen Lösung, die aber keineswegs mit Vereinigten Staaten von Europa gleichzusetzen wäre. In Zeiten der Schuldenkrise stößt die Idee des vereinten Europa ebenfalls auf zunehmend breite Ablehnung. Bei der letzten Italienwahl entschieden sich circa 60 Prozent aller Wähler für antieuropäische Parteien. Das hat bestimmt viele Gründe. Ein sehr gewichtiger ist aber, dass die Idee des gesamteinheitlichen Europas immer mehr zu den Vereinigten Staaten von Merkel verkommt.

Was müssen wir uns vorstellen unter den Vereinigten Staaten von Europa? Stimmt der Vergleich mit den Vereinigten Staaten von Amerika?

Wahrscheinlich nicht. Denn die USA haben sich trotz zahlreicher Einwanderungsgruppen ganz klar auf eine Sprache geeinigt. Eine Voraussetzung, die in Europa nicht denkbar wäre. Denn auf welche Sprache würde man sich einigen? Auf Deutsch? Französisch? Es müsste vermutlich ein historisch unbescholtener Außenseiter zum Zug kommen. Portugal? Oder Irland? Amtssprache: Keltisch? Oder doch eine Art Esperanto, ein Europäisch, das sich ausgewogen aus allen Sprachen der Mitgliedstaaten zusammensetzt? Es würde zumindest zur augenblicklichen Wahrnehmung der Brüsseler Verordnungsästhetik passen.

Aber auch diesseits der Sprache funktioniert der Vergleich mit den USA nicht. Denn diese wurden eben nicht auf bereits bestehenden Staaten begründet, sondern bildeten sich aus einem kolonialen Einwanderungskontext heraus und haben sich über diesen Umstand ihre Identität erschaffen. Falls es so etwas überhaupt

»Europa wird in den Krisen geschaffen […]. Es wird die Summe der Lösungen sein, die für diese Krisen gefunden werden.«

Jean Monnet
Gründervater der Europäischen Gemeinschaft

gibt, eine staatliche Identität. Aber gehen wir einmal davon aus, es wäre so und eine gewisse Identifikation bilde die Voraussetzung für das Funktionieren Vereinigter Staaten, dann hieße das doch im Falle Europas das völlige Wegfallen von nationalem Denken. Nicht nur das Aufgeben der Autonomie von Nationalstaaten, sondern auch das grenzenlose Überwinden nationalstaatlicher Identifikationen. Ein Serbe dürfte sich dann nicht mehr als Serbe und ein Deutscher nicht mehr als Deutscher fühlen. Alle müssten ein gleichwertiges »Ich bin Europäer« empfinden. Geht das? Will man das? Muss das sein? Ist das realistisch? Wenn man sich umgekehrt das emotionale Gebilde von bestehenden europäischen Nationalstaaten ansieht – zum Beispiel Italien –, dann hat man nicht das Gefühl, dass der Sizilianer und der Mailänder sich als Italiener gleicher Identifikation empfinden. Böse Zungen behaupten, Italien gebe es gar nicht. Das ist übertrieben, aber irgendwie auch nicht. Denn im Grunde stimmt es für die meisten Nationalstaaten. Es gibt sie nicht. Es sind Hirngespinste. Und das, was wir als nationale Identifikationen ausmachen, sind in Wahrheit ein paar Speisen, eine Sprache, ein bisschen Kleidung, Bücher und Theaterstücke, die kaum jemand gelesen hat, und allem voran eine große Illusion, auf die man sich geeinigt hat, weil zumindest der kleinste Nenner an Zusammengehörigkeitsgefühl noch immer eine wirksame Rezeptur gegen viele Ängste ist. Wir sind wir und ihr seid ihr. Know your enemy! Know your borders. Mein ist mein. Dein ist dein. Nationalstaatliche Ideologien bilden nicht umsonst das politische Gegenteil zu den kommunistischen. Aber im Gegensatz zum Kommunismus haftet der Utopie des Nationalstaates noch nicht das historische Scheitern an. Der Nationalstaat wird wie der Markt als reales Naturgesetz wahrgenommen und daher erscheint umgekehrt die Idee der Vereinigten Staaten von Europa als unrealistische Träumerei. Wenn man es aber rückwirkend betrachtet, muss vor hundert Jahren der Gedanke an ein Europa ohne Kriege und eine europäische Einheitswährung mindestens genauso illusorisch angemutet haben wie der Fall der Nationalstaaten heute. Der Wegfall des Nationalstaates hätte ja auch nichts mit dem Verlust der jeweiligen kulturellen Identität zu tun. Ein Tiroler bleibt ein Tiroler, obwohl er mit dem Niederösterreicher gemeinsam in einem Österreich sitzt. Und ein slowenischer Kärntner ist irgendwie beides und empfindet sich wie der Südtiroler abseits nationaler Identitäten.

Wenn man die Risse betrachtet, fällt einem auf, dass das einbetonierte Nationalstaatengeflecht viel brüchiger ist, als es gerne wahrgenommen wird. Der Nationalstaat ist zum letzten Zufluchtsort verkommen, der vor der transeuropäischen Politik schützt. Das befreit uns aber nicht vor den ideologischen Machenschaften der Nationalisten. Im Gegenteil. Der europäische Kontext scheint den Nationalisten ein leichtes Spiel zu bereiten, da sie kaum noch inhaltlich zu agieren brauchen, sondern das Ressentiment gegenüber Europa abholbereit dasteht. Ein vereintes Europa ist also nur dann denkbar, wenn das Gefühl einer deutschen oder französischen Dominanz in den Hintergrund weicht und ein gesamteuropäischer Gedanke die Bühne betritt, der den Europäern das Gefühl von Gleichwertigkeit gibt. Diese Dominanz ist augenblicklich dem ökonomischen Selbstverständnis der Europäischen Union geschuldet. Zumindest wird sie auf diese Weise ausgeübt und formuliert. Für eine Auflösung der Nationalstaaten ist das kein tragbares Modell und es liegt also an den europäischen Antriebsmotoren Deutschland und Frankreich, diesen ökonomischen Gesamtheitsbegriff in einen moralisch gleichwertigen und völkerverbindenden umzudeuten.

Warum sollte man die Vereinigten Staaten von Europa wollen? Die alten Argumente der transeuropäischen Friedenssicherung und des nachhaltigen Zusammenhalts jenseits einer europäischen Währung greifen da wahrscheinlich zu kurz. Auch der Gedanke, man muss den USA oder China einen gleichwertigen Block der Einheit entgegenstellen, wäre ein rein ökonomischer. Was sollte also die europäischen Nationalstaaten dazu bewegen, ihre geisti-

ge Autonomie auf das gemeinsame Tablett Brüssel oder Straßburg zu legen? Wie könnte eine europäische Regierung zusammengesetzt sein, die von allen gleichwertig respektiert wird? Birgt ein solcher Schritt nicht auch einen Umbruch im parteipolitischen Fraktionsdenken? Schlittern wir in ein Europa der führenden Persönlichkeiten? Ist das Kommissionssystem aufrechtzuerhalten? Ist es die einzige Chance gegen Bürokratie und Entscheidungsvakuum? Oder dominiert das daraus resultierende Demokratiedefizit? Ist eine repräsentative Demokratie geeignet für die Vereinigten Staaten von Europa? Wäre Vereinte Nationen der bessere Titel? Sind wir zu viele Staaten in dieser Union? Und begründet sich das Glücken dieses Vorhabens auf Wohlstand?
Der Gedanke Europa ist durchzogen mit Fragen, die im Augenblick kaum jemand beantworten will. Aber in diesem fragenden Moment, in dem wir uns augenblicklich befinden, liegt die Chance dieses Kontinents. Denn natürlich ist es noch zu früh für die Vereinigten Staaten von Europa, aber jetzt ist der Zeitpunkt, den richtigen oder den falschen Weg einzuschlagen.

Leopold Neuhold

Vereinigte Staaten von Europa – eine Frage der Werte?

»Es gibt, in dem gewohnten Sinne, keine Gesellschaft mehr, es gibt nur noch Individuen, die sich nicht länger in alten sozialen Formationen bewegen.«[1] So schrieb Warnfried Dettling 1996 in einer Polemik gegen die Soziologie. Zu dieser Individualisierung, die Gesellschaft sozusagen atomisiert, gesellt sich nach Dettling auf der anderen Seite eine »Atopie der Politik«, die sich im Abschied von der Nation im Prozess der Globalisierung zeige. Daraus ergibt sich für Dettling die Frage: *»Wenn aber beide, Nation und Gesellschaft, das konkrete Schicksal der Menschen, ihre sozialen Leiden und Hoffnungen, immer weniger erklären und beeinflussen, wenn beide in die Zange genommen werden, durch die Individualisierung von innen, von außen durch die Globalisierung, was bedeutet das dann für Theorie und Praxis«*[2] der Soziologie? Dettling beantwortet dann seine Frage dahin gehend, dass Soziologie und Soziologen sich als Vermittler bzw. Makler begreifen sollten, *»die die Kommunikation zwischen den unterschiedlichen Gemeinschaften, Interessen und Einflüssen möglich machen, in einer sozialen Welt, in der es kein Zentrum mehr gibt.«*[3]

Wie stellt sich auf diesem Hintergrund die Frage nach Vereinigten Staaten von Europa? Mit den Begriffen Kommunikation, Interessen und Einflüssen ist meines Erachtens ein Ausgangspunkt markiert, der in Richtung Beantwortung der Frage weist, was denn Gesellschaft zusammenhält, eine Frage, die im von Erwin Teufel herausgegebenen Buch »Was hält die moderne Gesellschaft zusammen?«[4] titelgebend war. Dass es nicht das Geld allein

[1] Dettling, Warnfried, Fach ohne Boden. Brauchen wir überhaupt noch Soziologen?, in: Die Zeit, Nr. 2, 5. Jänner 1996, 23.
[2] Ebenda 23.
[3] Ebenda.
[4] Teufel, Erwin, Was hält die moderne Gesellschaft zusammen?, Frankfurt/M. 1996.

Europa und Wirtschaft – das erscheint manchmal als eine etwas unglückliche Verbindung, Vorurteile inklusive. Von einem Europa der Konzerne und des Kapitals ist dann die Rede, gesteuert aus einer anonymen Zentrale mit Heerscharen an Mitarbeitern und noch einmal so vielen Lobbyisten. Zu leicht verliert man da die fast 70 Jahre Frieden (von Ex-Jugoslawien einmal abgesehen) aus den Augen, das Fallen der Mauern und Grenzen oder die Freiheit ganzer Länder. Das Interessante: Je mehr die »Idee Europa« Realität wird, desto größer wird die Skepsis, die man ihr entgegenbringt. Und man kann es den Menschen nicht einmal verübeln: Die Währung kracht, die Wirtschaft kämpft und schuld sind sowieso die bösen Banken. Ist es das, was von Europa bleiben wird? Und war früher wirklich alles besser? Eines steht jedoch fest: Wo keine Grenzen mehr sind, gibt es fließende Übergänge – ein guter Zeitpunkt also, mit der Entwicklung einer europäischen Identität zu beginnen. Und die wird es auch brauchen, um Europa weiterzubringen, als Projekt, das letzten Endes mehr ist als eine gemeinsame Währung und offene Grenzen. Auf die Wurzeln müssen und dürfen wir dabei nicht vergessen. Sie liegen in den Regionen und sind stark mit den Menschen verbunden. Regional zu denken und sich trotzdem als Teil des größeren Ganzen wahrzunehmen schließt sich nicht aus. Hier kann Europa übrigens durchaus von der Wirtschaft lernen. Manchmal bringt es für Unternehmen eben Vorteile, ihre Produkte unter einem gemeinsamen Schirm auftreten zu lassen. Im Marketing nennt man das »Dachmarke«. Vielleicht liegt darin auch eine mögliche Antwort auf die Frage nach dem »Vereinigten Europa«: Die Staaten, Kulturen, Sprachen, Traditionen und Ideen sind die Marken und Europa ist der gemeinsame Schirm. Das wäre ein Unternehmen mit großen Marktchancen. Schreiben wir also schnell den geeigneten Businessplan!

Josef Herk
Präsident der Wirtschaftskammer Steiermark

sein kann, zeigt sich an der Euro-Krise sehr deutlich, zugleich zeigt sich in dieser Krise aber auch, dass das Ausgeliefertsein gegenüber solchen krisenhaften Entwicklungen, die manchen selbst ernannten Experten gemäß mit einer Zerschlagung des Euro in der Rückkehr zu nationalen Währungen – damit wird der Schilling wieder zum Hoffnungsträger! – gelöst werden sollen, wieder nach einer Vermittlung des Einzelnen über gesellschaftliche und staatliche Gemeinschaften fragen lässt. Damit ist nicht gesagt, dass nicht der Euro eine wichtige Grundlage der Bildung von Einheit ist – im Alltag der Reisen oder des Geschäftsverkehrs eine sehr wichtige, weil spür- und erfahrbare –, aber offensichtlich ist er nicht ausreichend, weil hier das individuelle Interesse, das dann durch den Bezug auf den Einzelstaat befriedigt werden soll, im Vordergrund steht.

Wenn Politik – mit Valentin Zsifkovits – als *»interessengeleiteter Kampf um die rechte Ordnung mit Mitteln der Macht«*[5] bestimmt wird, so kommt ja die Fundamentalität der Interessen für die Politik zum Ausdruck. Da ein automatischer Überschlag von Eigeninteressen in das Gemeinwohlinteresse trotz solcher Konzeptionen in sogenannten neoliberalen Strömungen offensichtlich nicht immer gegeben ist, bedarf es einer Bezugspunktschaffung für Interessen, über welche die eigenen Interessen mit denen anderer zusammengeführt werden können. Ohne diesen wertesetzenden Rahmen bekommen Eigeninteressen nur zu leicht vereinzelnde Impulse, wenn die gemeinsame Ordnung nicht der Durchsetzung der eigenen Interessen dient bzw. ihr hinderlich ist. Gerade wenn man vordergründig nur mit monetären Vorteilen eines EU-Beitritts – man erinnere sich nur an den »Ederer-Tausender« – für diesen geworben hat, ist es schwer, den zentrifugalen Kräften bei wirtschaftlichen Schwierigkeiten zu wehren. Wenn man das dann wiederum mit der Argumentation wirtschaftlicher Interessen allein zu bewerkstelligen versucht, kann das leicht in die Hose gehen, weil in der Konzentration auf die Abwehr größerer Übel sich das Gemeinsame dann noch immer als Übel darstellt. Die Wirtschaft,

[5] Zsifkovits, Valentin, Politik ohne Moral?, Linz 1989, 12.

die als Vehikel für eine weitergehende Vereinigung Europas konzipiert war, kann diese Funktion nicht wahrnehmen, wenn sie zum Ziel wird, besonders dann, wenn sie nicht floriert, wenn die Einzelinteressen, auch die einzelner Staaten, nicht bedient werden können.

So stellt sich die in der Politikdefinition angeklungene Frage nach der rechten Ordnung. Diese muss natürlich im Zusammenhang mit den Interessen der Einzelnen stehen, sonst wird sie irrelevant. Wenn Politik nicht auch als eigene Interessenwahrung erfahren werden kann, wenn Politik nicht »er-lebt« wird, bleibt sie verzichtbar. Wenn nur Wirtschaft als Interessenmotor gesehen wird, dann bleibt Politik ebenso verzichtbar. Und das ist für viele so. Politik tangiert heute viel weniger Menschen als in früheren Zeiten, als Politik – auch in zum Teil übergriffiger Form – der Interessenwahrung der Einzelnen in den verschiedenen Feldern diente. Diese Interessenwahrung konnte dann auch in der Einbettung in den Einzelnen auf die größere Ebene des Staates vermittelnden Gemeinschaften vorgenommen werden. Als politische Institutionen allein sind eben diese in vielen Fällen auch machtlos, besonders dann, wenn sie weit weg vom Einzelnen sind. Deswegen geht es um eine rechte Ordnung, innerhalb derer die Einzelinteressen jene Bezugspunkte finden, die von der dauernden Notwendigkeit zur Interessensicherung entlasten.

In der ersten Nummer der Wochenzeitschrift »Die Zeit« für das Jahr 2013 – erschienen am 27. Dezember 2012 – wurde unter der Überschrift »Weltverbesserung« die Frage gestellt: »Gesellschaft, was fehlt dir?« Peter Kümmel, einer derer, denen diese Frage vorgelegt wurde, antwortete mit »Schlaf«. In der Stellungnahme bezieht er sich auf Woody Allen, der der biblischen Utopie des Lammes, das mit dem Wolf zusammenwohnt, die entscheidende Bemerkung hinzufügt: »Aber das Lamm wird nicht viel Schlaf bekommen.« Davon ausgehend schreibt Peter Kümmel: *»Eine Grundbedingung menschlicher Zivilisation ist, dass Menschen füreinander Wache halten: Einige bleiben auf, damit die anderen im Schlaf wieder zu Kräften kommen.«* Dann schließt er die eröffnende Frage an: *»Was sagt es über den Zustand einer Herde aus, wenn ihre Ange-*

hörigen nicht mehr schlafen können? Dass sie einander nicht mehr trauen. … Dass sie die fatalsten Angriffe aus den eigenen Reihen fürchten. Dass der Wolf längst im Lager ist.« Die entscheidende Frage dann: *»Wie kann es gelingen, dass so etwas wie Schlafvertrauen in die gescheuchte, scharrende Herde zurückkehrt?«*[6]

Wenn wir vor lauter Notwendigkeit der eigenen Interessenwahrung nicht zum Schlaf kommen und deswegen laufend im doppelten Sinn der Wortes müde sind und den Feind nur in den eigenen Reihen zu lokalisieren suchen, werden wir Europa nicht als Ruhepol, als Ort der Sicherheit erleben können. Die Interessenverwaltung allein wird diese Ruhe nicht erreichen lassen, die der Schlaflosigkeit wehren kann, vor allem weil man dazu noch die Kräfte auch für den Kampf nach innen bündelt, Kräfte, die man in der Weltdimension für die Bewältigung der Herausforderungen dann nicht zur Verfügung hat.

Es wird also notwendig sein, ein gemeinsames Interesse, das nicht an die individuelle Interessenwahrung gebunden ist, zu konstituieren. In der Tradition einer christlichen Soziallehre ist dieses gemeinsame Interesse mit dem Siegel »Gemeinwohl« gekennzeichnet worden, ein Gemeinwohl, das sich zur Verwirklichung des Wohls aller Einzelnen auf ein Gemeinsames, das über die Summierung der Einzelinteressen hinausgeht, bezieht, ohne aber zu vergessen, dass der Berechtigungsgrund dieses Gemeinsamen im Ziel der gesteigerten Personwerdung des und aller Einzelnen liegt.

Die in den Eigeninteressen sich zum Ausdruck bringende Preisdimension muss also einen Bezug zur Wertdimension finden. Wenn es im Roman »Das Bildnis des Dorian Gray« von Oscar Wilde heißt: »Nowadays people know the price of everything, and the value of nothing«[7], so stimmt das meines Erachtens nicht. Wir kennen Preise, wir kennen aber auch Werte. Woran es meines Erachtens fehlt, das ist die Umsetzung von Wertkategorien in Preis-

[6] Kümmel, Peter, Schlaf, in: Die Zeit, Nr. 1, 27. Dezember 2012, 43 (Stellungnahme innerhalb des Themenschwerpunktes Weltverbesserung: Gesellschaft, was fehlt dir? auf den Seiten 43–45).

[7] Wilde, Oscar: The Picture of Dorian Gray [1891], Edinburgh 1963, 55.

relationen. Und Politik wird oft nur in Preisen und Werten, die man voneinander unabhängig macht, gestaltet und dann meist nach den gegebenen Preisen bewertet. In den Zusammenhang mit der laufenden Korruptionsdebatte gestellt, könnte dann der Satz, den Bettino Craxi, einer der Haupttäter und eines der Hauptopfer im Tangentopoli-Skandal, einmal äußerte und der von Theo Sommer zitiert wird, bedenkenswert sein: »Es gibt keine Ideale mehr, wir managen einfach Interessen.«[8]

Noch einmal: Es geht nicht um von der Wirklichkeit abgekoppelte Ideale, sondern es geht um die Beziehung der Interessen auf Ideale, auf eine rechte Ordnung. Um dieser rechten Ordnung näher zu kommen, bedarf es also der Berücksichtigung eines übergeordneten Interesses als Bezugspunkt, wobei sich die Frage stellt, wie das einen institutionellen politischen Ausdruck gewinnen könnte. Um es konkret zu machen: Vereinigte Staaten von Europa nur als Aufsummierung der Interessen von Einzelstaaten, die noch dazu nur sehr vage auf die Interessen der einzelnen Staatsangehörigen bezogen sind, werden nicht funktionieren, weil diese Vereinigung dann gerade in Engpasssituationen als Behinderung betrachtet wird und die Durchsetzung von als illegitim empfundener Macht nur Europaskepsis verstärkt. Diese Skepsis wird weiters verstärkt, wenn eine bürokratische Abkoppelung geschieht, wie sie in dem Brief von österreichischen Bürokraten aus Brüssel zum Vorschein kommt, wenn sie mangelndes Interesse aus Wien für ihre Arbeit beklagen.

Hier möchte ich nun zurückgreifen auf den viel zitierten Ausspruch von Jacques Delors: *»Wenn es uns nicht gelingt, Europa in den nächsten zehn Jahren eine Seele, einen tieferen Sinn zu vermitteln, haben wir das Spiel verloren.«*[9] Diese von Jacques Delors einge-

[8] Sommer, Theo, Die Krise holt den Westen ein. Nach dem Zusammenbruch des Kommunismus wanken nun die Fundamente der Demokratie, in: Die Zeit, Nr. 15, 9. April 1993, 1.

[9] Zitiert nach: Schasching, Johannes, Die Sozialethik als Seele der europäischen Union, in: Busek, Erhard / Khol, Andreas / Neisser, Heinrich (Hg.), Politik für das dritte Jahrtausend. FS für Alois Mock zum 60. Geburtstag, Graz 1994, 297–303, 297.

räumte Zehnjahresfrist ist schon längst abgelaufen. Wir haben ein verstärktes bürokratisches Bemühen um Europa, eine zum Teil weitgehende Verrechtlichung, aber oft mit wenig Bezug auf die viel beschworenen Werte. Ich bin nicht der Meinung, dass immer die fehlenden Werte schuld sind, sondern dass es um das Bemühen gehen muss, vereinigende Werte modellhaft in Institutionen und Rechten umzusetzen. Dabei muss uns immer bewusst bleiben, dass es *die* Umsetzung nicht gibt, dass also die Umsetzung immer ein Prozess bleibt. Es geht dabei nicht um ein »alles oder nichts«, sondern um ein »mehr oder weniger«. Es geht aber immer um die Beachtung eines übergeordneten Interesses, das über die Summierung der Einzelinteressen hinausgeht. Ein Integrationsschritt in der Art von Vereinigten Staaten könnte in dem Ausdruck dieses gemeinsamen Interesses eine Grundlage haben. Dazu zwei kleine Bemerkungen aus dem Blickwinkel christlicher Soziallehre.

1. Der Staat oder staatliche Gebilde sind nie als Letztgröße zu verstehen, die alles als erlaubt erscheinen lässt, was ihrem Interesse dient. Der Bezugspunkt für den Staat ist immer das Gelingen des Lebens aller in ihm versammelten Personen. Dies gilt nach »unten«. Nach oben hin darf ein Staatsverband – und das resultiert gerade auch aus der Verantwortung der Person gegenüber – nicht nur ein die einzelnen Souveränitäten aufsummierender »Staatenverein« sein, »der keine supranationale Überordnung über deren Mitglieder kennt«[10], wie Bischof Franz-Josef Overbeck das von der christlichen Gesellschaftslehre zu überwindende Modell einer Staatenvereinigung, wie sie sich beispielsweise in der UNO zeigt, sieht. Es muss also so etwas geben wie eine supranationale Autorität, die aber in der Verpflichtung, nicht in der Berechtigung ihren Ursprung hat und die einen Missbrauch eines Mandats für das Eigeninteresse des mit dem Mandat versehenen Staates eindämmen könnte. In seiner Enzyklika Caritas in Veritate aus dem Jahre 2009 schreibt Papst Benedikt XVI.: »*Das Teilen der wechselseitigen Pflichten mobilisiert viel stärker als die bloße Beanspru-*

[10] Overbeck, Franz-Josef, Responsibility to protect, in: zur debatte. Themen der Katholischen Akademie in Bayern 7/2012, 1–6, 5.

Die Euphorie ist verflogen. Die Europäische Union, einst als Wirtschaftsprojekt gegründet, nach dem Fall des Eisernen Vorhangs zum Friedensprojekt mutiert, schlingert durch die Zeiten. Dem Hype des Gemeinsamen, verbunden durch die jahrhundertelange Geschichte, ist die düstere Realität von Egoismus, Neid und Nationalismus gewichen. Wo kein Krieg, da keine Sehnsucht nach Frieden – die hehren Ziele der 90er-Jahre haben dem schnöden Mammon Platz gemacht. Europa als Pyramidenspiel der Finanzwelt – wer will da noch mitmachen? Das Friedensprojekt ist zu einer Keimzelle des Unfriedens geworden. Statt mehr Miteinander trommeln die Populisten in Ost und West die Union auseinander. Ist die Vision der Vereinigten Staaten von Europa ferner denn je?
In der Wirtschaft hatten ja viele den Weg in ihr Vereintes Europa lange vor der Politik gesucht. Im Medienbereich etwa Bertelsmann und Springer, die in nahezu allen europäischen Regionen mit ihren Produkten vertreten sind. Oder auch die Styria Media Group, die im Alpen-Adria-Raum für unabhängigen Journalismus und digitale Innovation steht. Doch in vielen Chefetagen ist die Euphorie verflogen. Einige, wie etwa die WAZ oder die britische Daily-Mail-Gruppe, haben den Rückzug angetreten. Verhärmt nicht nur von der kriselnden Wirtschaft. Sondern auch von Korruption, Protektionismus und Nationalismus. Der Mammon hat's gegeben – der Mammon hat's genommen. Wenn die Renditen schwinden und Verluste aufschlagen, ist es schnell vorbei mit hehren Zielen.
Mut ist also gefragt. Und Hoffnung erlaubt. Doch Handeln gefordert. Denn die Alternative, das Europa der Einzelgänger, ist keine. Eine Nicht-Alternative, sozusagen – für die Politik, für die Wirtschaft und auch die Welt der Medien. Weil Google, Facebook und Co längst an einer neuen Realität basteln, die nicht in Graz oder Wien, nicht in Paris, London oder Berlin allein gestaltet wird.

Klaus Schweighofer
Vorstand Styria Group Medien AG

chung von Rechten« (Nr. 43), nachdem er in eben dieser Nummer 43 zuvor bemerkt hatte: *»Die Übertreibung der Rechte mündet in die Unterlassung der Pflichten. Die Pflichten grenzen die Rechte ein, weil sie auf den anthropologischen und ethischen Rahmen verweisen, in dessen Wahrheit sich auch die Letzteren einfügen und daher nicht zur Willkür werden.«* Damit werden die Rechte in einem Grund verankert, der über nationale Interessen hinausgeht und der jeder Regierung zur Aufgabe wird. So heißt es weiters in dieser Nummer 43 von Caritas in Veritate: *»Wenn hingegen die Rechte des Bürgers ihr Fundament allein in den Beschlüssen einer Bürgerversammlung finden, können sie jederzeit verändert werden, und daher lässt die Pflicht, sie zu achten und einzuhalten, im allgemeinen Bewusstsein nach.«*
2. Die Konzeption einer solchen Staatenvereinigung muss nach dem Subsidiaritätsprinzip erfolgen, also in der Berechtigung der kleineren Einheiten zur Durchführung dessen, was sie selbst zu einem guten Ende führen können, in der gleichzeitigen Übernahme von Verantwortung. Demgegenüber ist das Subsidiaritätsprinzip nicht als Eigenbrötlereiprinzip zu interpretieren, das eine Absonderung berechtigt, sondern es fordert zur Machtteilung im Blick auf eine Erweiterung der Handlungsmacht aller auf. Dadurch kann Hilfe zu der Selbstentfaltung der Einzelnen zur Selbsthilfe werden. Subsidiarität kommt ja vom lateinischen subsidium, das auf ein nicht belegtes Wort subsideo zurückgeht, daruntersitzen und -setzen. Wenn man sich unter einen anderen setzt, hat der die Möglichkeit, sich am Rücken des anderen aufzurichten. Dadurch kann allen ein aufrechter Gang ermöglicht werden, nicht durch Draufsetzen.

Michael Kerbler

Europa – eine transnationale Demokratie

»Mit einer neuen, wissenderen Freude begann ich auf unser Europa zu blicken. Nie habe ich unsere alte Erde mehr geliebt als in diesen … Jahren, nie mehr auf Europas Einigung gehofft, nie mehr an seine Zukunft geglaubt als in dieser Zeit, da wir meinten, eine neue Morgenröte zu erblicken. Aber es war in Wahrheit schon der Feuerschein des nahenden Weltenbrandes.«
(Stefan Zweig, aus: »Die Welt von gestern«)

Die Demokratie als Staatsform, deren Recht vom Volk ausgeht, hat nach dem Empfinden einer wachsenden Zahl von Europäern aufgehört zu existieren. Das Recht geht nicht mehr vom Volk aus. Es ist bloß noch aufgefordert, an Wahlen teilzunehmen. Unabhängig davon, ob dies bedeutet, tatsächlich eine Wahl zu haben. Offenbar sind Wahlen im Grunde genommen – um an ein Diktum von Hans Magnus Enzensberger zu erinnern – kein Votum mehr für politische Parteien, sondern bestenfalls ein Votum für die Verfassung. Das, wovor Jean Monnet, einer der Gründerväter der Europäischen Union, schon früh hellsichtig gewarnt hat, ist eingetreten: die klassische Demokratie verwelkt.

Es geht ein Gespenst um in Europa: das der Fremdbestimmtheit in Zeiten des »Ego-Kapitalismus« (Frank Schirrmacher). Die europäischen Bürger, allen voran Griechen, Irländer und Portugiesen, nehmen ihre Regierungen nicht mehr als ihre Regierung wahr, sondern als Interessenvertreter oder gar Sachwalter von internationalen Organisationen, wie etwa des IWF, dessen Existenz nicht demokratisch legitimiert ist. Die Politik, auch in jenen europäischen Ländern, die ökonomisch durchaus passabel dastehen, verhält sich folgsam nach den Zurufen der sogenannten »Finanzmärkte«, aus Angst, internationale Ratingagenturen könnten die Bonitätsbewertung ihres Landes herabstufen oder gar empfehlen, den Zinssatz für die Staatsanleihen hinaufzusetzen.
Demokratie ist in den Augen vieler Europäer – nicht nur in Griechenland, Irland oder Portugal – ungerecht geworden.

Wann dieser Prozess, mit dessen Resultaten wir konfrontiert sind, begonnen hat? Mit dem Mauerfall – und er vollzog sich schleichend: Zuerst wurde die »soziale Marktwirtschaft« auf bloße »Marktwirtschaft« reduziert, um dann in beschleunigtem Tempo in einem Darwinismus des Marktes zu münden. Das Ergebnis nach zwei Jahrzehnten beängstigend rascher Metamorphose: Die demokratiekonforme Marktwirtschaft existiert nicht mehr, sondern – so Deutschlands Kanzlerin Angela Merkel – eine »marktkonforme Demokratie« sei gefordert.

Parallel zu dieser Entwicklung löste sich die zur Jahrtausendwende formulierte Hoffnung, eine Zeit des allgemeinen Wohlstands werde in Europa anbrechen, im Wettstreit mit einer enthemmten, global agierenden Finanzökonomie auf.

Die Stimmung kippte. Das Gebot sozialer Fürsorglichkeit, das Gebot der Mitmenschlichkeit und der solidarische Reflex, die Schwachen und Armen einer Gesellschaft mitzutragen, verloren an Kraft und Bedeutung. »Morbus greed«, die Gier, wurde zum Wappentier der Hedgefonds-Manager. Nicht »Geiz ist geil« lautet das Motto, sondern »Gier ist geil«.

Ein politisches Statement, so wie jenes legendäre Postulat des sozialistischen Bundeskanzlers Bruno Kreisky »Mir sind ein paar Milliarden Schilling Schulden lieber als ein paar hunderttausend Arbeitslose«, ist heute nicht mehr vorstellbar. »Defecit spending« um den Sozialstaat zu stützen, um einen »New Deal« zu finanzieren, würde postwendend von den »Märkten« abgestraft. Denn die fühlen sich der Gesellschaft nicht verpflichtet. Und auch nicht der Ideenwelt des Aufklärers und Begründers der Nationalökonomie Adam Smith: *»Keine Gesellschaft kann gedeihen und glücklich sein, in der der weitaus größte Teil ihrer Mitglieder arm und elend ist.«*

Die Folgen der Ausdünnung von Sozialleistungen sind für tausende europäische Bürger gravierend und für deren Familien folgenschwer. Die Arbeitslosigkeit steigt in vielen europäischen Staaten markant, die Verschuldung des Mittelstandes wächst. Eine Zukunftsplanung – schon auf mittlere Frist – wird unmöglich. Und in Staaten wie Griechenland, Spanien oder auch Frankreich häufen

»Wir brauchen eine Art Vereinigte Staaten von Europa.«

Winston Churchill (1946)
Ehem. Premierminister von Großbritannien

sich die Fälle, wo verzweifelte Menschen die Schuld im eigenen Verhalten sehen und Selbstmord begehen.
Hundertausende Jugendliche bleiben in Europa gleich ohne Chance auf einen Arbeitsplatz, drohen damit Teil einer verlorenen Generation zu werden. Eine Entwicklung, die Europa noch lange Jahre belasten wird. Auch das Faktum, dass in Krisenländern wie Spanien, Griechenland, Portugal und anderen Ländern durch die Bankenkrise, die zur Staatsschuldenkrise mutierte, jedes dritte Kind an die Armutsgrenze gedrängt wurde, mindert die Chancen der Politik, glaubwürdig eine Position der Zuversicht in ein prosperierendes Europa zu vertreten.
Die Folge: Einerseits wächst die Wut in der Bevölkerung, dass Steuermittel zwar für die Unterstützung der Banken vorhanden sind, nicht aber zur Unterstützung notleidender Bürger. Gleichzeitig ist zu bemerken, dass in der Bevölkerung die Entsolidarisierung im gleichen Ausmaß wie die Fügsamkeit wächst. Die Agonie des Sozialen ist spürbar in Europa.

Fremdbestimmtheit zu erfahren bedeutet den Verlust von Freiheit zu erfahren. Und damit steht *die* zentrale Errungenschaft liberaler Gesellschaften zur Disposition: die Freiheit, über die eigene Zukunft und jene künftiger Generationen mitbestimmen zu können. Wollen wir den sozialen Nationalstaat bewahren oder uns dem System des wirtschaftsliberalen Welthandels unterordnen? Oder gibt es einen dritten Weg? Aber diese Diskussion wird nicht oder nur zögerlich in der Arena der Politik geführt.
Denn die erschöpfte Demokratie wird von einer wachsenden Zahl von Politikern repräsentiert, die selbst am Rand der Erschöpfung angelangt sind. *»Eigentlich bräuchte die Politik mehr Momente der Entschleunigung, Reflexionsschleifen, um über grundlegende Entscheidungen nachzudenken«*, meint der Präsident des deutschen Bundesverfassungsgerichts, Andreas Voßkuhle. Und er hat recht. Demo-

kratie braucht Zeit, braucht – wie dies der ehemalige SPD-Chef Franz Müntefering einmal formulierte – eine »menschenmögliche« Geschwindigkeit. *»Demokratie wird nur bestehen können, wenn wir nicht durch die Geschwindigkeit der Ereignisse ihre Handlungsmuster völlig zerstören.«*
Faktum ist, dass die Demokratie, die in der frühen Phase der Moderne durch Wahlprozedere und dynamisierte Gesetzgebung den Ruf hatte, rasch auf gesellschaftliche Erfordernisse reagieren zu können, ernsthafte Konkurrenz durch autokratische Systeme erhalten hat. Die Hauptvorwürfe an die Adresse des demokratischen Systems: Demokratie sei zu langsam, produziere zu viele Schwankungen – etwa in ökonomischen Entscheidungsprozessen – und sei damit schon auf mittlere Sicht politisch schwer kalkulierbar.

Europa steht also vor der großen Aufgabe sich neu zu erfinden, Vertrauen zurückzugewinnen, die Erschöpfung zu überwinden, das Soziale aus der Agonie zu befreien und zu reanimieren. Gelingen kann dies nur dann, wenn es sich seiner Stärke und seiner Wurzeln besinnt: der gleichberechtigten Debatte und Teilnahme aller Demokraten an der Gestaltung der res publica, unserer öffentlichen Angelegenheiten.
Aber damit allein wird es sich nicht bewenden lassen. So wie die Realwirtschaft kaum etwas mit der Ökonomie der Finanzmärkte zu tun hat, gilt es zwischen der Lebenswelt der Bürger Europas und jener der europäischen Institutionen wieder eine Verbindung herzustellen. Beide scheinen in Parallelwelten, nein, in Paralleluniversen beheimatet zu sein. Um in der Diktion der Astronomie und Quantenphysik zu bleiben: Es ist die Schaffung eines Wurmlochs des Politischen, also einer neue Querverbindung zwischen dem Souverän und den Institutionen erforderlich, denn sonst geschieht das, wovor Alexander Kluge im September 2011 warnte: vor der »Entgleisung des Jahrhunderts« und dem Untergang Europas in der Schuldenkrise.

Dieser Untergang muss nicht in einem Big Bang passieren, sondern kann schleichend geschehen. Muss aber nicht.

Zwischen den Akteuren der Finanzökonomie und den politischen Entscheidungsträgern in Europa wird bereits eine Art »Vorkrieg« geführt und die Weggabelung kommt bereits ins Sichtfeld. Zwei Wege führen in zwei unterschiedliche Richtungen. In die Marginalisierung Europas (Michel Houellebecq: *»Die Zukunft Europas wird darin bestehen als Vergnügungspark und Bordell für asiatische Touristen zu dienen«*) oder in den Wiederaufstieg einer Staatengemeinschaft, die es vermocht hat, sich neu zu gründen. Denn es gibt ihn bereits, den gemeinsamen europäischen Wertekanon, der alle Europäer eint: soziale Gerechtigkeit, Demokratie, Rechtsstaatlichkeit, persönliche Integrität, Glaubensfreiheit. Dieses Fundament gilt es gemeinsam zu erweitern. Nur dann werden die BürgerInnen Europas dieses Europa wollen, sich mit ihm identifizieren. Nur dann wird Europa auch in den Herzen ankommen.

Angesichts eines enthemmt agierenden Finanzsektors gibt es keine Alternative zum Regieren als die jenseits des Nationalstaats. Auch und gerade um verloren gegangene Souveränität zurückzuerobern. Die politischen Verantwortungsträger dürfen nicht noch einmal den gravierenden Fehler von Angela Merkel und Nicolas Sarkozy wiederholen, nämlich einen postdemokratischen Weg einzuschlagen, um in demokratisch nicht-legitimierten Gremien Entscheidungen herbeizuführen, die dann den Parlamenten oktroyiert werden.
Daher braucht es eine direkte Einbindung der nationalen Parlamentarier-Spitzen, also der FraktionsführerInnen, in Form einer zweiten Kammer des Europäischen Parlaments. Diejenigen, die daheim entscheidenden Einfluss im Parlament haben, sollen in Brüssel – und damit in Europa – mitreden.
Ebenso wie diese Parlamentarier müssen auch Europas Bürger einen »Doppelhut« tragen, nämlich aktiv ihre Rechte und Pflichten wahrnehmen – ihre Rechte und Pflichten als Staats- wie auch als Unionsbürger. Nur dann wird Europa auch auf globaler Ebene ein ge- und beachteter Akteur bleiben und daran mitwirken können, das Gleichgewicht der Mächte in der Weltgesellschaft auszutarieren.

Auftrag dieses so geformten Europas wäre, eine transnationale Demokratie zu leben, die, da sie sie lebt, die Bedeutung von Menschenwürde und Menschenrechten promoviert und schlussendlich in einer – wie von Jürgen Habermas beschriebenen – Weltbürgerschaft mit globaler Verfassungsordnung mündet.
Nur so mag vermieden werden, dass es zu einer historischen Situation kommt, die an jene erinnert, wie sie Stefan Zweig vor einhundert Jahren in seinen »Erinnerungen eines Europäers« aufgezeichnet hat.

Europa stirbt

Europa stirbt.
Völkerbund und Apotheke,
beides ist Lüge.
Operationen, Revolutionen!
Auf der grauen Straße steh ich.
Braunes Laub fällt von den Ästen
und ich, ich fürcht nur eins.
Diese Bäume werden nackt, schwarz dastehen
und grau die Felder
und klein die Häuser sein
und ich werde schreien,
aber alles, alles ringsum
wird schweigen.

(Srečko Kosovel (1904–1926), aus: Karl Markus Gauß / Ludwig Hartinger (Hg.): Das Buch der Ränder – Lyrik. *Wieser Verlag, Klagenfurt/Celovec 1995, S. 205, ins Deutsche übersetzt von Ludwig Hartinger)*

Ewald Nowotny

An der Wegkreuzung zu den Vereinigten Staaten von Europa?

Der europäische Einigungsprozess steht aufgrund der Auswirkungen der Finanz-, Wirtschafts- und Staatsschuldenkrise an einer Wegkreuzung. Während die einen als Antwort auf die Krise die Rückübertragung von Souveränität von den supranational organisierten EU-Institutionen an die Mitgliedstaaten fordern, sieht die Mehrheit der Verantwortungsträger die Zukunft in einer Vertiefung der Wirtschafts- und Währungsunion.

Die Krise hat Schwächen in der wirtschaftspolitischen Architektur der EU aufgedeckt. Nun gilt es, ein solideres Fundament für Stabilität zu schaffen. Die Vorbereitungen hierzu erfolgten bereits, beispielsweise in der Errichtung des Europäischen Stabilitätsmechanismus (ESM) oder der Einigung auf eine einheitliche Bankenaufsicht für die Euro-Zone mit dem Endziel der Verwirklichung einer Bankenunion, dieses wird allerdings noch viel Arbeit erfordern. Die Einführung des Europäischen Semesters zur Verbesserung der Ex-ante-Koordinierung der wirtschaftspolitischen Steuerung in der EU war ebenso ein Schritt in die richtige Richtung. Insgesamt braucht Europa langfristig mehr Gemeinsamkeit und Solidarität unter den EU-Staaten zur Bewältigung der Krise, damit besonders betroffene Länder wie Griechenland wieder auf einen nachhaltigen Sanierungs- und Wachstumskurs kommen.

Die Wiederherstellung des Vertrauens in den Euro und in die EU insgesamt muss im Vordergrund stehen. Die Gewährleistung der Finanzstabilität ist diesbezüglich eine Grundvoraussetzung. Es bedarf weiterer Maßnahmen zur Steigerung der Wettbewerbsfähigkeit der EU, beispielsweise die Umsetzung des Wachstums- und Beschäftigungspaktes zur Verringerung der derzeit massiven Jugendarbeitslosigkeit in den Mitgliedstaaten, oder der kürzlich in Kraft getretene Fiskalpakt. Dies sind erste Schritte zu einer zunehmend gemeinsam gestalteten Finanz- und Wirtschaftspolitik.

Ein Teil der geplanten Agenda lässt sich auf der Grundlage der geltenden Verträge erreichen, für andere Teile sind möglicherweise in Zukunft Vertragsänderungen erforderlich. Diese der Bevölkerung plausibel zu machen, ist eine Herausforderung, der wir uns alle stellen müssen.

Für diesen Prozess der Vertiefung haben wir bis auf ein paar historische Beispiele wenige Vorbilder. Die Geschichte des Dollars ist dabei der naheliegendste und vielleicht faszinierendste Vergleich.

Die Geschichte des amerikanischen Dollars begann mit der Gründung der Vereinigten Staaten. Nach dem Unabhängigkeitskrieg und den daraus resultierenden Kriegsschulden waren die Vereinigten Staaten mehr oder weniger bankrott. Es herrschte eine Situation, in der die Bundesschuld zu 50 %, die Schuld der Einzelstaaten zu 20 % des Nominalwerts gehandelt wurde. Das nährte in den USA Bestrebungen, sich wieder auseinanderzuentwickeln, weil ja die einzelnen Staaten ökonomisch sehr unterschiedlich waren. Der Süden ist aus dem Unabhängigkeitskrieg sehr reich hervorgegangen, und war nicht zu einem Bail-out des armen Nordens bereit.

Alexander Hamilton entwickelte 1790 einen sehr kühnen Vorschlag: Der Bundesstaat übernimmt sämtliche Kriegsschulden der Einzelstaaten, restrukturiert diese in einer gemeinsamen Staatsschuld bei einer neu zu gründenden Notenbank, die dann einheitliches Geld für die gesamte Union ausgibt.

Es ist interessant, dass gerade heute dieser Vorschlag vielfach diskutiert wird. Natürlich gab es damals zu diesem Vorschlag – ebenso wie heute – eine heftige politische Debatte. Der Kompromiss wurde möglich, indem Hamilton Virginia – den wichtigsten und reichsten Südstaat – auf seine Seite brachte, und zwar mit der Zusage, dass die neu zu gründende Hauptstadt Washington an der Grenze zu Virginia angesiedelt werden soll. Daran zeigt sich, dass Politik immer dann erfolgreich ist, wenn sie sozusagen mit vielen Spielsteinen arbeiten kann und sich nicht nur auf einen allein konzentriert.

Somit kam eine amerikanische Währungsunion zustande. Aber in Folge dieser Entwicklung hat es keine Transferunion gegeben.

In Zeiten wirtschaftlicher Instabilität und kultureller Orientierungslosigkeit bekommen vermehrt Tendenzen Auftrieb, die für einen Rückzug auf die vermeintlich mehr Sicherheit und Geborgenheit bietenden nationalen Einheiten Stimmung machen. Demgegenüber gilt es, das Projekt »Europa« auf politischer, wirtschaftlicher und kultureller Ebene gerade Jugendlichen und Studierenden als Chance und tragfähige Zukunftsperspektive zu vermitteln und ihnen Räume der Auseinandersetzung und Mitgestaltung zu eröffnen, wie es die Pfingstdialoge seit Jahren erfolgreich tun.

Siegfried Barones
Rektor Kirchliche Pädagogische Hochschule Graz

Das war schon rein finanziell nicht möglich. Zu dieser Zeit betrug der Anteil des amerikanischen Bundeshaushaltes am Sozialprodukt ungefähr 2 %. Das ist nur wenig mehr als der heutige EU-Haushalt in Prozent des europäischen BIP. Somit mussten die einzelnen Staaten selber für sich wirtschaften und konnten auch bankrottgehen. Im Zuge der großen Wirtschaftskrise 1837 passierte genau das in neun amerikanischen Bundesstaaten. Es führte letztendlich dazu, dass für die Vielzahl der amerikanischen Einzelstaaten die sogenannten Balanced-Budget-Laws entwickelt wurden, die auch heute noch gelten. Damit wurden quasi Schuldenbremsen auf der Einzelstaatsebene eingerichtet.

Die Debatte um die gemeinsame Notenbank wurde mit nicht minderer Heftigkeit geführt, und 1836 eine erste Inkarnation aufgrund von politischem Druck wieder aufgelöst. Die darauffolgenden 80 Jahre hatten die USA dann keine einheitliche Notenbank. In diese Zeit fällt einerseits ein gewaltiger Wirtschaftsaufschwung, andererseits aber eine Phase der chaotischen finanziellen Verhältnisse mit Krisen und massiven Banken-Zusammenbrüchen, weil es eben keine Notenbank als »Lender of Last Resort« gab. Dieser Aspekt wird heute häufig unterschätzt und die Rolle von Notenbanken als Lender of Last Resort vielleicht sogar mit einem gewissen Misstrauen gesehen. Allerdings ist genau das eine zentrale Aufgabe von Notenbanken und es ist eine zentrale Aufgabe, eine möglichst hohe Stabilität im Finanzsystem zu gewährleisten. Das Fehlen einer Notenbank führte dazu, dass bei der großen Krise 1907 wieder Banken zusammenbrachen. 1913 wurde ein Gesetz für die neue Federal Reserve in der eher dezentralen Struktur beschlossen, wie wir sie heute kennen.

Aus der facettenreichen US-Geschichte möchte ich einige selektive Schlussfolgerungen herausheben.

Erstens braucht die Entwicklung einer Währungsunion Zeit. Zehn Jahre sind dafür ein sehr kurzer Zeitraum. Man sollte auch langfristige Perspektiven haben und nicht gleich bei jedem Problem sofort in Panik verfallen und dann möglicherweise kurzfristig überreagieren.

Zweitens: Eine Wirtschaftsunion bedeutet eben nicht notwendigerweise ökonomische Konvergenz. Sie kann sogar zu einer sehr deutlichen Auseinanderentwicklung führen. Eine Währungsunion funktioniert hingegen umso eher, je eher ökonomische Konvergenz bzw. Mobilität im Wirtschaftsraum gegeben ist. Was wir jetzt in Europa beobachten, ist jedoch eine Tendenz von eher wachsenden Divergenzen. Diese können nicht allein durch institutionelle Regelungen überwunden werden. In dieser Hinsicht braucht man natürlich Lösungen, die ein entsprechendes Wachstum in den schwachen Staaten miteinschließen. Das bedeutet nicht, dass deshalb die anderen Staaten ärmer werden, sondern dass es vielmehr zu einem gewissen Aufholprozess kommt und es sicherlich auch im Überbrückungszeitraum ein bestimmtes Ausmaß an Finanzierungsmaßnahmen wird geben müssen, wenn man die Gemeinschaft erhalten will.

Und zum Dritten zeigt sich, dass neben der wirtschaftlichen auch die politische Kohäsion entscheidend für den Erfolg einer Wirtschafts- und Währungsunion ist. Eine Währungsunion muss von der Bevölkerung gewollt sein. Man kann sie ihr nicht als technokratisches Konstrukt aufsetzen. Daher ist es auch wichtig, sie zu erklären – und ich sehe das auch als eine Aufgabe von Notenbanken. Wir müssen erklären, was die Spielregeln sind und in welcher Weise wir alle davon profitieren. Ich glaube, dass man auch sehr deutlich zeigen muss, wie hoch die Kosten sind, wenn man nationalistischen, populistischen Kräften nachgeben würde.

Herwig Hösele

Sind die USE (United Staates of Europe) wünschenswert und alternativlos?

»Auf dem Weg zum europäischen Bundesstaat. Große Erzählung oder irreales Märchen?« Unter diesem Titel stand mein Beitrag für den Band der Edition Geist & Gegenwart 2011. Und im Text habe ich festgestellt: *»Aber auch wenn es immer wieder in Abrede gestellt wird: Es besteht ein Zentralisierung- und Harmonisierungssog von Nationalstaat in Richtung Brüssel. Denn die EU muss den Weg zum Bundesstaat gehen, wenn sie erfolgreich sein will, wobei es im Grunde eine semantische Spiegelfechterei ist, ob man das nun ›Vereinigte Staaten von Europa‹ nennt oder die EU eine ›Entität sui generis‹ nennt. (Die Diskussion über die Finalität Europas ist für die praktische Politik ungefähr so fruchtbar wie die, ob Österreich seit dem EU-Beitritt in der ›Dritten Republik‹ lebt. Fakt ist, dass es tiefgreifende Veränderungen gegeben hat, die kaum reversibel sind. […])«* Von den Vereinigten Staaten von Europa, die als politische, aber auch als Wirtschafts- und Währungsunion in gewisser Weise schon im Imperium Romanum oder in der Donaumonarchie in der Vielfalt der Kulturen und Sprachen in der staatlichen Einheit verwirklicht waren, träumten nicht nur Victor Hugo, Richard Coudenhove-Kalergi, Winston Churchill (siehe seine berühmte Zürcher Rede 1946), Konrad Adenauer. Nahezu die gesamte Elite Europas trommelte in den letzten Jahren diesen Begriff – sei es Joschka Fischer, Jean-Claude Trichet, Jean-Claude Juncker, Viviane Reding, Jean-Claude Levy, Jürgen Habermas, Claudio Magris oder Cees Nooteboom.

Auf der anderen Seite stellen sich bei vielen die Haare auf, weil EU-Staaten nie zur USA oder USE (United States of Europe) werden können und sollen. Aber man kann es auch bescheidener formulieren, so wie es in der Präambel des Maastricht-Vertrages heißt:

Es wird ein Weg beschritten zur *»immer engeren Union der Völker Europas, in der Entscheidungen so bürgernah wie möglich getroffen werden.«*

Der Euro wurde wahrscheinlich nicht zu früh, aber ohne die notwendige Konsequenz in den Rahmenbedingungen eingeführt. Der glühende Europäer und Kanzler der deutschen Einheit Helmut Kohl betonte schon 1991 im Vorfeld des Maastricht-Vertrages, der die Weichen auch für den Euro stellte: *»Man kann dies nicht oft genug sagen. Die politische Union ist das unerlässliche Gegenstück zur Währungsunion. Die jüngere Geschichte, und zwar nicht nur die Deutschlands, lehrt uns, dass die Vorstellung, man könne eine Wirtschafts- und Währungsunion ohne politische Union auf Dauer erhalten, abwegig ist.«*

Tatsächlich wurde aber nur das Währungsunionsprojekt durchgezogen und es wurden schon die Konvergenzkriterien – und zwar zunächst von Deutschland und Frankreich – missachtet (Budgetdefizit max. 3 Prozent des BIP, öffentliche Schulden max. 60 Prozent des BIP). Nach diesem Sündenfall der Großen kam es dann nach dem Zusammenbruch der Lehman-Brothers und der Weltfinanzkrise 2008 ff. zu den Krisen vor allem der wirtschaftlich schwächeren Euro-Länder (der PIIGS-Staaten) und den permanenten Feuerwehr- und Rettungsaktionen der Jahre 2009–2012. 155 deutsche Wirtschaftsprofessoren haben sich 1998 in einer Erklärung gegen den Start der Europäischen Währungsunion und der nachfolgenden Einführung des Euro u. a. mit folgenden Sätzen ausgesprochen:
»1. Zur europäischen Integration gibt es keine Alternative. Die gemeinsame Währung wird dazugehören, jedenfalls für Kerneuropa. Aber der Euro kommt zu früh. 2. Die Konsolidierung der öffentlichen Haushalte ist nicht weit genug vorangetrieben worden, vor allem nicht in den großen Ländern wie Italien, Frankreich, aber auch Deutschland. (…) 7. Scheitert der Versuch, im Konsens eine geregelte Verschiebung zu erreichen, dann muss jedenfalls für eine unnachsichtige Prüfung der Konvergenz gesorgt werden.«
Die Missachtung der Konvergenzkriterien hat sich bitter gerächt und zu einer veritablen Krise geführt. Und ob der bisherige methodische Prozess der EU, dass nach einer Krise und einem Rückschlag wiederum ein Integrationsfortschritt steht, noch funktioniert, bleibt eine offene Frage.

Einer der geistigen Väter der EU, Jean Monnet, sagte ja einmal: *»Europa wird in den Krisen geschaffen (…). Es wird die Summe der Lösungen sein, die für diese Krisen gefunden werden.«*
Tatsächlich kann sich die Geschichte der EU als eine Geschichte der Krisen und der Fortschritte in diesen erzählen lassen.
Daniel Cohn-Bendit, einer der Vorsitzenden der Grünen, und der Vorsitzende der Liberalen im europäischen Parlament und ehemalige belgische Premierminister Guy Verhofstadt glauben genau zu wissen, was Europa braucht: *»Entweder wählen wir entschlossen ein föderales Europa, die Vereinigten Staaten von Europa, oder wir fallen alle gemeinsam zurück in unsere nationalen Verliese.«*
Der prominente französische Philosoph Bernard-Henri Lévy veröffentliche zu Jahresanfang 2013 ein Manifest unter dem Titel »Europa oder Chaos« und spitzte darin zu: »Wir haben keine andere Wahl: politische Union oder Barbarei,« und wenige Zeilen später sogar »politische Union oder Tod«.
Eine pointierte Position nimmt der britische Premier David Cameron ein, der in seiner großen Europarede im Februar 2013 formulierte: *»Wir sehen uns mit drei großen Herausforderungen konfrontiert. Erstens bewirken die Probleme in der Eurozone einen fundamentalen Wandel in Europa. Zweitens befindet sich die europäische Wettbewerbsfähigkeit in der Krise. Andere Länder stürmen voran. Drittens hat sich in den letzten Jahren eine Kluft zwischen der EU und den EU-Bürgern aufgetan. Wenn wir diesen Herausforderungen nicht begegnen, besteht die Gefahr, dass Europa scheitert und die Briten in Richtung Austritt driften. Ich will nicht, dass das passiert. Die größte Gefahr für die EU kommt nicht von denen, die für einen Wandel einstehen, sondern von jenen, die neue Gedanken als Ketzerei anprangern. Europa hat mit seiner langen Geschichte Erfahrung mit Ketzern, die schließlich nicht ganz unrecht hatten. Mein Stand ist wie folgt: Mehr vom Gleichen sorgt für keine sichere Zukunft der Eurozone. Mit mehr vom Gleichen wird die EU nicht Schritt halten können mit den neuen Treibhaus-Ökonomien. Mehr vom Gleichen wird die EU ihren Bürgern nicht näherbringen. Mehr vom Gleichen wird einfach nur mehr vom Gleichen produzieren – weniger Wettbewerbsfähigkeit, weniger Wachstum, weniger Jobs. Das wird unsere Länder schwächer machen, nicht stärker. Daher benötigen wir einen fundamentalen, weitreichenden*

Rom, am 30. Dezember 1996: Die Regierung Prodi (Romano, später auch EU-Kommissisonspräsident) beschließt, von den Bürgern eine Europasteuer einzufordern, die im Mai und November 1997 eingehoben und großteils direkt vom Gehaltszettel abgezogen wird. Ohne gröberes Murren der Bevölkerung. Romano Prodi hat es damals geschafft, den Menschen klar zu machen, was es für Italien bedeutet, den Zug nach Europa nicht zu verpassen. Am Ende stand immer das eine: Mehr Zusammenhalt heißt mehr Wohlstand.
Rom, im Jahr 2012: Die Regierung Monti zahlt als EU-Geberland – was in mitteleuropäischen Staaten wie Deutschland oder Österreich gerne übersehen wird – satte 50 Milliarden – für verschiedenste Rettungsaktionen, egal ob für Griechenland, Portugal oder Irland. Deutschland zahlte, Österreich auch. Der Unterschied lag gleichwohl in den dafür zu berechnenden Zinsen. Italien kostete das ganze »Vergnügen« weit mehr, weil es dafür selbst teilweise Geld am Markt aufnehmen und viel höhere Zinsen als Deutschland oder Österreich zahlen musste. Trotzdem machte sich in Italien keine große Diskussion um den Sinn der Europäischen Union breit.
Das war wohltuend. Und lässt hoffen. Ein Wagnis bleibt Europa nur, wenn wir weitermachen wie bisher. Schließlich wissen wir: Ohne einen engeren Schulterschluss, ohne gemeinsame Steuern und Zolleinnahmen macht eine Währungsunion à la longue keinen Sinn. Auf gut Deutsch: Es wird uns zerreißen. Umso wichtiger ist es, hier anzusetzen. Ein gewichtiges, auch ökonomisches Beispiel hätten wir schon lange: 1776 führte die Logik einer eigenen Einnahmequelle die 13 Gründungsstaaten der USA schneller zum Ziel. Das heißt für Europa: Lassen wir die regionalen Vorbehalte fallen, schauen wir auf Solidarität – und Solidität nicht nur bei den Finanzen wird sich zeigen. Trauen wir uns drüber, denn dem Friedensprojekt aus dem 20. Jahrhundert muss ökonomisches Leben eingehaucht werden, auf dass es das 21. Jahrhundert nicht nur überlebt, sondern mit seiner Einzigartigkeit bewegt. Oder wie der 85-jährige Edzard Reuter, ehemaliger Vorstandsvorsitzender der Daimler-Benz und Autor von »Egorepublik Deutschland. Wie uns Totengräber Europas in den Abgrund stürzen« (Campus-Verlag) zu Recht sagt: »E pluribus unum.« (aus den vielen das eine«) Also: Wagen wir es, packen wir's an und wir werden es schaffen.

Esther Mitterstieler
Chefredakteurin Wirtschaftsblatt Wien

Wandel. Unseren nationalen Parlamenten gebührt eine größere und bedeutendere Rolle. Es gibt in meinen Augen kein einheitliches europäisches Staatsvolk. Die wahre Quelle echter demokratischer Legitimität und Rechenschaft wird auch in Zukunft bei den nationalen Parlamenten liegen. Es sind die Parlamente, welche den nationalen Führern zu Recht Respekt, wenn nicht sogar Furcht einflößen.«

Mehr Europa hat aber in den letzten Jahren besonders angesichts der in kurzen Monatsabständen getroffenen Euro-Krisenentscheidungen weniger Demokratie und Transparenz bedeutet (meist trafen die Regierungschefs hoch komplizierte, für die meisten unkommunizierbare und unverstehbare Entscheidungen unter dem Druck der »Märkte«, wer immer das auch ist, und die Parlamente mussten mehr oder minder nach der Methode »Friss Vogel oder stirb« nachträglich zustimmen). Ein solches »mehr Europa« wird daher von der Bevölkerung auch immer weniger gewollt.

Das renommierte österreichische Meinungsforschungsinstitut OGM mit seinem Chef Wolfgang Bachmayer stellte zum Jahreswechsel 2012/13 den ÖsterreicherInnen dieselben Fragen wie 25 Jahre davor – u. a., ob sie glauben, dass es im Jahr 2020 die »Vereinigten Staaten von Europa« geben wird. Die Skepsis ist in diesem Vierteljahrhundert weiter gestiegen. 68 Prozent sagten jetzt nein, nur 18 Prozent bejahten. Und Karmasin erhob im Februar 2013, dass 75 Prozent nicht glauben, dass der Euro »gerettet« ist, während das nur 17 Prozent bejahten, obwohl es seit Herbst 2012 zumindest eine Atempause, wenn nicht eine Konsolidierung gibt. Dieses österreichische Stimmungsbild trifft sich mit dem des Durchschnitts in den EU-Mitgliedsländern, wie die Eurobarometer-Umfrage von November 2012 zeigt. Im EU-Schnitt überwog bei 29 Prozent der Befragten der negative Eindruck von der EU, in Österreich sogar bei 34 Prozent der Befragten. Ein positives Bild von der EU hatten im Europa-Schnitt 30 Prozent, in Österreich nur 26 Prozent. Allerdings hatten in Österreich »nur« 46 Prozent der Befragten das Gefühl, dass sich die EU in die falsche Richtung entwickelt – im EU-Schnitt befürchtete das die Mehrheit (52 Prozent).

Der luxemburgische Ministerpräsident Jean-Claude Juncker, einer der »Parade-Europäer« hat es in einem Kleine-Zeitung-Interview im Februar 2013 folgendermaßen ausgedrückt:
»Ich beobachte sehr genau, dass sich der Graben zwischen europäischer Politik und den europäischen Bürgern immer mehr verbreitert. Vieles von dem, was wir an Europapolitik liefern, wird von den Menschen nicht verstanden und nicht angenommen. Trotzdem muss man für Europa weiterkämpfen, sich argumentativ dafür einsetzen.
Und warum muss man das?
Wenn ich sage, dass wir mehr Europa brauchen, sage ich das nicht, weil mir nichts anderes einfällt. Ich sage es, weil Europa immer kleiner wird und an Einfluss einbüßt. Wir hatten Anfang des 20. Jahrhunderts 20 Prozent Europäer auf dem Erdball. Heute sind es nur noch elf Prozent. 2050 werden es nur noch sieben Prozent sein und Anfang des 22. Jahrhunderts wird es genau vier Prozent Europäer geben.
Was bedeutet der Schwund?
Unser Anteil an der globalen Wertschöpfung wird massiv fallen. Europa nimmt demografisch an Gewicht ab und verliert wirtschaftlich an Schwungkraft. Wenn wir in der Welt noch eine Rolle spielen möchten, dann brauchen wir mehr Europa, nicht eine Rückverwandlung der Europäischen Union in nationale Bestandteile, die wieder ihre volle Souveränität zurückwollen.«

Was ist also zu tun, um Vertrauen in den europäischen Einigungsprozess zu stärken und wiederzugewinnen?
Der deutsche Großphilosoph Jürgen Habermas diagnostiziert und fordert: *»Heute entzieht sich die politische Meinungs- und Willensbildung der breiten Bevölkerung über die folgenreiche Alternative eines Mehr oder Weniger an Europa dem üblichen demoskopisch-kommerziellen Zugriff. Sie verlangt von den politischen Eliten einen ganz anderen, einen argumentativen und führungsstarken, einen mentalitätsprägenden Politikmodus«*, und Europa müsse *»auf den Marktplätzen zu dem lebenswichtigen Thema werden«*.
Ein offener Diskurs zu brennenden europäischen Themen und die Ergänzung der repräsentativen durch bekannte und neue Elemente

direkter und partizipativer Demokratie scheinen unabdingbar, um die Kluft zwischen Regierenden und Regierten zu überbrücken. Das Volk ist auch klüger als politische Zyniker unterstellen. Mit dem Mut zu Wahrheit und der Bereitschaft zum natürlich auch mühsamen Dialog kann und muss die Mehrheit der Bevölkerung für notwendige, auch unpopuläre Maßnahmen gefunden werden. Wenn allerdings der Eindruck entsteht, die Politik fürchte sich vor dem Souverän, und wenn seriöse und offene Informationen fehlen, dann gedeihen Demagogie und gnadenloser Populismus.
Man muss dafür nicht allein das Schweizer Beispiel anführen. Gerade auch in Baden-Württemberg hat sich das 2011 eindrucksvoll gezeigt. Nach monatelangen, erbittert geführten Debatten sprachen sich in einer landesweiten Volksbefragung bei einer beachtlichen Beteiligung von 48,8 Prozent fast 59 Prozent für den umstrittenen unterirdischen Bahnhof Stuttgart 21 aus. Und die starke Beteiligung an der Wehrpflicht-Volksbefragung in Österreich und die klare Entscheidung trotz schwacher Argumentation der politischen Akteure zeigt, dass die Bürgerinnen und Bürger die direkte Demokratie wollen und damit auch gut umgehen können – so wie einst 1978 bei der Anti-Zwentendorf-Volksabstimmung.
In Österreich erlebte die direkte Demokratie im Frühjahr 1994 eine besondere Sternstunde: Nachdem sich die Regierungsparteien, Sozialpartner, Medien und die Zivilgesellschaft einer gemeinsamen Argumentationsanstrengung unterzogen, stimmten zwei Drittel der Österreicher für den EU-Beitritt. Um eine solche konzertierte und zugleich kontinuierliche Aktion geht es auch jetzt, damit Europa nicht als Projekt einer abgehobenen Elite empfunden, sondern von den Bürgern mitgetragen wird.
Es geht nicht um plumpe kontraproduktive Propaganda, sondern um eine nachhaltige Pro-und-Kontra-Diskussion.
Genauso braucht Europa ein Gesicht in Form von Personen, die neben den Abgeordneten gewählt werden – seien es der EU-, Kommissions- und/oder Ratspräsident oder der nationale EU-Kommissar.
Wir sind die EU!
Es fehlt aber auch die »europäische Öffentlichkeit« – der europäische Fernsehkanal, das europäische Internetportal etc. Nationale

Offenheit, Neugierde, Wille zur Veränderung und engste internationale Kooperation und Solidarität sind entscheidend für die Zukunft des europäischen akademischen und politischen Systems. Weit mehr als nur ein mächtiger Wirtschaftsraum, ist die Europäische Union auch ein großes Friedensprojekt. Dieses zu unterstützen und durch Kooperation, Austausch und Internationalisierung des Bildungs- und Forschungsbereichs weiter voranzutreiben, ist für unser aller Zukunft entscheidend.
Als kultur- und völkerverbindende Kräfte trugen Universitäten über Jahrhunderte zur Überwindung geistiger, geografischer, ökonomischer und politischer Grenzen bei. Daher müssen Universitäten, Wissenschaftler und Forscher mehr denn je als konstitutive Elemente des europäischen Projekts gedacht werden. Denn nur durch weitere politische und wirtschaftliche Integration kann die europäische Idee abgesichert und entwickelt werden.

Harald Kainz
Rektor Technische Universität Graz

Minister müssten eigentlich vor und nach jeder Ratssitzung öffentlich Rechenschaft legen. Bundesparlament und Landtage müssten sich verstärkt der europäischen Agenda widmen, die ohnehin 80 Prozent der nationalen und regionalen Gesetzgebung und Normengebung bestimmt.

Und es muss endlich Schluss damit sein, dass Erfolge der und in der EU von der nationalen Politik als ihr Verdienst abgefeiert werden, während alles vermeintlich Negative, an dem aber meist in den EU-Räten mitgewirkt wurde, als Misserfolg der »bürgerfernen Bürokraten« verkauft wird.

Es muss kommuniziert werden: Wir sind die EU, zumindest ein wesentlich mitgestaltender Teil. Es ist ein nicht hinnehmbares Paradoxon, dass die Wahl zur immer bedeutsamer werdenden europäischen Ebene die mit der geringsten Beteiligung ist.

Der Vertrag von Lissabon räumt den nationalen Parlamenten und Regionen einige interessante neue Kompetenzen ein und schafft auch die Möglichkeit für europäische Bürgerinitiativen, also eine Form des staatenübergreifenden Volksbegehrens.

Zwei Dinge sind besonders wichtig. Einerseits, dass die nationalen Parlamente ihre Aufgaben und Möglichkeiten voll wahrnehmen. Es ist dem Präsidenten des deutschen Verfassungsgerichtshofes Andreas Voßkuhle zuzustimmen, wenn er in der FAZ vom 9. Februar 2012 unter dem Titel »Über die Demokratie in Europa« schreibt: *»Wer die parlamentarische Demokratie für ein Auslaufmodell hält, der irrt. Im Gegenteil: Ohne lebendige parlamentarische Demokratie sind die Aufgaben, die vor uns liegen, nicht zu bewältigen. Gerade in einer Zeit, in der ein globales Krisenszenario auf das nächste folgt und weitreichende politische Entscheidungen getroffen werden müssen, bedürfen die handelnden Akteure einer ausreichenden Legitmationsgrundlage. Dazu brauchen wir bis auf Weiteres die nationalen Parlamente. Ohne die demokratische Zustimmung der Mehrheit der Bürgerinnen und Bürger werden wir das europäische Haus nicht erhalten und weiterbauen können.«* (Ähnlich äußerte sich ja auch der zitierte David Cameron.)

Andererseits bedarf es neben der mittelbaren demokratischen Legitimation durch die gewählten Volksvertreter der direkt-

demokratischen Legitimation des Europa-Projektes etwa durch grundlegende Europa-Volksabstimmungen – z. B. mit der Frage, ob man an der Weiterentwicklung der EU mitwirken wolle – alle paar Jahre etwa in Verbindung mit der EU-Wahl. Dann wären die Parteien auch tatsächlich gezwungen, permanent und nachhaltig zu argumentieren und mobilisieren. Auch der Präsident des österreichischen Verfassungsgerichtshofes, Gerhart Holzinger, ein überaus seriöser, über jeglichen Populismus-Verdacht erhabener Spitzenjurist, plädiert bereits seit Jahren: *»Worum es geht, ist, die Menschen in Europa in den Prozess der europäischen Integration durch umfassende und verständliche Information und durch direkt-demokratische Entscheidungen einzubinden.«*
Der frühere deutsche Verfassungsrichter Udo Di Fabio meinte: *»Die überaus erfolgreiche politische Entwicklung der Union ist in vielen Punkten aber an konzeptionelle Grenzen gestoßen, die eigentlich nur durch den beherzten Schritt in den Bundesstaat überschritten werden könnte. Im Bundesstaat gibt es einen – allerdings nicht unbegrenzten – Willen zur fiskalischen Solidarität, zur Herstellung gleichwertiger Lebensverhältnisse«*, sowie *»[w]enn Europa nicht belanglose Peripherie werden will, muss es mit Selbstvertrauen und Vielfalt seine Stärken und seine Werte ins Spiel bringen. Ganz falsch wäre es, sich in der Rolle des alternden Kontinents einzurichten und mit bürokratischer Zentralisierung und Marktabschottung in die Defensive zu gehen«* (Focus 7/2011).
Luzide Literaten wie Cees Nooteboom und Robert Menasse sehen die Lösung für die Europäische Union im »Europa der Regionen«: *»Die Globalisierung bringt den Regionalismus. Man entdeckt die eigene Kultur, die eigene Geschichte. Insgesamt wollen die Menschen den Euro nicht weghaben. Auch an Brüssel werden sie sich gewöhnen, so wie die Amerikaner an Washington, D.C. Sie schimpfen auf Washington, wie wir auf Brüssel schimpfen, aber das gehört dazu«* (Cees Nooteboom, Die Zeit, 09.09.2012).
»Im Grunde ist die Lösung schon im Europäischen Verfassungsvertrag festgeschrieben: in der Formulierung ›Europa der Regionen‹. Die Regionen sind der Reichtum dieses Kontinents, die Nationen aber sind historisch erschöpfte Identitätsphantasien und die notwendig zu überwindende

Bedrohung. Die konsequente Fortsetzung des Europäischen Projekts, also des Friedens- und Wohlstandsprojekts in wachsender Demokratie, kann nur in einer politischen Aufwertung der Regionen bestehen« (Robert Menasse).

Denn – da sei ein »neutraler Beobachter«, der Chefredakteur der angesehenen Neuen Zürcher Zeitung, Markus Spillmann, aus seinem Leitartikel zum Jahreswechsel 2012/13 zitiert: *»Europa muss daher auch in Zukunft als Chiffre für Innovationskraft, Leistungswillen und stetige Reformbereitschaft gelesen werden wollen, in einer Welt, in der sich die globalen Gewichte absehbar weiter zu seinen Ungunsten verschieben.«*

Bleibt die Frage: Sind die »Vereinigten Staaten von Europa« die Patentlösung, der Stein der Weisen zur Lösung der aktuellen Euro(pa)krise? Ganz sicher nicht, gerade auch im Blick auf die Diskussion, die Zypern im ersten Quartal 2013 ausgelöst hat und die ein Schlaglicht auf die Fragilität des Euro-Raums wirft. Wer geglaubt hatte, man habe die Krise, die in den letzten Jahren zu so vielen hektischen und atemlosen Krisengipfeln führte, überwunden, hat sich getäuscht. Es bedarf vieler, auch pragmatischer, rascher und von den Tageserfordernissen geprägter Schritte, die einerseits akuten Krisen entgegenwirken und andererseits eine längerfristige Alternative verfolgen.

Vor allem können die Vereinigten Staaten von Europa nicht von heute auf morgen geschaffen werden, sondern brauchen viele, viele Jahre – und das Vertrauen der Bürger. Die Bürger dürfen nicht überfordert werden, sondern müssen in einem langen Prozess geduldig überzeugt werden. Als Vision aber sind die Vereinigten Staaten von Europa, oder wie immer sie heißen mögen, ein faszinierendes Ziel, das allen Einsatz lohnt.

Aber sie sind nicht alternativlos. So heißt es sehr bedenkenswert in einem interessanten Essay von Jan Ross in der ZEIT vom 7. März 2013: *»Es steckt zu viel Angst in der offiziellen Europapolitik, eine fast magisch anmutende Scheu, Alternativen zum permanenten Integrationsfortgang auch nur zu bedenken. Niemand wird sich leichtfertig einen Zerfall der gemeinsamen Währung oder dramatische Rückschritte im Gesamtprozess der europäischen Einigung wünschen oder sie für un-*

bedenklich halten. Sie würden dem globalen Ansehen und der Bedeutung des Kontinents erheblichen Schaden zufügen. Aber Europa würde davon nicht untergehen, und seine Völker stünden deshalb nicht an der Schwelle zu neuen Kriegen. Sie würden vielfältig, manchmal zerstritten und untereinander verwandt bleiben. Richtige Europäer eben.«

Christopher Drexler

Europa. Ein Kontinent, ein Staat, eine Nation?

»Europa ist kein Ort, sondern eine Idee«, meint der französische Publizist Bernard-Henri Lévy. Und ganz unrecht hat er nicht. Denn was ist Europa? Ein Kontinent, der keine eindeutige geografische Grenze gegenüber Asien besitzt. 700 Millionen Menschen, die knapp 100 verschiedene Sprachen sprechen, wovon die meisten indogermanischen Ursprungs sind, aber doch nur 23 als Amtssprachen der Europäischen Union anerkannt sind. 700 Millionen Einwohner, die zu etwa drei Viertel dem Christentum angehören und zu wesentlich kleineren Teilen Muslime, Juden oder ohne religiöse Konfession sind. Europa ist, wenn man dem altgriechischen Ursprung des Wortes folgt, die (Frau), mit der weiten Sicht. Europa ist auch der Ursprung der griechischen und römischen Kultur, der Aufklärung und der Reformation, der Ausgangspunkt der Kreuzzüge und des Kolonialismus, der Entstehungsort des Kommunismus und der Demokratie. Europa mag zum Teil auch als die Europäische Union, nämlich dem Zusammenschluss von souveränen Nationen verstanden werden, obgleich nur 27 von insgesamt 46 europäischen Staaten Mitglied sind. Aber eine Nation wie die Vereinigten Staaten von Amerika ist Europa nicht. Noch nicht. Und wahrscheinlich wird Europa das in naher Zukunft auch nicht sein.

Die Gründungsgeschichte der Vereinigten Staaten von Amerika ist gekennzeichnet durch das Abwerfen des Jochs der Fremdherrschaft, durch die Erklärung der Unabhängigkeit vom Mutterland Großbritannien. Die Gründungsgeschichte der Vereinigten Staaten von Europa wäre streng genommen genau das Gegenteil. Es wäre gleichsam die Unterwerfung der einzelnen Nationalstaaten unter das Joch der Europäischen Union. Die Europäische Union möchte das Dach über Europa sein, möchte die einzelnen Nationalstaaten unter sich wissen.

Einst in den 50er Jahren von Belgien, Deutschland, Frankreich, Italien, Luxemburg und den Niederlanden als Europäische Gemeinschaften gegründet, wollten die Gründungsstaaten damit

Aktuellen globalen sowie lokalen Herausforderungen mit innovativen Lösungen und nachhaltigen Impulsen zu begegnen, ist für Universitäten Aufgabe und Ansporn. Dialog und Vernetzung über die Grenzen hinweg aufzubauen und zu fördern, ist ein Markenzeichen der Karl-Franzens-Universität. Ihre traditionelle vermittelnde Funktion zwischen Österreich und Südosteuropa nimmt sie auf moderne Weise wahr. Als kompetente Ansprechpartnerin für Fragestellungen der Wissenschaft, Wirtschaft und Gesellschaft bündelt sie das Know-how zahlreicher ExpertInnen. Vielfältige Synergien am Standort, bedingt durch gemeinsame Forschung und Ausbildung, werden in Netzwerken gepflegt und wertgeschätzt. Auch Diskussionsforen, wie etwa »die 7. fakultät«, laden zum aktiven Austausch ein.

Mit dieser Schlüsselposition zwischen moderner Forschungsstätte und gesellschaftlicher Schnittstelle ist die Uni Graz eine gute Partnerin für die Reihe »Geist und Gegenwart«, die auch heuer wieder Studierende aus Österreich und Südosteuropa mit renommierten Vortragenden aus verschiedensten Fachgebieten zusammenbringt.

Ich wünsche Ihnen einen fruchtbaren und ergiebigen Austausch und viele nachhaltig spürbare Ergebnisse!

Christa Neuper
Rektorin Karl-Franzens-Universität Graz

eine wirtschaftliche Zusammenarbeit der Staaten forcieren. Die Europäische Gemeinschaft für Kohle und Stahl (EGKS), gegründet 1951 in Paris, die Europäische Wirtschaftsgemeinschaft (EWG) und Euratom, gegründet 1957 durch die Römischen Verträge, waren der Beginn dieser Europa-Idee, der Zusammenarbeit auf anfangs ausschließlich wirtschaftlicher Basis. EWG und EGKS wurden Anfang der Neunzigerjahre zur Europäischen Gemeinschaft (EG), aus der sich später die Europäische Union weiterentwickelte. Lediglich Euratom besteht weiterhin selbstständig, wenngleich sie sich beinahe sämtliche Organe mit der EU teilt. Nach mehreren Erweiterungsrunden seit den Anfängen zählt die nunmehrige Europäische Union inzwischen 27, mit Kroatien bald 28 Mitgliedstaaten und ist weit mehr als wirtschaftliche Zusammenarbeit. Sie ist ein supranationaler Zusammenschluss von souveränen Staaten mit vielen vergemeinschafteten (Politik-)Bereichen, einem gemeinsamen Parlament, einer gemeinsamen Zentralbank, einem Gerichtshof und einem gemeinsamen Exekutivorgan, der Europäischen Kommission. Trotz all dieser gemeinschaftlichen Organe ist die Europäische Union aber dennoch weit davon weg, ein Staat zu sein. Insbesondere deshalb, weil die Souveränität noch immer ausschließlich bei den Mitgliedstaaten liegt. Selbst wenn einzelne Materien in ihrer Entscheidungskompetenz an die EU abgegeben wurden, bleibt die letztliche Souveränität der einzelnen Staaten erhalten. Abgesehen davon müssten
Vereinigte Staaten von Europa als Staat auch eine gemeinsame militärische Dimension erreichen. Diese lässt sich aber allen kleinen Ansätzen zum Trotz noch nicht einmal erahnen. Allein die unterschiedliche geopolitische Verortung der Mitgliedstaaten deutet hier schon die Komplexität dieses allfälligen Vorhabens an. Ein potenzieller Staat dieser Größe ist ohne Militär aber schlicht nicht denkbar.

Die Europäische Union ist kein Föderalstaat im eigentlichen Sinn, sondern eine einzigartige Konstruktion. Ein Zusammenschluss, der vieles sein mag, aber kein Staat, keine Vereinigten Staaten.
Die Vergemeinschaftung vieler Bereiche, gemeinschaftliche Entscheidungen in manchen Materien mögen Vorteile bringen und

in vielen Belangen gute Ergebnisse liefern. Dennoch ist ein föderales System, wie es viele Mitgliedstaaten haben, kein grundsätzlicher Nachteil. Ein föderales System bietet Vorteile, die ein Zentralstaat – wie ihn sich manche in der Europäischen Union vielleicht wünschen, ohne es zu benennen – nicht bieten kann. Entscheidungen nahe am Bürger beispielsweise. Das Fehlen solcher bürgernaher Entscheidungen hat erst unlängst der britische Premierminister David Cameron in seiner nicht gehaltenen Rede kritisiert. Es fehle der Europäischen Union in letzter Zeit an der nötigen demokratischen Verantwortlichkeit, meint der britische Premier und wünscht sich gleichzeitig eine wirtschaftliche Erneuerung für Europa. Diese sei wesentlich wichtiger für die Union als eine politische Erneuerung. Und Cameron hat recht. Die Europäische Union hat sich zu etwas entwickelt, das man durchaus kritisch sehen muss. Es sind nicht nur der Europäische Rat, die Kommission oder das Europäische Parlament. Neben den vom Primär- und Sekundärrecht der Europäischen Union vorgesehenen Entscheidungsträgern hat sich etwas gebildet, das zwar in dieser Weise nicht unbedingt vorgesehen ist, aber dennoch de facto existiert. Es ist zu bemerken, dass Entscheidungen manchmal nicht mehr ausschließlich von der Politik getroffen werden, sondern dass sich in Brüssel das »Beamtenrecht« ein klein wenig verselbstständigt hat. Es wird auf Kommissionsebene etwas erarbeitet, das letztlich den Weg zur rechtlichen Verbindlichkeit schafft, ohne dass die ansonsten übliche politische Willensbildung erfolgt. Dann haben »die in Brüssel« etwas entschieden, das keinem Mitgliedsstaat passt. Und niemand will's gewesen sein. EU-Parlamentarier bestreiten, dafür gestimmt zu haben, Minister waren nicht in die Entscheidungsfindung im Rat eingebunden und doch gibt's plötzlich eine europäische Richtlinie, die ins nationale Recht umzusetzen ist. Erfolgt dies nicht oder nicht in ausreichendem Maße, tritt jemand auf den Plan, der in gewisser Weise auch schon beinahe Rechtssetzung betreibt: der Europäische Gerichtshof. Ursprünglich zur Rechtsauslegung von europäischem Recht und der Übereinstimmung von nationalem Recht mit europäischem Recht eingesetzt, nehmen EuGH-Entscheidungen in den letzten Jahren massiv Einfluss auf nationale Gesetzgebungsakte, sodass manchmal hinterfragt werden muss, ob dies Sinn und Zweck der Einrichtung war. Allein aus diesem Gesichtspunkt heraus muss kritisch abgewogen werden, ob man tatsächlich Vereinigte Staaten von Europa haben möchte. Derzeit besitzen die Mitgliedstaaten noch immer die alleinige Souveränität und können grundsätzlich tendenzielle Fehlentwicklungen in die richtigen Bahnen lenken. Und aus genannten Gründen sollte diese Souveränität auch nicht aufgegeben werden. Die gemeinsame Politik der letzten Jahre und Jahrzehnte in Europa hat zum Großteil sehr gut funktioniert, auch weil es durch die Souveränität der Mitgliedstaaten das richtige Maß an »checks and balances« gegeben hat. Die Entwicklung von der wirtschaftlichen Zusammenarbeit hin zur Europäischen Union in der heutigen Form war durchaus ein Erfolg. Der nächste Schritt zu Vereinigten Staaten von Europa ist zumindest aus der aktuellen Sicht heraus aber wahrscheinlich noch nicht zu machen. So, wie wahrscheinlich in den 50er Jahren nicht vorhersehbar war, was aus der Europäischen Idee einer wirtschaftlichen Zusammenarbeit in bestimmten Industriebereichen entstehen kann, ist derzeit nicht vorhersehbar, dass es in naher Zukunft Vereinigte Staaten von Europa geben könnte. Aber das heißt nicht, dass dies nicht in einigen Jahren oder Jahrzehnten der richtige Schritt sein kann. Ganz im Sinne der Europäischen Idee und dessen, dass Europa die mit der weiten Sicht ist.

Heute aber zeichnet sich ab, dass auch das 21. Jahrhundert ein amerikanisches Jahrhundert sein wird. Bei allem Staunen über Wachstum und Dynamik in Asien, bei aller europäischen Perspektive kann man auch in unserer Zeit keine Rechnung ohne die Vereinigten Staaten von Amerika machen. Für das 22. Jahrhundert hingegen kann man wohl feststellen, dass noch alles offen ist. Und dieses ist nicht so fern, wie es auf den ersten Blick erscheinen mag. Ein Kind, das heute geboren wird, hat alle Chancen, das Jahr 2100 zu erleben und mithin wohl auch das Jahr 2101. Vielleicht blicken unsere Kinder und Enkelkinder mit einem Lächeln zurück in ein Europa der Nationalstaaten und fühlen sich in demokratischen, von Wohlstand durchfluteten, exzellent verwalteten Vereinigten Staaten von Europa pudelwohl.

Alexander Van der Bellen

Plädoyer für eine Föderale Union

(Februar 2013)

I. Euro-Krise oder Krisen in der Euro-Zone

Seit bald fünf Jahren harren einige Krisen in der Euro-Zone – und beileibe nicht nur dort, sondern in fast allen Ländern der Europäischen Union – ihrer Bewältigung. Zunächst: Von einer »Euro-Krise« würde ich nicht sprechen. Der Euro als Währung funktioniert. Er ist als Zahlungsmittel anerkannt. Er ist nach dem US-Dollar die zweitwichtigste Reservewährung der Welt. Die Inflationsraten sind niedrig. Insofern ist das Gerede von einer Euro-Krise nur eine Kurzformel für »Krisen in der Eurozone«. Und davon gibt es einige.

In einer Reihe von Ländern ist die staatliche Verschuldung im Gefolge der Krise beunruhigend hoch (jenseits von 90 % des BIP). Das wirtschaftliche Wachstum ist niedrig, in einigen Ländern negativ; die Arbeitslosigkeit nahm dementsprechend zu. Der Finanzsektor und insbesondere die Banken sind latent instabil. Es gibt ungelöste Moral-Hazard-Probleme bei Banken und bei Finanzhilfen für Mitgliedstaaten in Not. Und, last but not least!, es gibt eine europäische Identitätskrise, mit zentrifugalen Tendenzen (Katalonien/Spanien, UK/EU).

Diese Fragen sind miteinander verwoben, sie sind sozusagen systemischer Natur: Es ist praktisch unmöglich, ein Problem zu »lösen« ohne Rückkopplungseffekte bei anderen. Zum Beispiel, wenn Budgetkonsolidierung – um die Verschuldung einzubremsen – zu rasch erfolgt, riskiert man einen (weiteren) Rückgang von Wachstum und Beschäftigung, der die Verschuldungsquote noch erhöht (siehe Griechenland) und die Stabilität des Finanzsektors beeinträchtigt.

Oder wenn wie in Irland Bankenrettung das primäre Ziel ist, dann riskiert man eine Explosion der Staatsverschuldung mit anschließenden Refinanzierungsproblemen auf den Finanzmärkten, die

ihrerseits Notkredite anderer Mitgliedstaaten erfordern (bilateral oder via EFSF/ESM).
Und vor allem, wie der Hinweis auf Griechenland und Irland gerade angedeutet hat, Probleme wie deren Lösung haben transnationalen Charakter. Sie sind grenzüberschreitend ansteckend. Als Irland zu Beginn der Krise eine hundertprozentige Garantie für alle Bankeinlagen – unabhängig von deren Höhe – verfügte, mussten die anderen Regierungen nachziehen, obwohl keine (das nehme ich mal an) vom Sinn der irischen Maßnahme überzeugt war; aber jede Regierung musste eine unkontrollierbare Kapitalflucht in Richtung Irland befürchten, hätte man nichts getan. Erst nach Monaten gelang es, einvernehmlich in allen Ländern eine mit 100.000 € begrenzte Depositgarantie durchzusetzen.
Ansteckungsgefahren setzen nicht einmal diskretionäre Maßnahmen voraus; auch Nichtstun und Zuschauen riskieren Tsunami-Effekte gegen die eigene Haustür. Ein Beispiel: Ich war zwar von Anfang an der Ansicht, dass Griechenland ab 2010 insolvent und nicht bloß illiquid war, hatte aber Verständnis für die Hilfsmaßnahmen von EU und IMF. Denn ohne diese hätte Griechenland Bankrott (»default«) erklären müssen, mit unbekannten Rückwirkungen auf Banken als Gläubiger des Staates in Griechenland und anderswo (Banken sind ja transnational verflochten), auf Börsenkurse von Staatsanleihen anderer Mitgliedstaaten und die entsprechend steigenden Zinssätze aufgrund höherer Risikoprämien, mit erhöhter Wahrscheinlichkeit des Defaults weiterer Mitgliedstaaten – kurzum, Kettenreaktionen und Ansteckungen nicht nur in der »Peripherie«, sondern auch in sogenannten Kernländern; Frankreich etwa war in griechischen Banken stark engagiert …
Das sind nur einige Beispiele für die Tatsache, dass speziell die europäischen Finanzmärkte in einem solchen Ausmaß integriert sind, dass isolierte Maßnahmen eines Mitgliedstaats unmittelbare externe Effekte in anderen Mitgliedstaaten auslösen. Das macht Ex-ante-Koordination zu einer notwendigen (wenn auch nicht unbedingt hinreichenden) Bedingung für den Erfolg von Krisenmaßnahmen.

Der Begriff gehört eigentlich aus dem Wortschatz der Freunde eines geeinten Kontinents gebannt: »Vereinigte Staaten von Europa«. Wer so spricht, will nicht, dass Europa weiter zusammenwächst.
Das Wort führt radikal in die Irre. Gegenwart und Geschichte der USA sind in nichts vergleichbar mit Gegenwart und Geschichte Europas, da hilft keine Hoffnung und kein Wagnis.
Europa ist alt, gewachsen in Jahrhunderten durch Krieg, ideologische Auseinandersetzungen und ethnische Gemetzel. Die Europäische Union ist der gelungene Versuch, diesen blutigsten Kriegsschauplatz der Welt endlich zu befrieden, zu einer wohlhabenden, lebenswerten Region zu machen.
Schon die Entstehungsgeschichte der USA ist damit nicht vergleichbar. Den Staat haben Einwanderer nach gründlicher Ausrottung der alteingesessenen Bevölkerung errichtet. Seine Teile sind nur unwesentlich älter als das Ganze. Keinerlei Tradition und Bindung an gewachsene Strukturen hinderte das Entstehen von etwas Neuem, Größeren. Nichts musste auf dem Weg dorthin zurückgelassen, auf nichts verzichtet werden. Und dennoch blieb die Zentralmacht stets angefochten. Das Massaker von Oklahoma war nur der blutigste Ausdruck der Zentrifugalkräfte, die selbst in diesem Bundesstaat wirken.
Europa soll weiter zusammenwachsen. Aber es braucht eine bessere Zielbeschreibung als den irreführenden Verweis auf die USA. Sonst werden die Zentrifugalkräfte anschwellen. Erste Anzeichen dafür sollten eine Warnung sein.

Thomas Götz
Stellvertretender Chefredakteur »Kleine Zeitung«

II. Zurück zur Nationalstaatsorthodoxie oder vorwärts zu einer neuen Unionsarchitektur?

Die jetzige politisch-rechtliche Struktur der EU ist ein zu schwaches Gerüst für die Bewältigung komplexer Krisen jener Art, wie sie uns seit 2008 begleiten. Statt einer langwierigen Analyse dieser Vertragsstruktur genügt es vielleicht, ein Gedankenexperiment zu machen. Stellen wir uns vor, Österreich verfügte über eine der jetzigen EU analoge Struktur.

Das Parlament (bzw. der Nationalrat) wäre etwas anders zusammengesetzt: Aufgrund der schwächeren Gewichtung größerer Länder hätte etwa Wien weniger und Vorarlberg mehr Abgeordnete. Vor allem aber wären seine Rechte deutlich gestutzt. Noch wesentlichere Unterschiede betreffen die »Regierung«: wir hätten nicht eine, sondern deren zwei, nämlich die »Österreichische Kommission« (ÖK) und den »Österreichischen Rat« (ÖR). Die ÖK hat neun Mitglieder, jedes Bundesland entsendet eines davon; das mag einmal eine fähige Politikerin sein, ein andermal jemand, den man im Bundesland gerade nicht brauchen kann … Die ÖK hat das alleinige Initiativrecht im Parlament. Aber sie muss sich jeweils mit dem ÖR arrangieren. Dieser besteht aus den neun Landeshauptleuten. Der ÖR trifft sich vierteljährlich zu Ö-Gipfeln, und dazwischen auch inoffiziell. Nach jedem Treffen gibt es ein Communiqué (»Schlussfolgerungen des ÖR«) mehr oder weniger kryptischen Inhalts.

Steuern und Abgaben werden ausschließlich von den Bundesländern eingehoben, diese alimentieren den Bund mit lediglich 1 % des BIP. Es gibt zwar eine gemeinsame Währung, autokratisch verwaltet von der OeNB; es gibt aber keinen nennenswerten Finanzausgleich zwischen den Ländern, sondern bloß einen Dauerstreit zwischen Nettozahlern (z. B. Oberösterreich) und Nettoempfängern (z. B. Kärnten). Es gibt weder eine bundesweite Arbeitslosenversicherung noch eine gemeinsame Pensionsversicherung noch – aufgrund des minimalen Bundesbudgets – die Möglichkeit zu bundesweiter Konjunkturpolitik noch …

Wer immer noch meint, das sei ein attraktives Modell, dem gebe ich Folgendes zu bedenken. Jedes Mitglied des ÖR, mag es auch noch so gesamtösterreichisch orientiert sein, kann nur in seinem Bundesland wiedergewählt werden, dort und nur dort. Der Anreiz, das »Beste« für Gesamtösterreich zu tun, ist daher schwach, der Anreiz, regionale Interessen prioritär zu verfolgen, aber stark. Verknüpfen wir diese Situation noch mit dem Grundsatz der Einstimmigkeit von Entscheidungen, dann erhalten wir ein Rezept für politischen Stillstand, für Handlungsunfähigkeit.

Erstaunlich ist daher nicht die Trägheit, und manchmal die Widersprüchlichkeit von Entscheidungen auf EU-Ebene, erstaunlich ist, dass die EU überhaupt (noch) existiert. Aber es ist eine fragile Existenz.

Schon seit dem Beginn der akuten Finanzkrise im Herbst 2008 ist es offensichtlich, dass die Vertragsstruktur der EU – auch nach den Änderungen aufgrund des kurz zuvor ratifizierten Lissabon-Vertrags – für solche Krisen nicht gerüstet ist. Die nachfolgenden Probleme in der Euro-Zone haben diese Einsicht noch verstärkt. Wohin also, zurück zur Nationalstaatsorthodoxie oder vorwärts zu den Vereinigten Staaten von Europa? (Oder wie immer die »Neue EU« dann heißen mag. »Europäische Eidgenossenschaft« wäre nicht übel, aber übersetzen Sie das mal in die 20+ Sprachen der Union.)

Schon angesichts der wirtschaftlichen Verflochtenheit der EU-Staaten untereinander halte ich »nationale Souveränität«, wie sie vor wenigen Jahrzehnten noch existiert haben mag, für eine naive Illusion. Vielmehr muss Souveränität, auch um im Wettbewerb mit China, den USA und anderen bestehen zu können, transnational gebündelt werden: in einer Europäischen Föderalen Union.

Diese braucht eine gemeinsame Regierung; jeder der »europäischen Bundesminister« ist einzeln dem Europäischen Parlament verantwortlich.

Das europäische Budget muss in der Größenordnung jenem des Bundes in den USA vergleichbar sein, und aus europäischen Abgaben finanziert werden, d. h. von den Alimenten der Mitgliedstaaten emanzipiert werden.

Kurzum: Die Elemente der »Staatlichkeit« der Union müssen deutlich gestärkt werden, um Handlungsfähigkeit und Regierbarkeit zu gewährleisten.

III. Und das Volk?

In verschiedenen Varianten höre ich das Gegenargument, das sei undurchführbar, denn der EU fehle das »Staatsvolk«, der gemeinsame Demos. Ist das nicht überholt? Wohin haben denn die Versuche – sagen wir, zwischen 1870 und 1990 – geführt, ethnisch »reine« Nationalstaaten zu schaffen?! Sprache, Kultur, Tradition, Religion – schon die jetzigen Mitgliedstaaten der Union sind alles andere als homogen. Sprache und Kultur sind schon lange territorial nicht eindeutig abgrenzbar, wenn sie es denn jemals waren. (Vorarlberger verständigen sich mit Burgenländern in einer Lingua franca, dem Hochdeutsch, nicht in ihrem regionalen Idiom. Analoges gilt für Nordfriesen und Südbayern, für Lombarden und Sizilianer usw. Ganz zu schweigen von den jeweiligen Minderheiten, allein in Österreich Slowenen, Serben, Türken, Kroaten, Ungarn, ...) Das Reinheitsgebot fürs Bierbrauen lässt sich nicht auf moderne Staaten übertragen. Warum postuliert man für die EU Anforderungen, die schon die einzelnen Mitgliedstaaten nicht erfüllen (können), und beschwört im gleichen Atemzug die Gefahr des europäischen Einheitsbreis?

Dass in der EU eine langsame gegenseitige Anpassung von Lebensgewohnheiten stattfindet, von Arbeitsweisen, eine Ausdünnung regionaler Dialekte, all das ist vor allem der Im- und Emigration zuzuschreiben, den Wanderungen aufgrund der historisch einmaligen Freiheit der Wahl des Arbeits- und Wohnorts innerhalb der EU.

Binationale Ehen, Zwei- und Dreisprachigkeit der Kinder, mehrfache Staatsangehörigkeiten, mehrere »Heimaten« ohne klare territoriale Zuordnung – das Volk ist schon weiter als die national gebremste EU-Politik. Eine EU-Architektur, die Regierungsfähigkeit mit demokratischen Checks and Balances gewährleistet, trägt dem schlicht Rechnung.

IV. Schlusswort

Als die Weimarer Republik 1933 zugrunde ging, schrieb ein deutscher Journalist: Wir hatten eine Demokratie, aber nicht genügend Demokraten. Wäre es nicht schade, nach der gegenwärtigen Krise sagen zu müssen: Wir hatten ein Vereintes Europa, aber noch nicht genügend Europäer?

»Nicht ein Europa der Mauern kann sich über Grenzen hinweg versöhnen, sondern ein Kontinent, der seinen Grenzen das Trennende nimmt.«

Richard von Weizsäcker (*1920)
Deutscher Politiker (CDU), 1984–94 Bundespräsident

Erhard Busek

Zeitgeist – Geist der Zeit?

Einstmals stürzte man sich in das Abenteuer Gott,
doch jetzt, statt des unerschöpflichen Nichts,
das er war, ist er – zur großen Verzweiflung der
Mystiker und der Atheisten – nur noch ein Problem.
E. M. Cioran

Die Frage wird von vielen gestellt: Ist die Geistlosigkeit die Signatur unserer Zeit? Was ist der Geist der Zeit eigentlich und wie lässt er sich charakterisieren? Weder eine tiefe Gläubigkeit noch ein kämpferischer Atheismus haben offensichtlich Erfolg, wir behelfen uns mit dem Bild des Pluralismus, in der politischen Philosophie ist gar von einem Ende der Ideologien die Rede – wobei etwa der Zusammenbruch des Kommunismus, aber auch der Hinweis, dass wir im ersten nachchristlichen Jahrhundert leben, einiges davon sichtbar macht. Ein Bedürfnis nach weltanschaulichem Orientierungswissen, wie homogen und systematisch auch immer formuliert, hat aber nicht aufgehört zu bestehen. Der Mensch will über sich hinaus, er will Antwort, will Offenbarung aus diesem Übersichhinaus, das er selbst nicht mehr ist, das er aber denken kann – auch wenn es nur ein »unerschöpfliches Nichts« wäre, wie Cioran sagt. Derselbe Nihilist Cioran sagt an anderer Stelle: »Offen gestanden, kann man von irgend etwas anderem reden als von Gott oder sich selber?« Wenn man die pseudosakralen Züge politisch ideologischer, konsumistischer oder medialer Kultur registriert, wenn man die messianistischen oder apokalyptischen Formen des Sektenwesens betrachtet und dies alles als massenhaftes Gesellschaftsphänomen ernst nimmt, so kann man diese vielfältige Pseudosakralität nicht nur als Ausdruck der Geistlosigkeit beklagen, sondern muss sie auch als den verzweifelten Versuch werten, eben einen Ausweg aus dieser Geistlosigkeit und allumfassenden Profanität zu finden. Dass dieser irrtümliche Versuch, der wieder nur mit Enttäuschung enden kann, so massenhaft unter-

nommen wird, stellt wieder eine ernste Frage dar – vor allem an die Theologie! Wie ist der Umgang mit dem Geist? Der Eindruck, dass sie ihr Depositum mit dem Heiligen Geist den Suchenden vorenthält, ist nicht von der Hand zu weisen.
Es ist aber nicht nur eine Frage an die Kirche, es ist genauso eine Frage an die Wissenschaft und die Universität. Diese Einrichtungen sind Wahrer des »kulturellen Gedächtnisses«, sie sind mit der Weitergabe der Tradition, des von der Menschheit errungenen Wissens beauftragt und zur Innovation berufen. Inwieweit die Geschichtslosigkeit auch Wissenschaftszweige erfasst hat, kann hier nicht näher ausgeführt werden. Offensichtlich aber ist sie nicht in der Lage, sich in Verbindung mit der Bildung einer größeren Zahl zu vermitteln, was an sich für die Massendemokratie dringend notwendig wäre.

Wir Menschen haben das Talent, uns Krücken zur Bewältigung einer Situation zu nehmen. Paul Feyerabend hat uns den nüchtern-skeptischen Satz »Anything goes« hinterlassen und damit der Beliebigkeit ihr geistiges Fundament gegeben. Folgerichtig ist die »Chaostheorie«; bei einiger Phantasie lassen sich daraus auch Gesetzlichkeit und Geist ableiten, aber auch die ordnende Hand der »Fundamentalisten«, die daraus ihre Berufung ziehen. Dazu gesellen sich auch noch ein paar andere moderne Konstrukte. Die ungeheure Geistbegabung des Menschen hat einen »Szientismus« sich entwickeln lassen, der in der Ablehnung von Tradition, der Unterwerfung der Lebensprozesse unter »wissenschaftliche Prinzipien« und die Zukunftsvision einer Expertokratie der Herrschaftsklasse beinhaltet. Quasi als Kontrastprogramm ist es wieder ein »Romantizismus«, der ein Plädoyer für Spontanität und die Sehnsucht nach Natur und Natürlichkeit, die Ablehnung »klarerer Rationalität in Denken und Handeln«, das »Ende der Aufklärung« und die Entfremdung von der etablierten Gesellschaft predigt.
Diese Situation widerspiegelt sich in der Wissenschaftslandschaft, in der Aporie der Universitäten. Seit Odo Marquard die Frage »Wozu Geisteswissenschaften?« gestellt hat, ist diese Unsicherheit auch sichtbar geworden. Angesichts der vorgeschlagenen

Studienlänge von sechs Semestern ist sie wohl auch aus anderer Sicht berechtigt.

All das existiert nebeneinander und führt über eine »neue Unübersichtlichkeit« dazu, dass sich eine Ellbogengesellschaft breitmacht, die nach dem geistlosen Prinzip »jeder denkt an sich, nur ich denk an mich« mehr und mehr dem »Sacro egoismo« das Wort redet. Der etwa von Charles Taylor vertretene »Kommunitarismus« – die Orientierung nach der Gemeinschaft, verwandt dem »bonum commune« der katholischen Soziallehre – ist wohl eine geeignete Antwort darauf, sie auch dem »Zeitgeist« entgegenzusetzen.

Apropos Zeitgeist! Dem Zeitgeist entspricht es, den Inhalt durch Verpackung zu ersetzen. Wir leben im Zeitalter des Designs, der Seitenblickegesellschaft, eines falschen Ästhetizismus, wo entscheidend ist, wie etwas aussieht. Werbung ersetzt den Inhalt, Kleidung die Politik, die Aufmachung den Wert einer Sache. Dem Christen fällt das Wort der Schrift ein, dass der Glaube vom Hören kommt, sicher aber nicht vom Schauen. Bilder, Zeitungen und Bilderbücher aber prägen die Verkaufsstände, an die Stelle der Bibliotheken sind die Videobänder getreten, CD-ROM und was vielleicht die Datenhighways bringen können. Diese Kritik ist aber nicht der Ausdruck einer Technikfeindlichkeit, sondern der Hinweis auf die Verführung durch das Formale, Bildhafte, denn in Wahrheit kann ja auch Internet eine Chance sein, Botschaften an den Menschen heranzubringen.

Der Zeitgeist hat aber auch dazu geführt, dass der Geist in unserer Zeit nicht wohlgelitten ist. Manche in der Kirche haben etwa Angst vor Theologen und Wissenschaftlern, die Politik liebt nicht die differenzierende Sprache oder die Herausforderung durch den Geist. Politiker sind stolz, nur ein Buch gelesen zu haben, die Sprachlosigkeit des Geistes (Intellektuelle) und die Sprachlosigkeit gegenüber dem Geist sind erdrückend geworden. Die Mächtigen und Wichtigen unserer Zeit, leider aber auch die Kirche, verstehen die Sprache »der Welt« oder »der Zeit« zu wenig und beherrschen sie zu schlecht, wie das etwa bei der Formulierung moralischer Normen und ethischer Anforderungen deutlich wird.

Die Verhandlungen um das EU-Budget 2014–2020 haben wieder die frustrierende Seite des alten Kontinents hervorgekehrt. Gehemmt durch die Angst vor dem Verlust von Besitzständen konnte man sich nur darauf einigen, kaum etwas zu ändern. Fast ein Viertel weniger Geld für Forschung und Zukunftsagenden sprechen Bände! Inzwischen gibt sogar die Europäische Kommission, einst Motor der Einigung, ein trauriges Bild ab. Mittlerweile ist sie schon selbst ein Teil der Anspruchsdenker und politischen Stuhlkleber. Europa scheint von Einheit und einem kraftvollen Auftritt im 21. Jahrhundert so weit weg zu sein wie das Nordkap von den Flüchtlingslagern auf Lampedusa. Von den einstigen Visionen hat man keinen Schimmer mehr – kein Wunder, wenn man sich die Glühbirne gleich mitverbietet.
Als die Union zur Jahrtausendwende die Lissabon-Strategie formulierte und zur forschungsintensivsten und innovativsten Ecke der Welt werden wollte, wäre den USA fast der Donut im Hals stecken geblieben. Könnte es möglich sein, dass dieses eigenwillige Konglomerat notorischer Kleinstaaterei nochmals ein ernst zu nehmender Herausforderer werden könnte? Inzwischen ist der Alarm schon wieder abgeblasen. In Sachen Reindustrialisierung werden in Europa Sonntagsreden geschwungen, während die Amerikaner vorzeigen, wie es geht. Die Staatsfinanzen sind in vielen Ländern der EU zerrüttet und die gelobten Sozialsysteme wachsen inzwischen, indem sie sich selbst aufzufressen beginnen.
Nun gibt es Sprichwörter, die besagen, dass man aus Schaden klug werde, dass Not erfinderisch mache und man die beste Leistung dann bringe, wenn es eng werde. Nichts von alledem kann man derzeit erkennen. Vielmehr scheint es, dass Europa nur im Überfluss und in der Verteilung etwas weiterbringt, aber nicht im Mangel, wenn es darum geht, klar und entschlossen die Wege zu gehen.
Sind wir nur gut, wenn wir fett sind? Nein!, denn die Gründungseltern der heutigen EU hatten noch nicht viel, außer Visionen, Mut, Integrität und die tiefe Demut nach den Schrecknissen von Millionen Kriegstoten. Die Schwäche des Europa von heute ist seine mediokre Führungselite, die nur noch in den Kategorien Machterhalt durch Geldverteilung an Eigenklientel und Profilierung durch Herabwürdigung des anderen lebt. Und wenn der andere diese anonyme EU ist, umso besser. Es wäre naiv, sich vom Volk zu viel zu erwarten. Der erste Schritt zur Genesung Europas wäre ein harter Kampf um die Einstellung der Eliten zu Mut, Integrität und tiefer Demut angesichts der Katastrophe, die eine »Failed Union« mit sich brächte.

Jochen Pildner-Steinburg
Präsident der Industriellenvereinigung Steiermark

Das Sprachproblem stellt sich viel grundsätzlicher, nämlich in der Weise, dass die Kirche ihre ureigenste Sprache, die Sprache des Heiligen, der prophetischen Botschaft und Verheißung nicht mehr sprechen kann – oder nicht mehr sprechen will. »Ein Zeichen sind wir, deutungslos / schmerzlos sind wir und haben fast / die Sprache in der Fremde verloren«, so dichtete Hölderlin über die aus der Gottes- und Weltgewissheit gefallene Menschheit am Anfang der Moderne. Die Verse scheinen heute im besonderen Maße die Situation von Christentum und Kirche, aber auch der Welt zu treffen: Ein Zeichen, dass sich nicht mehr deutet, nicht mehr weiß, wofür es steht: Empfindungslos, anästhesiert und anästhetisiert; sprachlos geworden im Exil eines fremden Idioms, das sie sich nur schwer aneignen kann (Mnemosyne heißt übrigens der Titel dieser späten Ode – Bewahrung der Erinnerung, des Tiefengedächtnisses aus der Urzeit ...). Liegt übrigens darin der Grund, warum wir uns im Verständnis der Geschichte und in der Gefahr des Missbrauchs in einem politischen Historizismus so schwer tun?

Universität und Universalität:

Der Mensch in der Geschichtlichkeit der Schöpfung kann auf den Geist nicht verzichten. Die Idee vom »Ende der Ideologie« hat sich nicht nur als falsch erwiesen, sondern geht an der Wirklichkeit des Menschen vorüber. Edward Shils hat das 1972 trefflich formuliert: *»As long as human societies afflicted by crisis and as long as man has an idea to be in direct contact with the sacred, ideologies will return.«* Wenn wir die Wiedergeburt des islamischen Fundamentalismus in den letzten Jahren betrachten, so bestätigt sich damit die Gültigkeit der Aussagen von Shils. Die relative »Ideologiefreiheit« der hoch industrialisierten Länder ist spätestens seit den Veränderungen von 1989/90 beendet. Relativer Wohlstand, ökonomische Stabilität, Stabilität des kulturellen Systems, haben uns die Illusion vermittelt, dass es ohne den »Geist« gehen könnte. Das Defizit dieser Zeit bezahlen wir in der Krisenhaftigkeit unserer heutigen Situation und in der Anfälligkeit unserer politischen Systeme. Was tun wir – hier in Österreich, hier in unserer

Kirche? Wir schlafen fast alle. Dem könnte man entgegnen, dass die Aufgeregtheit der katholischen Kirche heute sehr groß ist, das Getöse und der Lärm beträchtlich. Das stimmt, betrifft aber nicht den Geist und der Diskurs wird auch nicht mit geistigen Mitteln ausgetragen, sondern mit Sprechblasen und Zumutungen. Es braucht aber »Geistesgegenwart«. Nicht nur als Eschaton, sondern als anbrechende Geistesgegenwart schon in diesem Äon. Die Sensibilität des Geistes muss heißen eine Wachheit der Sinne, nicht Empfindsamkeit oder Wehleidigkeit. Und diese Wachheit der Sinne geht auf Wahrnehmung aus, Wahrnehmung im gar eigentlichen Wortsinn: nämlich auf geistig-sinnliches Erfassen der Welt und auf die Unterscheidung des Wahren vom Unwahren, vom Falschen und Unechten.

Wahrnehmung ist griechisch aisthesis – Ästhetik. Das Wort wird heute falsch verwendet, wenn man damit meint, dass einer mit wachem Geist und allen fünf Sinnen die Botschaft wahrnimmt und dechiffrieren kann, dass er aus dem Wahrgenommenen sich auch dessen Geistesgegenwart erschließen kann, dann ist man wirklich ein Ästhet, nämlich ein wahres Werk von einem Machwerk zu unterscheiden.

Alles das macht gesamthafte Sichten notwendig. Es ist heute nicht die Frage gestellt, wie sich die Spezialisten noch mehr spezialisieren können, sondern wie sie einen Dialog untereinander führen können oder wie sie von Generalisten zusammengebracht werden. Theologen müssen Generalisten sein und müssen auf Grund der Geschichtlichkeit der Schöpfung der Grenzüberschreitung zur Zukunft dienen.

Versuch einer Rechtfertigung – wobei mir von vornherein der sehnsuchtsvolle Wunsch eines Zeitgenossen nach einem neuen Friedrich Schleiermacher und seiner Abhandlung *»Über die Religion. Reden an die Gebildeten unter ihren Verächtern«* in den Sinn kommt. Ich bin weit davon entfernt, einen Beitrag dazu leisten zu können. Es bedürfte dazu eines großen Theologen oder einer großen Theologie, einer neuen theologischen Selbstreflexion und neuen religiösen »Anschauung« – wie Schleiermacher das genannt hat –, um ähnlich wie 1799, vor 200 Jahren, eine platt und

banal gewordene Aufklärung sowohl in ihren positiven Errungenschaften zu retten, als auch für ein neues und adäquates religiöses Bewusstsein fruchtbar zu machen – also der heutigen Welt die Heilsbotschaft zu verkünden.
Das kann der Wissenschaftsbetrieb einer theologischen Fakultät nicht leisten. Aber er sollte sich wohl immer wieder in seiner wissenschaftlichen Selbstaufklärung auch dieses *Vakuum* und dieses *Desiderat* bewusst machen. So weit mein frommer Wunsch – und ich hoffe, auch wissenschaftliche Theologie kann sich frommen Wünschen nicht ganz verschließen.
Dabei ist es immer eine Grundfrage, wofür sich Wissenschaft interessiert. Eine Wurzel jeder Wissenschaft, so sagt man.
Aber so ist es nicht immer. Es gibt auch die andere Auffassung von Wissenschaft – dass nämlich alle Rätsel des Menschen und alles Staunen von vornherein ausgeschieden und gemieden werden müssen, dass es sogar »unwissenschaftlich« wäre, diese Fragen nur zu stellen und näher zu untersuchen, und sich die Wissenschaft nur mehr wissenschaftstheoretisch mit sich selbst befasst. Das ist in vielen Fällen legitim – in vielen Fällen aber doch nur ein ängstliches Verbleiben in hoch abstrakten, aber gesicherten Denkbahnen, die oft an die unfruchtbaren Akrobatenstücke der Spätscholastik erinnern – in allen Wissenschaften, keineswegs nur in der Theologie.
In der europäischen Wissenschafts- und Universitätsgeschichte sind die theologischen Fakultäten eigentlich fast überall der ursprüngliche Kern der Universität. (Ausnahmen bilden da gerade zwei der ältesten Universitäten, nämlich Neapel und Bologna, sie waren ursprünglich Rechtsschulen – Neapel für das Staufer-Reich unter Friedrich II. und Bologna für den Kirchenstaat unter seinem großen Gegenspieler Papst Innozenz III. Zur *Universität*, zur *universitas litterarum* wurden sie aber erst durch das Hinzutreten von Theologie, Philosophie und Medizin.)
Dieser historische Befund ist natürlich kein Argument, heute weniger denn je. Universitäten waren immer öffentliche Einrichtungen und mussten sich daher immer durch zweierlei legitimieren: erstens durch *Wissenschaftlichkeit* – das ist die unabdingbare

Voraussetzung –, und zweitens doch auch immer durch *öffentliches Interesse*. Das sind auch heute die wesentlichen Kriterien der Legitimation.

Viele Jahrzehnte lang wurde an der Theologie die *Wissenschaftlichkeit* selbst bezweifelt. Manchmal nicht nur von Agnostikern oder exakten Naturwissenschaftlern, die nicht mehr bereit waren, einer fundamentalistischen Bibelauslegung das berüchtigte *sacrificium intellectus* zu opfern, sondern manchmal auch von kirchlichen Hierarchen, die zugunsten einer vom selbstständigen Denken unangefochtenen Orthodoxie ihrer Herde lieber auf den Anspruch der Wissenschaftlichkeit verzichtet hätten, um die Religion in den unkritischen und nicht kritisierbaren Bereich der Gefühlswelt hinüberzuschieben.

Der zweite Anspruch an den staatlichen Universitätsbetrieb ist das sogenannte *»öffentliche Interesse«*. Es ist zwar ein *unter*geordneter Anspruch, aber dennoch ein unabweisbarer Anspruch, wie ich als ehemaliger Wissenschaftsminister vor Universitätslehrern und Studenten betonen muss.

Ich weiß, es ist ein nicht sehr salonfähiger Anspruch, weil er immer mit dem schnöden Aspekt des *Nutzens* verbunden ist; aber der Wissenschafts- und Universitätsbetrieb ist nicht sehr billig – und schon der Apostel Paulus hat daran gemahnt, dass jeder sich dessen bewusst sein soll, womit er denn seinen Lebensunterhalt verdient. Und natürlich ist auch die Frage legitim, *welche Institutionen* denn den direkten Nutzen aus diesem vom Staat bezahlten Wissenschaftsbetrieb haben. Im Falle der Theologie liegt die Antwort auf der Hand.

Zum *öffentlichen Interesse*: Gerade der aufgeklärte, religionsneutrale Staat muss meines Erachtens größtes Interesse daran haben, dass die Religionsgemeinschaften und Konfessionskirchen, die in der Bevölkerung vorherrschen, eine wissenschaftliche Theologie betreiben. Das ist kein Relikt des Staatskirchentums, wie viele meinen, sondern es liegt meines Erachtens im Interesse des Staates und der Gesellschaft.

Gerade der moderne, weltanschaulich neutrale Staat muss ein Interesse an der *Öffentlichkeit* der großen Religionsgemeinschaften haben, so wie die pluralistische, aufgeklärte und säkularisierte Gesellschaft ein Interesse an einer möglichst *wissenschaftlichen Theologie* und Glaubenslehre der dominierenden Kirchen und Religionsgemeinschaften haben muss.

Das ist sozusagen ein *»josephinistisches«* Interesse, das ein moderner, auch glaubensloser oder sogar kirchenfeindlicher Politiker und Staatsbürger gegenüber der praktizierten Religion haben muss. Es dreht sich sozusagen um »die Religion innerhalb der Grenzen der bloßen Vernunft«, wie Kant seine grundlegende Abhandlung genannt hat.

Das Interesse des aufgeklärten Staates sollte also darin bestehen, dass die Religion den Charakter der *Öffentlichkeit* bewahrt, dass sie nicht in den privatistischen Untergrund absinkt, sondern als öffentliche Religion eben auch staatskirchenrechtlichen Regeln unterliegt.

Das weitere Interesse des Staates liegt darin, dass die vorherrschenden Religionen sich in ihrer Theologie dem *Anspruch der Wissenschaftlichkeit* stellen, und nicht in Obskurantismus, finsteren Aberglauben und in Teufelspraktiken verfallen, die sie aufgrund der Religionsfreiheit dann noch als ihr allgemeines Menschenrecht verteidigen. (– Man muss alle diese trivialen Dinge einmal aussprechen, weil offenbar fast niemand mehr weiß, von welchen historischen, staatsrechtlichen und politischen Problemen er eigentlich redet, wenn er emphatisch den Begriff »Trennung von Kirche und Staat« in den Mund nimmt.)

Und im Sinne der *Öffentlichkeit der Religion* sowie im Sinne der *Wissenschaftlichkeit der Theologie* liegt auch viel Sinn darin, dass die Theologie auf den staatlichen Universitäten geforscht und gelehrt wird – unter der staatlichen *Garantie der Autonomie und der Freiheit von Forschung und Lehre*. Ich vertrete hier also mit Kant die gute alte Aufklärungstradition, der weder ein Feind der Religion noch der Theologie war, aber ein erklärter Verächter der »statutarischen Pfaffenreligion« – und die Gebildeten unter ihren Verächtern wissen, dass auch Kant zu seiner Zeit keineswegs nur die katholische Kirche damit meinte, sondern sehr wohl auch die preußische Staatsreligion.

Österreich ist heute eines der wohlhabendsten Länder der Welt. Die Erfolgsgeschichte Österreichs ist aber ohne die Erfolgsgeschichte EU nicht denkbar. Als kleines, offenes Land sind wir vom Erfolg unserer Unternehmen auf »fremden« Märkten abhängig, wollen wir den in Österreich erarbeiteten Wohlstand auch für die kommenden Generationen absichern. Mehr als zwei Drittel der österreichischen Exporte haben ihren Bestimmungsort in der Europäischen Union – einem für uns als Mitglied der EU frei zugänglichen Markt mit über 500 Millionen Konsumenten. Die Möglichkeiten, gepaart mit der technologischen Kompetenz und dem Know-how unserer Unternehmen und ihrer Mitarbeiter sichern den Wohlstand in Österreich.
Das europäische Modell der Sozialen Marktwirtschaft ist gerade mit Blick auf die global schwierigen wirtschaftlichen Entwicklungen der vergangenen Jahre das zukunftsfähigste Wirtschaftssystem. Es kombiniert ein enges Netz staatlicher Leistungen, welche ein weltweit unübertroffenes Maß an sozialer Sicherheit gewährleisten, mit den Stärken der Markwirtschaft und damit der Dynamik der Märkte, welche die stete innovative Weiterentwicklung fördern. Kein anderer Kontinent misst der sozialen Sicherheit, der Wirtschaft und dem Umweltschutz gleichermaßen Bedeutung zu, wie dies die EU tut.
Wir können auf das gemeinsame Europa als Europäer stolz sein, und sollten dies nicht nur in unseren eigenen Heimatländern deutlich machen, sondern auch mit einem gesunden Selbstbewusstsein gegenüber dem Rest der Welt.
Vor diesem Hintergrund macht ein österreichisches Paradoxon besonders nachdenklich: Gerade unser Land hat vom Beitritt zur EU und der Erweiterung der Union überdurchschnittlich profitiert. Gerade in unserem Land ist jedoch die Skepsis der EU gegenüber besonders hoch.
Es muss daher ein Anliegen aller verantwortungsbewussten Meinungsbildner unseres Landes sein, dieser EU-skeptischen Stimmung entgegenzutreten. Jeder von uns ist gefordert, jede erdenkliche Möglichkeit zu nutzen, ein starkes Signal zu setzen, dass uns hierzulande Europa nicht egal ist, sondern wir die Zukunft der EU aktiv mit gestalten wollen.
In der Bewältigung der Staatschuldenkrisen in einer beträchtlichen Zahl von Mitgliedstaaten steht die Union vor enormen Herausforderungen und befindet sich gleichzeitig auf einem Scheideweg. Die jüngsten Entwicklungen stimmen zuversichtlich, dass die richtigen Entscheidungen getroffen und die richtigen Schritte eingeleitet wurden. Wir dürfen nun jedoch nicht auf halbem Wege stehen bleiben, oder uns gar von Einzelnen zum Umkehren überreden lassen.
Vielmehr muss es gelingen, eine strukturelle Konsolidierung in Europa in die Wege zu leiten. Wir benötigen eine neue Wachstumsstrategie – diese darf aber auf keinen Fall mit neuen Defiziten finanziert werden. Zentrales Ziel muss die Verbesserung der Wettbewerbsfähigkeit Europas und jedes einzelnen Mitgliedsstaates sein. Dabei geht es nicht, wie manche selbst ernannte Experten zuletzt forderten, um ein Angleichen auf Durchschnittsniveau,

sondern um ein Orientieren an den wettbewerbsfähigsten Wirtschaftsstandorten der Union. Nur durch eine gesteigerte Wettbewerbsfähigkeit kann es gelingen, die in einigen Mitgliedsländern hohe Arbeitslosigkeit zu bekämpfen und ein langfristiges Wachstumsszenario für die Union sicherzustellen.
Die Vorgangsweise kann dabei nur eine gemeinsame sein, will man im Spiel der globalen Kräfte erfolgreiche Lösungen finden. Die gemeinsame Stärke Europas schafft dafür eine vielversprechende Ausgangsbasis für diese Bemühungen.
Die Antwort auf die aktuellen Herausforderungen, vor denen die Nationalstaaten Europas stehen, kann daher nur »Mehr Europa« lauten. Die Richtschnur hierfür müssen dabei jedenfalls die ökonomisch starken Länder sein, und nicht umgekehrt.

Werner Tessmar-Pfohl
Industrieller und Präsident der Steiermärkischen Bank und Sparkassen AG

»Die Europäische Union ist in erster Linie ein Friedensprojekt – ein Faktum, das der jüngeren Generation kaum mehr bewusst zu sein scheint. Durch die Erzählungen meiner Eltern- und Großelterngeneration, wobei letztere noch die Kaiserzeit erlebt hat, sind die Katastrophen des 20. Jahrhunderts für mich jedoch nicht abstrakte Geschichte, sondern von persönlicher Aktualität. Damit sind auch die Jahrzehnte des Friedens seit 1945 alles andere als selbstverständlich, sondern ein Erfolg der europäischen Einigung, der nicht hoch genug eingeschätzt werden kann.
Wir brauchen heute in Europa wieder eine neue Sensibilität hinsichtlich der Bedeutung der Demokratie, der Rechtsstaatlichkeit und der Freiheit – Rahmenbedingungen, die täglich aufs Neue erarbeitet und gesichert werden müssen.
Der Pfingstdialog Geist & Gegenwart ist ein idealer Rahmen, um in interdisziplinärem Gedankenaustausch diese europäische Grundhaltung zu reflektieren, weiterzuentwickeln und in eine tragfähige Zukunft zu führen.«

Josef Smolle
Rektor Medizinische Universität Graz

Dieses grundsätzliche Rollenverständnis der theologischen Fakultäten und Universitäten muss man in die Spannungsmomente unserer Zeit hineinstellen.
Drei Antworten seien versucht, die ich als Spannungsverhältnisse darstelle:

1. Marktplatz und Tempel:

Der Marktplatz bedeutet Leben, Gemeinschaft und Geschichte, Leistung und Wettbewerb, farbigen Wechsel, aber auch Egoismus bis hin zum Populismus. Marktschreierisch kann die Politik des Tages sein, das Hosianna und das Cruzifige wohnen nahe nebeneinander. Der Markt ist aber auch der Ort der Demokratie, denn schließlich ist sie auf der Agora des alten Athen entstanden. Der Tempel wieder ist der heilige Ort der Werte und Ideale, der Ort des Besten. Die Hüter des Tempels sind eine Elite. Was muss es heute im Tempel geben? Wirtschaft allein wird nicht genügen, denn schon ringen wir in einem Bildungsprogramm der EU um den Rahmen. Religion ist heute der Säkularisierung unterworfen, was aber von ihr bleibt, ist eine Kultur des Zusammenlebens wie etwa die Menschenrechte und Demokratie.

2. Polyphonie und Kontrapunkt:

Wie können diese Begriffe aus der Musik Anwendung auf die Kultur finden? Es geht eben nicht nur um Vielfalt, sondern auch um die Unwiederholbarkeit der Kultur. Die Renaissance denkt, malt, musiziert und baut anders als das Mittelalter. Petrarca erfindet sich seine eigene Sprache, um sich von Dante zu unterscheiden. In der Musik reden wir von den Neutönern, als Signal dafür, dass etwas anderes geschieht. Es gibt womöglich einen gleichen Aufbau, aber nicht ein Verbleiben bei Gehabten. Europa ist es eigen, die »zweite Stimme« zum Cantus firmus zu finden. Guido de Arezzo spricht vom »Punctus contra punctum«. Die weltliche Polyphonie entwickelt eine reiche Sprachenwelt, aber Musik lehrt Ordnung zu erkennen, nämlich das Erkennen des Ursprungs. Das ist das metaphysische Element der Musik, die uns die Größe der

Schöpfung vermittelt, allerdings gibt es dafür immer einen Rahmen. Strawinski meinte in seinem letzten Interview »Ohne Tradition gibt es keine Musik, sondern nur noch Plagiate.«
Theologie und Recht stehen in einer Tradition, sie ist quasi ein Kontrapunkt zur philosophischen Polyphonie, in der die Menschheit lebt. Der Kontrapunkt muss gesetzt werden, denn sonst geht die Ordnung verloren.

3. Gedächtnis und Geschichte:

Kultur ist abhängig vom Gedächtnis, von der Tradition. Eine Bildungspolitik der jüngsten Vergangenheit meinte, nur vermitteln zu müssen, wie man technisch mit dem Wissen umgeht, wo man nachschlagen muss. Wer aber die Zusammenhänge nicht kennt, kann mit dem Lexikon, der Bibliothek oder Internet gar nichts anfangen. Wenn wir in die Zukunft gehen wollen, müssen wir wissen, woher wir kommen. Offensichtlich ist der Mangel des heutigen Bildungssystems die Ursache dafür, dass so viele Menschen die Museen aufsuchen. Es ist die Suche nach der eigenen Geschichte, wohl auch die Angst vor der Zerstörung des kulturellen Guts, die angesichts der technischen Möglichkeiten unserer Zeit jederzeit geschehen kann. Der unglückliche Francis Fukuyama hat vom Ende der Geschichte gesprochen, wir aber erleben die Rückkehr der Geschichte, denn ohne Geschichte ist kein Teil Europas mehr verständlich. Wir sind in die Gleichzeitigkeit der Ereignisse geworfen. Die Welt der Information vermittelt uns Kenntnis von allem in der ganzen Welt, dennoch müssen wir erleben, dass es nicht einen Neonationalismus, sondern jenen alten hässlichen Nationalismus gibt, der jetzt aus dem Eiskasten des Kommunismus genommen wird und seine Kräfte im Osten Europas in zeitlich verschobenem Ablauf auslebt. Deswegen muss es nicht den »Clash of Civilisations« geben, wie ihn Sam Huntington voraussagt. Eine Begegnung der verschiedenen Kulturen dieser Welt ist möglich, vor allem wenn wir wissen, wer wir selber sind. Dazu braucht es die Kenntnis der eigenen Geschichte, das Wissen um jene Mythen und Erzählungen, die Parabeln fürs Leben sind. Ich werfe der älteren Generation unserer Zeit vor, dass sie zu wenig Geschichte und Geschichten weitererzählt hat, genauso wie wir in der Kultur zu wenig von den Erzählungen wissen, die unser Europa ausgemacht hat, anderes hat uns das Hirn gefüllt.

Staat und Kirche:

Was hat das alles mit der Theologie zu tun? Eine einfache Antwort: Dort ist ihre Aufgabe. Wenn Johann Baptist Metz vom Verhältnis der Universität zur Universalität anlässlich der Verleihung der Ehrendoktorwürde an der Universität Wien gesprochen hat, hat er vor allem diese theologisch philosophische Aufgabe gemeint. Wer ist denn von der Gründung her schon prädisponiert, sich um jene *Universalität* zu bemühen, wenn nicht die Theologie? Hier liegt auch die Begründung für die Berechtigung der theologischen Fakultäten an Österreichs Universitäten. Oft haben wir uns der Formel bedient, dass ein katholisches Österreich eben auch katholisch theologische Fakultäten brauche. Wie lange diese Begründung noch vorhält, möchte ich in Zweifel ziehen. Wir sind zwar noch nicht Kirche in der Diaspora, wie viele schon meinen – dorthin ist noch ein weiter Weg, der möglicherweise auch gegangen werden muss. Noch können wir auf die historischen Wurzeln verweisen und auf die kulturellen und politischen Beiträge, die die katholische Kirche gerade in Österreich geleistet hat. Wir müssen uns aber auch der Spannungsverhältnisse bewusst sein. So sehr ich dafür bin, das gegenwärtig gültige Konkordat aufrechtzuerhalten, so müssen wir doch auch um die Spannungsmomente wissen. Die Universitätsautonomie steht zweifellos in einem solchen Spannungsverhältnis.

Die Verbindung von Staat und Universität, Kirche und Theologie steht auch in einer ungeheuren Aktualität.

Erlauben Sie einem politischen Menschen aus gegebenem Anlass noch zwei Überlegungen:

a) Grundsätzlich möchte ich zu den laufenden Kirchen-, Kruzifix- und Konkordatsdebatten einen nicht unwichtigen Aspekt festhalten, der seit einigen Jahren in der Staatsphilosophie und Staatsrechtslehre immer eindringlicher diskutiert wird: Der liberale, pluralistische und weltanschaulich neutrale Verfassungsstaat, zu dem wir uns alle bekennen, hat ein wichtiges Problem, das immer brennender wird: die Werte, von denen er lebt, diese Werte und Werthaltungen kann er selber nicht hervorbringen. Und er darf sie auch gar nicht durch staatliche Maßnahmen hervorbringen – das wäre ja der erste Schritt zum ideologischen Staat und zum Totalitarismus. Also ist gerade der liberale Verfassungsstaat in der säkularisierten Gesellschaft darauf angewiesen, dass die freien gesellschaftlichen Kräfte und religiösen Institutionen diese Werte vermitteln und festigen: Ehrlichkeit, Nächstenliebe und Fremdenliebe, Solidarität mit den Schwachen, Altruismus …

Das ist eine sehr wichtige Debatte, an der sich die interessierten Geister heute sehr ernsthaft beteiligen. Ein prononcierter linker Denker wie Jürgen Habermas würde z. B. bei Weitem nicht so polemisch über Religion und auch nicht über die Institutionen der Kirchen sprechen wie manche Parteisprecherinnen oder auch Theologen und kirchliche Angestellte, sondern er würde viel nachdenklicher auf dieses tiefe Problem unserer Gesellschaft hinweisen, das er wahrscheinlich für wichtiger und brennender hält als so manche Fragen, für die die innerkirchlichen Unterschriften gesammelt werden.

b) Meine zweite kritische Anmerkung:

»Religion ist Privatsache« – auch das ist so ein unbedachtes Schlagwort, das nicht stimmt. Religion ist eine *höchstpersönliche* Sache und muss selbstverständlich ganz im Zeichen von persönlicher Autonomie und Freiheit stehen. Aber sie bleibt nicht »privat«, und soll es auch gar nicht. Denn wer wirklich eine Glaubensüberzeugung hat, der sucht Menschen, die diese Überzeugung teilen, also *Gemeinschaft*. Und überdies will jede gemeinsame Glaubensüberzeugung auch *öffentlich* werden – das wird jeder Religionssoziologe bestätigen. Und diese Öffentlichkeit liegt auch im Interesse eines religiösen neutralen Staates – gefährlich sind ja immer Geheimreligionen und obskurantistische Privat-Sakralien.

Diese Prinzipien gehören übrigens von Anfang an zur Überzeugung der Aufklärung und des Liberalismus.

Wissenschaft ist ein entscheidender Erfolgsfaktor. Der Wert universitärer Bildung und Innovationskraft ist entscheidend für die Zukunft eines Landes. Wir werden eine hohe Forschungsleistung und universitäre Ausbildung als Grundlage benötigen, um im Wirtschaftsraum Europa mit Erfolg bestehen, den Lebensstandard halten oder ausbauen sowie auf Veränderungen in der Umwelt reagieren zu können.
Einen wichtigen Beitrag in Forschung und Lehre leisten die technischen Universitäten Österreichs: Die AbsolventInnen technischer Studien sind gefragte Kräfte am Arbeitsmarkt, die Gründungsrate ist überproportional hoch und eine Input-Output-Betrachtung zeigt deutlich, wie bedeutend die volkswirtschaftlichen Effekte der technischen Universitäten sind.

Wilfried Eichlseder
Rektor Montanuniversität Leoben

Das heute zu vermitteln, – einer *kritisierenden*, aber im Grunde unkritischen weil *kriterienlosen* Öffentlichkeit wieder zu vermitteln – das wird vielleicht eine wichtige öffentliche Aufgabe wissenschaftlicher Theologie sein.
Die Theologie hat selbst zu befolgen, was uns die Schrift lehrt: »Der geistige Mensch beurteilt alles!«

Geist und Heiliger Geist:

Für mich ist die Parabel des Geistes in der Welt, der Schöpfung Gottes mit dem Turmbau von Babel und dem Pfingstwunder geschrieben. In der Überhebung über Gott, im irdischen Werk, haben wir die Sprache füreinander verloren, während der Geist im Pfingstwunder bewirkt, dass die Apostel von allen Menschen in ihrer je eigenen Sprache verstanden werden, dass also dieser Geist weht, wo er will. Die Kirche muss ihn nicht aus sich selbst kreieren, sie muss nur vertrauensvoll ihr »veni creator spiritus« rufen. Sie muss freilich sich diesem Geist auch öffnen, wenn er ihr wieder feurige Zungen verleihen soll. Diesen schöpferischen Geist wird man nicht nur im kognitiven Wissen, im abstrakten Denken und in theoretischer Reflexion finden. Sich dem Geist zu öffnen heißt vor allem die Sinne zu schärfen, die anerzogene Kurzsichtigkeit, Schwerhörigkeit und Geschmacklosigkeit zu überwinden. Registriert denn die Kirche überhaupt das, was in Kunst, Literatur und Musik geschaffen wird? Nimmt sie davon irgendetwas zumindest zur Kenntnis, geschweige denn *wahr*? Damit ist nicht nur jene problematisch gewordene »religiöse Kunst« gemeint, wie etwa Chagalls Glasfenster in Reims oder A. L. Webbers Requiem. Kunst macht heute auch ein ungeheures Vakuum sichtbar, das gerade das Fehlen des Geistes symbolisiert. Die ersatzweise Verrümpelung mit billiger Ikonen- und Hinterglasmalerei macht das nur umso deutlicher. Hat irgendjemand die wiederkehrende hermeneutische Kreuzessymbolik im Werk der Ingeborg Bachmann entdeckt – den anziehenden und immer wieder zurückwerfenden, nicht standzuhaltenden Schrecken, der von Menschen oder Dingen, die für sie die Gestalt des Kreuzes annahmen, ausgeht – eine Gewalt, die zunächst vernichtet, dann aber neues Leben, sogar Triumph vermittelt?

Europa ist heute davon gekennzeichnet, dass es nach den Ereignissen von 1989 um seine Identität kämpfen muss. Damit kommen wieder die Wurzeln Europas zum Vorschein: der jüdisch-christliche Glaube, die Antike mit griechischer Philosophie und römischem Recht sowie die Aufklärung. Wenn wir unsere eigenen Wurzeln nicht mehr kennen, nicht wissen, was Judentum und Christentum geleistet haben, griechische Philosophie nicht kennen und keine Ahnung von den Rechtsquellen vorweisen können, ja vom Ende der Aufklärung reden, dann werden wir auch nicht wissen, wer wir selber sind.

In Wirklichkeit ist es die Frage nach der Konsequenz der biblischen Feststellung: »Der Geist ist es, der lebendig macht. Der Buchstabe aber tötet!« Geistige und geistliche Menschen (das müssen nicht Priester sein) müssen heute mehr denn je unermüdlich dem Geist auf der Spur sein, sich von ihm stellen lassen. Es braucht Menschen, die eine Botschaft des Geistes hören können und eine Botschaft des Geistes zu verkünden haben. Wie lautet die erste Seligpreisung wirklich? Selig die, denen der Geist abgeht, die sich mit der Geistlosigkeit nicht abfinden können. Die katholisch/evangelische Einheitsübersetzung der deutschsprachigen Kirchen führen mit »selig, die arm sind vor Gott« genauso in die Irre wie die frühere Übersetzung »selig, die Armen im Geiste«. In der neuen Übersetzung ist das Lob der Armen geblieben, »vor Gott« wurde hinzugefügt, herausgefallen ist das Wort »Geist«. Ein Hobbyphilologe hat mich darauf hingewiesen, dass das Wort »arm« den eigentlichen Sinn des griechischen Wortes »Ptochoi« nur sehr mangelhaft wiedergibt. Es heißt nämlich nicht bloß »arm« und schon gar nicht »bedürfnislos«, sondern eigentlich »betteln um etwas«, »bedürftig sein«. So verstanden, wäre die erste Seligpreisung demnach keineswegs ein Lob der geistigen Armut, der Bescheidenheit, der Bedürfnislosigkeit, sondern fast im Gegenteil ein Lob derer, »die um Geist betteln«, »die Bedürfnis nach Geist haben«, die sich also nicht abfinden und abspeisen lassen mit der Geistlosigkeit, sondern von diesem Anspruch auf Geist nicht ablassen wollen.

Geist und Ordnung sind die entscheidenden Herausforderungen unserer Zeit. Es ist zu wünschen, dass wir diesen Anruf der Zeit verstehen. Gerade Menschen, die sich mit dem Glauben, aber auch mit dem Recht beschäftigen, haben dabei eine ganz besondere Rolle.

Richard Kühnel

Vereinigte Staaten von Europa oder Föderation von Nationalstaaten?

Die Vereinigten Staaten von Amerika wurden in einem Aufstand gegen die britische Kolonialmacht gegründet, die Steuern eintreiben wollte, ohne den Amerikanern politische Vertretung zu gewähren. 13 Kolonien, in denen großteils angelsächsische Einwanderer wohnten, wurden nach dem erfolgreichen Unabhängigkeitskrieg umgehend durch einen zentralistischen Akt aneinandergebunden: ihre Schulden wurden »nationalisiert« und von einer Zentralbank übernommen. Damit wurde die Vereinigung unumkehrbar und konnte sich fortan auf ihre Expansion gen Westen konzentrieren. »E pluribus unum« war das Motto: aus vielen eines.

Die Europäische Union hat ihren Ursprung in einem freiwilligen Zusammenschluss essenzieller Wirtschaftszweige durch Antagonisten, die sich jahrhundertelang feindlich gegenüberstanden. 6 Gründerstaaten schufen eine »supranationale« Gemeinschaft und kamen sich im Laufe der nächsten Jahrzehnte schrittweise immer näher. Gleichzeitig erweiterten sie die Mitgliedschaft, erst gegen Norden, dann gegen Süden und schließlich gegen Osten. Staatsschulden und Steuern gelten immer noch als mitgliedstaatliche Verantwortung, doch die gegenwärtige Krise zeigt die reale Verflochtenheit von Wirtschaft und Politik auf. Das Motto: In Vielfalt geeint.

Vergleiche hinken per definitionem. Die USA wurden vor über 200 Jahren gegründet. Ihre Bevölkerung setzt sich zwar aus den unterschiedlichsten Einwanderer-Kulturen zusammen. Aber die gemeinsame Sprache, die lange Geschichte und prägende Ereignisse wie Unabhängigkeits- und Weltkriege schweißen die Nation zusammen. Das geeinte Europa ist jung: 6 Jahrzehnte. Die Diversität ist ungleich größer: vielfältige Sprachen, Kulturen, Traditionen machen Europas Reichtum aus. Einigende Ereignisse gibt es, aber weniger: die Nachkriegszeit, die Zeitenwende 1989. Aber in den Weltkriegen und im Kalten Krieg standen die Europäer nicht Seite an Seite, sondern einander gegenüber. Die amerikanischen Gründerväter sind in Fels gehauene Helden, die europäischen müssen wir in den Schulen wohl noch öfter wiederholen: Schuman, Monnet, Adenauer …

Dennoch, oder vielleicht gerade deswegen ist der Begriff der Vereinigten Staaten von Europa wieder aufgetaucht. Nicht als Reminiszenz an Churchill, sondern als Konzept für die europäische Zukunft. Die »Finalité«, also der Endzweck der europäischen Einigung ist wieder von großem Belang. Dabei kommen die Vereinigten Staaten von Europa als Vision aus unterschiedlichen Mündern: von der Vizepräsidentin der Europäischen Kommission Viviane Reding, vom Vizepräsidenten des Europäischen Parlaments Othmar Karas, vom steirischen Landeshauptmann Franz Voves, um nur einige zu nennen. Sie wird von vielen als Antwort gesehen auf die in der Wirtschaftskrise zutage getretene Grundschwäche Europas: seine Fragmentierung, seine Uneinigkeit, seine Diskrepanz zwischen gesamteuropäischen Vorsätzen und nationalen Realitäten.

Die europäischen Verträge sprechen von der Schaffung einer immer engeren Union der Völker Europas. Das ist kein Selbstzweck, sondern hat eine interne, ebenso wie eine externe Grundlage. Die interne heißt »nie wieder Krieg« und gemeinsamer Wohlstand, die externe zielt auf die Stärkung der Identität und Unabhängigkeit Europas in der Welt ab. Bemerkenswert dabei ist, dass die Europäische Union einen immer engeren Zusammenschluss »der Völker« des Kontinents anstrebt, wohingegen die US-Verfassung von »Wir, das Volk« ausgeht. Das wird auch in der Zukunft einer der wesentlichen Unterschiede bei der Integration zu beiden Seiten des Atlantiks sein. In Europa haben wir kein einheitliches Staatsvolk, sondern eine Vielzahl sehr eigenständiger und gewachsener Völker und Nationen. Europa hat bisher weder einen einheitlichen Demos, also kein geschlossenes Wahlvolk, noch eine europäische Öffentlichkeit mit gemeinsamen Medien à la CNN. Unbeschadet dessen erscheint der weitere Zusammenschluss Europas durch Druck von innen und außen vorgezeichnet. Unsere Wirtschaft und unsere Politik sind heute über die Grenzen der

Ist Europa seit 1989 politisch enger zusammengerückt? Ist Europa nach außen sichtbarer, wirksamer geworden? Ist Europa eine gute Heimat für seine Bewohner?
In den Jahren nach 1989 hat die EG – damals noch mit 12 Mitgliedern – eine große Transformation erlebt. Die Erweiterung um Spanien, Portugal und Griechenland sollte auch zur Festigung der wiedererstandenen Demokratien und auch zu einer kulturellen Öffnung hin zu Europa führen. Die Wiederannäherung Zentral- und Osteuropas an die »alte EU« war eine Befreiung, ein Schock, die Karten wurden neu gemischt. Ich habe sie noch erlebt, die Phase der bilateralen Beziehungen, der Kontakte zu den Nachbarn in Form offizieller Besuche. Wie weit wir voneinander entfernt waren! Heute trifft man einander zumindest monatlich in Brüssel, die Distanzen sind klein, das Interesse füreinander nicht unbedingt größer, aber das Wissen über die Präferenzen und die wunden Punkte der anderen ist gewachsen.
Es war gerade die große Krise der Jahre 2008 und danach, welche die Euro-Länder einander nähergebracht hat. So viele Tage und Nächte haben die Staats-und Regierungschefs noch nie zuvor miteinander verhandelt (der Wiener Kongress war zumindest von Bällen und gesellschaftlichen Ereignissen unterbrochen). Verantwortung für ein wirtschaftspolitisches Programm zu übernehmen, das tief eingreift in die bisherige fiskalische Autonomie eines Landes, war eine wesentliche Änderung im Zusammenleben der Mitgliedstaaten.
Nach dem Krieg waren es die von den USA zur Verfügung gestellten Mittel, die wesentlich zum Wiederaufbau beitrugen. Diesmal helfen wir einander selbst – jedes Jahr werden beträchtliche Mittel in die wirtschaftliche, soziale und damit auch regionale Entwicklung investiert.
Die Frage nach dem engeren Zusammenrücken ist klar mit einem Ja zu beantworten, auch wenn es immer wieder Konflikte und Skepsis gegenüber manchen Positionen der »Nachbarn« gibt.
Jedes Jahr studieren Tausende junge Menschen aus der ganzen Welt in Europa. Dennoch holen sich die USA viele Talente nach Harvard, Stanford und an das MIT und behalten auch viele.
Soll tatsächlich gerade das Forschungsbudget in der nächsten Periode des europäischen Finanzierungsrahmens gekürzt werden?
Europa baut seinen gemeinsamen diplomatischen Dienst auf, noch schwieriger ist dies in der Außenvertretung in wirtschaftspolitischen Fragen. Entwicklungspolitik verläuft immer noch stark entlang alter Beziehungen zwischen den europäischen und den neuen Märkten. Gerade auf diesem Gebiet könnte Europa noch viel wirksamer werden und sich noch mehr engagieren, vergleicht man z. B. die diesbezüglichen Aktivitäten Chinas. Spricht Europa mit einer Stimme bei den G20, beim IWF, der Weltbank etc.? Im Zuge der Krisenbekämpfung ist Europa sichtbarer geworden, sein Ringen um gemeinsame Lösungen, aber ist es auch wirksamer geworden? Noch nicht genug, weil viel Energie notwendig ist für die eigene Balance, das Weiterbauen des europäischen Hauses. Es ist an der Zeit, wieder nach außen

zu gehen – was soll aus Syrien werden, was aus Ägypten? Die Frage nach der Sichtbarkeit und Wirksamkeit ist daher nur mit einem teils, teils zu beantworten.

Die letzten zwei Jahrzehnte waren auch gekennzeichnet von einem beispiellosen Aufholprozess in Ländern wie Irland, Portugal und Spanien, der in geplatzten Blasen mündete und noch immer bittere Nachwirkungen hat. Jetzt gilt es, aus der Krise wieder herauszufinden, Arbeit zu schaffen und nachhaltiges Wirtschaften zu verwirklichen. Auch die dritte Frage müssen wir daher mit teils, teils beantworten.

Europa bedeutet Freiheit und Demokratie, für die Jungen heute selbstverständlich. Aber es gibt auch Armut in Europa, die Ungleichheit hat zugenommen – wenigen geht es sehr gut, für viele ist das Leben nicht einfacher geworden. Arbeitsdruck und Teuerung für die Güter des täglichen Bedarfs, steigende Mieten, Sorge um das Leben im Alter, die Berufsaussichten der nächsten Generation, die Integration der verschiedenen Kulturen. Heimat zu sein für alle, egal woher sie kommen, ist die große Herausforderung der nächsten Jahre und Jahrzehnte. Wir können in dieser Hinsicht vieles von den USA lernen, aber auch von China mit der Integration der verschiedenen Völker und Kulturen.

Wir müssen unseren Weg finden, wir sind bereits auf dem Weg zu den Vereinigten Staaten von Europa, auch wenn unsere Verfassung anders ausschaut als die der USA. Europa ist ein Versprechen – Demokratie, Wohlstand und sozialer Ausgleich erfordern die Überwindung alter Strukturen. Die Staats-und Regierungschefs haben in den letzten drei Jahren mehr gewagt als vor der Krise angedacht wurde. Sie brauchen unsere Zustimmung, die Bereitschaft auf diesem Weg weitergehen zu wollen.

Gertrude Tumpel-Gugerell
Konsulentin für das Wirtschaftsforschungsinstitut (WIFO)
Aufsichtsrat Vienna Insurance Group (VIG)
Aufsichtsratsvorsitzende der Forschungsförderungsgesellschaft (FFG)

Mitgliedstaaten hinaus untrennbar verbunden. Die in sukzessiven Wellen Europa überrollenden Krisen der letzten Jahre – Finanzkrise, Wirtschaftskrise, Schuldenkrise – zeigten dramatisch die ökonomische Interdependenz auf. Die ergriffenen Maßnahmen waren ebenso Ausdruck europäischer Solidarität wie der Erkenntnis einer miteinander verstrickten Schicksalsgemeinschaft. Griechenland fallen zu lassen, hätte nicht nur Griechenland in die Krise gestürzt, sondern die gesamte Union. Auch in der nationalen Politik ist Europa infolge der Krise zu einem bestimmenden Thema geworden. Politiker messen sich in ihrer Positionierung über die Landesgrenzen hinaus aneinander – vor allem an der deutschen Kanzlerin, in geringerem Maß am französischen Präsidenten und dem britischen Premier. Europäische Zentralbank und Kommission haben sehr unmittelbare Verantwortung für den Erfolg europäischer Wirtschaftspolitik übernommen.

Aber der Zug hält hier nicht. Mehr ist nötig, um Europa fit zu machen für die heutigen und morgigen Herausforderungen eines sich rasant verändernden globalen Umfelds. Europäische Werte und Interessen abzusichern scheint einzig über eine weitere Vertiefung gelingen zu können: zu klein werden selbst die größten unserer Mitgliedstaaten im internationalen Vergleich – nur Deutschland wird sich in den Top-20-Ländern an der Einwohnerzahl gemessen halten. In je 9 chinesischen und indischen Provinzen leben heute schon mehr Menschen als in Frankreich.

Im Auftrag des Europäischen Rates haben die Präsidenten der europäischen Institutionen einen gemeinsamen Bericht über die kurz- bis mittelfristigen Anpassungen in der EU verfasst. In einem separaten und vorbereitenden Dokument hat Kommissionspräsident José Manuel Barroso darüber hinaus die weitere Zukunft ins Visier genommen[1]. Darin hat er ein Modell vorgeschlagen, das Europa eine föderale Perspektive eröffnet, aber seine historischen Besonderheiten berücksichtigt: eine Föderation der Nationalstaa-

[1] »Konzept für eine vertiefte und echte Wirtschafts- und Währungsunion«, auch »Blueprint«, vom 30.11.2012, http://ec.europa.eu/commission_2010-2014/president/news/archives/2012/11/pdf/blueprint_de.pdf

ten. Nähere Überlegungen werden rechtzeitig vor den Europawahlen 2014 präsentiert.
Aus meiner (persönlichen) Sicht ist dies ein spannender Ansatz. Ähnlich dem deutschen Bundesstaat hätten darin die Einzelstaaten und die Gesamtunion eine klare Aufteilung der Kompetenzen, und jede Ebene wäre für ihren Verantwortungsbereich zuständig. Das würde bedeuten: kein Intergouvernmentalismus mehr für europäische Entscheidungen, sondern ein autonomes Zweikammersystem – in dem die Mitgliedstaaten im Rat weiter mitbestimmen. Eine Auflösung des Rates, wie von Robert Menasse gefordert, erscheint mir mit den gewachsenen Strukturen Europas hingegen nicht vereinbar. Ich hielte den Ausschluss der Mitgliedstaaten aus dem EU-Rahmen aber auch theoretisch nicht für wünschenswert. Vielmehr haben sie ihren Platz in der Verantwortungsgemeinschaft Europa einzunehmen, als Träger vieler Identitätskriterien. Auch in den USA sind ja die Teilstaaten im Wege des Senats mit eingebunden.
Eine solche Föderation hätte eine völkerrechtliche Besonderheit: die der doppelten Souveränität. Sowohl die Mitgliedstaaten als auch die Union wären souveräne Teilhaber an der internationalen Gemeinschaft. Die interne Kompetenzverteilung strahlte entsprechend auf der globalen Bühne nach außen. Die gebündelte Souveränität von Union und Mitgliedstaaten wäre eine Multiplikation des europäischen Einflusses gegenüber internationalen Partnern. Nach innen würde eine Föderation den bereits klaren Trend zur Herausbildung einer doppelten Identität der Unionsbürger unterstützen. Heute schon sehen sich 60 % sowohl als Bürger ihres Landes als auch als Europäer.
Schlüssel für den Erfolg eines solchen föderativen Models ist die richtige Kompetenzverteilung. Eine grundlegende Analyse der für Europa bestgeeigneten Subsidiarität würde aus meiner Sicht als Ergebnis bringen, dass die Union im Großen groß und im Kleinen klein sein soll. Mit anderen Worten: Außen- und Sicherheitspolitik, Energie- und Rohstoffpolitik, Richtlinien für die Budget- und Steuerpolitik auf europäischer Ebene; »Lifestyle«-Fragen als interessante Besonderheiten auf nationaler, im Sinne der Vielfalt.

Übrigens nicht unähnlich der Verteilung in den USA. Diese inhaltliche Weiterentwicklung ist letztlich wichtiger als die Etikettierung. Visionen brauchen aber einen Namen, und so hoffe ich, dass uns jene der Vereinigten Staaten von Europa ebenso wie jene einer Föderation von Nationalstaaten auf den richtigen Weg bringen: in eine dauerhaft abgesicherte und politisch, wirtschaftlich wie sozial erfolgreiche europäische Zukunft.

»Europa besteht aus Staaten, die sich nicht vorschreiben lassen wollen, was sie selbst beschlossen haben.«

Werner Schneyder (*1937)
Kabarettist, Quelle: »Aschermittwoch der Kabarettisten« SWR/RP

Sabine Herlitschka

»Culture follows Structure« – Forschungskultur in Europa

Die »vereinigten Staaten von Europa« gibt es bereits.
Der Europäische Forschungs- und Innovationsraum ist das groß angelegte Pilotprojekt, in dem dieses Konzept bereits Wirklichkeit geworden ist.
Ein weitgehend grenzenloses Agieren, intensive Kooperation auf europäischer Ebene, ein gemeinsames Streben nach Exzellenz, eine Steuerung, die nationale Egoismen weitgehend überwunden hat.
Europäische Budgets, europäische Prozesse, europäische Standards. Das alles geschah in seiner Dimension und Tragweite weitgehend unbemerkt von der Öffentlichkeit. Auch die große Politik nimmt zumindest nach meiner Erfahrung – das Ausmaß dieser Integration eher überrascht zur Kenntnis, wenn sie damit in Berührung kommt.
Es waren offensichtlich die viel geschmähten ExpertInnen und »TechnokratInnen« – damit bezeichnet man gemeinhin Politiker mit Sachkenntnis – die hier etwas geschaffen haben, von dem Europa im Bereich Steuern, Soziales oder Umwelt noch weit entfernt ist.
»Culture follows Structure« – in Analogie zu Chandler's Axiom hat sich längst eine europäische Forschungs- und Forschungskooperationskultur begonnen zu entwickeln. Und sie zeigt Erfolge. Um dieses System der europäischen Forschungsfinanzierung und -kooperation beneidet uns die ganze Welt. Sogar die USA und China. In Asien gibt es Bemühungen, eine Art »Asiatischen Forschungsraum« zu entwickeln.
Ist dieser Ansatz erfolgreich? Ja, in dem Sinn, als Europa damit eine starke Forschungs- und Technologiebasis für Erfolge im Innovationswettbewerb schafft.
Hier einige Zahlen für die Größenordnungen dieser europäischen Forschungskooperation bezogen auf den Zeitraum 2007–2012:

Die Europäische Union (EU) hält in ihrer »Strategie für wettbewerbsfähige, nachhaltige und sichere Energie« fest, dass die Energieerzeugung in Europa grundlegend verändert werden soll.
Es ist an der Zeit, gemeinsam einen nachhaltigen, »grünen« Weg der Energieversorgung einzuschlagen. Eine wesentliche Rolle spielen dabei vor allem »erneuerbare Energien«.
Der Ausbau von umweltfreundlichen Produktionskapazitäten, wie ihn die EU forciert, ist ganz im Sinne der Energie Steiermark. Denn Nachhaltigkeit – und damit unsere gesellschaftliche Verantwortung – sowie die Schonung unserer Umwelt zählen zu unseren Grundprinzipien. Die Umsetzung von »grünen« Projekten ist dabei von besonderer Bedeutung und trägt wesentlich zur CO_2-Reduktion sowie zur Diversifizierung der Energiequellen bei.. Unsere Schwerpunkte liegen hierbei in den Bereichen Wasser- und Windkraft, Photovoltaik (»Sonnenkraft«), Elektro-Mobilität und Biomasse, für die in den nächsten Jahren ein weitreichendes Investitionsprogramm geplant ist.
Steigendes Umweltbewusstsein und Energieverbrauch sind nicht automatisch als Gegensätze zu definieren. Sie bestmöglich in Einklang zu bringen, haben wir uns daher zur Aufgabe gemacht. Strom aus Wasserkraft ist die bedeutendste heimische Energieform, die es zu nutzen gilt. Zunehmender Nachfrage erfreut sich der Bereich Photovoltaik. In Kooperation mit Privatkunden konnten in der Steiermark bereits mehr als 2.000 »Sonnenkraftwerke« realisiert werden – was einer Fläche von über zehn Fußballfeldern entspricht. Trotz der beschränkten Standorte in der Steiermark in Sachen Windenergie, setzen wir auch auf diese Natur-Ressource, die nur darauf wartet, genutzt zu werden.
»Grüne« Zukunft bedeutet vorrangig Energie-Effizienz. Die Offensiven E-Check oder Smart Home tragen diesem Anspruch Rechnung. Bei Ersterem identifizieren unsere Experten direkt bei Mietern und Eigenheimbesitzern Energiesparpotenziale. Smart Home erlaubt Datenvernetzung und Fernsteuerbarkeit von Geräten und macht es auf einfache Weise möglich, den Ansprüchen der heutigen Zeit – Energieeffizienz, Komfort und Sicherheit – gerecht zu werden. Insofern bedarf es einer Neupositionierung – weg vom reinen Versorger, hin zum Dienstleister –, um eine ganzheitliche und umfassende Partnerschaft mit dem Kunden in den Mittelpunkt des Handelns zu rücken. Damit steht nicht nur die Ampel produktions-, sondern auch verbraucherseitig auf »grün«.
Das Potenzial dieser jungen Geschäftsfelder der »erneuerbaren Energien« ist noch lange nicht ausgeschöpft, denn die Ökologisierung nimmt weiter zu. Dazu braucht es einen permanenten Prozess der Weiterentwicklung und Innovation.

Christian Purrer
Vorstandssprecher der Energie Steiermark

Rund 91.000 Anträge auf Forschungsprojekte mit 400.000 Forschungsgruppen aus Europa und darüber hinaus wurden eingereicht. Aus der Beurteilung durch europäische und internationale ExpertInnen resultierten rund 16.000 Forschungsprojekte mit 88.000 Beteiligungen von Forschungsgruppen. Diese Projekte wurden mit einem Gesamtvolumen von rund 26 Milliarden Euro aus dem gemeinsamen europäischen Forschungsprogramm, aktuell dem 7. Rahmenprogramm, finanziert.
An diesen Projekten beteiligen sich neben Forschungsgruppen aus Europa auch solche außerhalb Europas, insbesondere USA, Russland, China etc. Sie schätzen den Nutzen dieser internationalen Kooperationen so groß ein, dass sie häufig ihre eigene Finanzierung mitbringen.
Wir sind also gut aufgestellt auf dem Gebiet der Forschung und Technologie. Wir sind in vielen Themen weiter als andere, wir haben die Mittel, können wir die entscheidenden Vorteile daraus erzielen?
Gleichzeitig muss sich Europa auch sehr anstrengen, um den Anschluss nicht zu verlieren. Woran fehlt es?

Ich denke, der entscheidende Unterschied liegt in den »Soft Facts«. Wer die USA oder Asien etwas kennt, dem fällt dieser Unterschied sofort auf. Der Mut, an eine mögliche bessere Zukunft zu glauben, die Bereitschaft, dafür persönliche Risiken oder Investitionen auf sich zu nehmen. Der Wert von Bildung. Das Interesse an Fortschritt und Technologie. Da hat Europa Nachholbedarf. Wir drohen immer mehr zu einer Gesellschaft zu werden, die sich darauf konzentriert, das Bestehende zu verteidigen. Angst vor dem möglichen Verlust ist zum Grundgefühl Europas geworden. Egal ob Euro, Arbeitsplätze, Pensionen, Gesundheit oder Umwelt, die Angst vor Verlust oder Verschlechterung ist das primäre Thema.
Damit nehmen wir uns selbst die Kraft, um das objektiv hervorragende Potenzial das in der europäischen Vielfalt, dem geistigen und kulturellen Reichtum, letztlich auch in einem leistungsfähigen integrierten Innovationssystem im stärksten Wirtschaftsraum dieser Welt liegt, voll zu nützen.

Matthias Opis

Im Westen nichts Neues

»Als man zum ersten Mal von den Vereinigten Staaten von Europa sprach und dabei an die Vereinigten Staaten von Amerika dachte, vergaß man die entscheidende Differenz: die Sprache.«
(Karl Heinz Bohrer)

Über Siege und Niederlagen

Der Großvater meines Großvaters mütterlicherseits nahm als einfacher Soldat des Naussauischen Infanterie-Regiments Nr. 87 am Deutsch-Französischen Krieg 1870 teil. Als Veteran feierte er mit Stolz alljährlich den Sedantag, der an die Kapitulation der französischen Armee am 2. September 1870 nach der Schlacht von Sedan und an die Gefangennahme des französischen Kaisers Napoleon III. erinnerte. Die Botschaft dieses Tages, der an vielen Orten des wilhelminischen Deutschlands als Volksfest begangen wurde, war, dass Ursprung und Zukunft des Kaiserreiches auf militärischer Stärke beruhten. Der Hurra-Patriotismus, der eigentlich ein Chauvinismus war und Deutschlands Glanz und Gloria mit markigen Reden und lautem Schmettern feierte, duldete und hörte keinen Widerspruch. Die eigene Größe bemaß sich an dem am Boden liegenden Feind. Am deutschen Wesen sollte die Welt genesen.
Als Bub stieß ich auf ein Buch, in dem das alles auf einprägsame Weise ins Bild gerückt war. Obwohl es in unserem Haushalt ansonsten kaum Bücher gab, besaßen meine Eltern ein besonderes Exemplar, das regelmäßig meine Phantasie befeuerte. Das »Kaiser Friedrich Gedächtniswerk« war schon in Ausmaßen und Gewicht Respekt einflößend. Der düstere Umschlag tat ein Übriges. Umblättern konnte ich nur, wenn ich den schweren Band auf dem Boden ablegte. Das »Gedächtniswerk« war 1901 zu Ehren des langjährigen Kronprinzen und 99 Tage-Kaisers Friedrich III. herausgebracht worden. Es enthielt viele großformatige Kriegsbilder, die von damals sehr bekannten Schlachten- und Historienmalern

wie Carl Röchling stammten. In ihrer farbenprächtigen Bildsprache priesen sie die Taten Friedrichs als Feldherr, die ihm nach dem Deutsch-Französischen Krieg den Nimbus eines Helden und die Ernennung zum Generalfeldmarschall eingebracht hatten.
Als ich dieses Buch für mich entdeckte, war ich etwa 10 Jahre alt. Zu diesem Zeitpunkt wusste ich bereits, dass Deutschland 1918 und 1945 zweimal kapitulieren musste, weil es Kriege verloren hatte. Kriege sind auch in der Vorstellung eines Zehnjährigen etwas Ungeheuerliches, Ungeordnetes. Um sie fassen zu können, müssen sie reduziert werden auf eine Auseinandersetzung zwischen zwei Seiten, zwischen Gut und Böse. Beim Betrachten der Schlachtengemälde empfand ich Genugtuung, dass auch Deutschland in einem Krieg einmal den Sieg davongetragen hatte. Dass dabei Menschen ihr Leben gelassen hatten, war unübersehbar und verursachte mir ein gewisses Unbehagen, das mich aber nicht davon abhielt, die Bilder des Buches immer wieder anzusehen. Was ich damals nicht begriff: Jede Niederlage hat nicht nur für die Besiegten, sondern auch für die Sieger Konsequenzen. Vor allem dann, wenn sie die Mechanismen der Spirale von Gewalt und Gegengewalt erkannt haben.

Europa in der Gewalt von Krieg und Frieden

In der »Urkatastrophe des 20. Jahrhunderts«, dem Ersten Weltkrieg, der die alte Welt aus den Angeln hob und viele Grenzen verwischte, waren mein Urgroßvater väterlicherseits und mein Großvater mütterlicherseits wiederum als einfache Soldaten mit dabei. Der eine war Sudetendeutscher, der andere stammte aus dem Westen Deutschlands. An welchen Fronten sie kämpften, weiß ich nicht. In Erzählungen hörte ich nur, dass mein Urgroßvater einen Arm »verloren« hatte (das klang für mich so, als ob das beiläufig und nicht gewalttätig geschehen wäre). Der Großvater mütterlicherseits war gerade einmal 18 Jahre alt, als er im August 1914 einrückte. Wie alt er dann wirklich war, als er 1918 zurückkehrte, konnte ich ihn leider nicht mehr fragen.
Peter Englund, Professor für historische Narratologie in Stockholm und Vorsitzender der Schwedischen Akademie, hat in seinem

Europa als geistige und religiöse Herausforderung

Was Europa ist, kann man nicht geografisch bestimmen; es ist auch sprachlich und ethnisch nicht einheitlich. Europa ist vielmehr geschichtlich gewachsen. Seine Geschichte ist wesentlich mit der Geschichte des Christentums verknüpft. Europa hat eine christliche Vergangenheit. Ob es auch eine christliche Zukunft haben wird, entscheidet sich heute. Ein wichtiger Beitrag besteht in der ökumenischen Suche nach der Einheit der Christen, in der die Vielfalt der Nationen ebenso eine Rolle spielt wie die die Nationen übergreifende Präsenz des Christlichen.

Kurt Koch
Kardinal

2011 auf Deutsch erschienenen Buch »Schönheit und Schrecken« den kleinen Leuten im Alltag dieses Krieges ein literarisches Denkmal gesetzt. Auf der Grundlage von überlieferten Selbstzeugnissen wie Briefen, Tagebüchern und Aufzeichnungen begleitet er 19 Menschen unterschiedlichster Nationalität und Herkunft durch die Wechselfälle der Jahre 1914 bis 1918. Darunter Elfriede Kuhr, ein 12-jähriges deutsches Schulmädchen, Pál Kelemen, der als Kavallerist in der österreichisch-ungarischen Armee diente, René Arnaud, Infanterist in der französischen Armee, Florence Farmborough, eine Engländerin, die als Krankenschwester im Dienst russischer Einheiten stand, und Willy Coppens, einen Kampfflieger der belgischen Luftwaffe.

Ähnlich wie das »Kaiser Friedrich Gedächtniswerk« enthält Englunds Buch Beschreibungen und Sprachbilder von epischer Breite und Wucht. Aber anders als dieses verzichtet es darauf, dieses Panorama in Heldensagen zu kanalisieren. In bloßer Beschreibung meißelt der Autor aus dem monströsen Monolith des Ersten Weltkriegs die kleinsten Einheiten heraus: die einzelnen Menschen und ihr Erleben. Die 16 Männer und drei Frauen, die Englund auf diese Weise der Anonymität entreißt, sind durch große Unterschiede geprägt. Sie stehen an verschiedenen Fronten und werden in unzählige Extremsituationen hineingeworfen, in denen sie sich persönlich bewähren müssen. Viele hassen, manche lieben den Krieg. Letztlich aber sind sie *alle* Verlierer, die einander verbindet, *»dass der Krieg ihnen etwas Entscheidendes raubt: ihre Jugend, ihre Illusionen, ihre Hoffnung, ihre Mitmenschlichkeit – ihr Leben.«*

Die Pariser Friedensordnung von 1918/19 wurde von den im Krieg unterlegenen Staaten als eine Fortsetzung des Krieges mit anderen Mitteln empfunden; als »Gewaltfrieden«. Damit war diese Friedensordnung denkbar ungeeignet, in Deutschland zu einem gesellschaftlichen Konsens über einen politischen Neuaufbruch und eine tiefer gehende Demokratisierung beizutragen. Deutsche Politiker wie Matthias Erzberger und Walter Rathenau wurden als »Erfüllungspolitiker« diffamiert und im offen militanten Klima der jungen Weimarer Republik zum Opfer von Fememorden.

Als Graf Richard Coudenhove-Kalergi, der Gründer der Paneuropa-Bewegung, am Vorabend des Zweiten Weltkrieges im Schweizer Exil das Werk »Kommen die Vereinigten Staaten von Europa?« herausbrachte, spitzte er seine Überlegungen auf eine prophetische Alternative zu, die im Nacheinander Wirklichkeit werden sollte: *»Heute sind die Europäer weder friedlicher noch besser als zu irgend einer anderen Epoche. Es wäre darum vermessener Optimismus, an die Möglichkeit eines dauernden Friedens zu glauben, solange in Europa Faustrecht und Anarchie herrschen. Darum stehen wir alle vor der schicksalhaften Wahl: europäischer Krieg – oder europäischer Zusammenschluss!«*

Europäische Gemeinschaft für Kohle und Stahl

Zunächst kam der Krieg, der an Europas Grenzen nicht haltmachte, sondern sich schnell zu einem Weltenbrand ausweitete. Meine Großväter waren für den Militäreinsatz in diesem Krieg schon zu alt und wurden im Herbst 1944 als letzte Reserve zum »Volkssturm« eingezogen. Als Angehöriger der »weißen Jahrgänge« war mein Vater zu jung für die Wehrmacht, wiewohl er in der Endphase des Krieges mit jugendlichem Übermut zwischen die rasch nach Westen wandernden Fronten geriet, aber heil herauskam. Mein Großvater war in den letzten Kriegstagen gezwungen worden, tote Soldaten und Flüchtlinge, die am Straßenrand liegen geblieben waren, zu begraben. Von dieser ihn zutiefst erschüttern-

den Erfahrung hat er sich nie mehr erholt. 1946 wurde er als Sudetendeutscher mit seiner Familie vertrieben. Revanchegelüste und die Sehnsucht nach Heimat waren Akkorde in der Grundmelodie meiner Kindheit, die damals, Mitte der 1970er-Jahre, sicher schon gedämpfter klangen als in der unmittelbaren Nachkriegszeit.
Es hatte auch und vor allem symbolischen Charakter, dass ausgerechnet Kohle und Stahl, die primären Rohstoffe für die Kriegsführung, 1952 in der »Montanunion« zum Nukleus des kontinentaleuropäischen Zusammenschlusses wurden. Der Krieg war kalt, der Frontverlauf zum Osten fest gefügt. Aber das erste Schwungrad für eine wirtschaftliche und in weiterer Folge politische Union Westeuropas gab es nun. Die Biografie des Vaters der »Montanunion«, Robert Schuman, wurde von der deutsch-französischen Konfliktgeschichte geschrieben. Vor diesem Hintergrund konnte, ja musste er zusammen mit Konrad Adenauer zu einem glaubwürdigen Protagonisten der deutsch-französischen Versöhnung werden. Viele Historiker – wie Kurt Sontheimer und Hans-Peter Schwarz – interpretierten die Wiedervereinigung Deutschlands 1990 als »späte Rechtfertigung« von Adenauers Politik der Westintegration, die in den 1950er-Jahren alles andere als unumstritten gewesen war.

»So viel Europa war nie!«

Und heute? In einer Grundsatzrede stellte der deutsche Bundespräsident Joachim Gauck kürzlich fest: »So viel Europa war nie!« Aber es ist vor allem die Krise, die den medialen Ton angibt, und weniger der Erfolg Europas. Die Zweifel bei Staatsführungen und unter Bürgerinnen und Bürgern vieler Länder mehren sich, ob die Parole »mehr Europa«, die lange unumstritten schien, den richtigen Weg in die Zukunft weist. Die ökonomische Krise, so Gauck, sei auch »eine Krise des Vertrauens in das politische Projekt Europa«. An dieser Schwelle braucht es Selbstvergewisserung, vor allem darüber, wie dieses Projekt angefangen hat und welche Möglichkeiten es noch immer in sich trägt.
Zweifelsohne fehlt der gemeinsame Gründungsmythos in Form einer großen Revolution, die viele Völker und Volksgruppen Eu-

ropas miteinander verbindet. Das wird auch so bleiben. Auf der Habenseite steht, dass inzwischen aber auch das um jeden Preis voneinander Trennende fehlt. »*Wir versammeln uns im Namen Europas nicht um Monumente, die den Ruhm der einen aus der Niederlage der anderen ableiten.*« Es gibt, so Gauck, einen europäischen Wertekanon – Frieden und Freiheit, Demokratie und Rechtsstaatlichkeit, Gleichheit, Menschenrechte und Solidarität – der in Verträge gefasst ist und von Gesetzen garantiert wird.

Kurz bevor ich geboren wurde, ging in der alten Bundesrepublik die Ära Adenauer zu Ende. Seit Anfang der 1990er-Jahre ist Österreich meine Heimat. Unsere Kinder sind Kinder der globalen Welt. Europa mit seinen Werten ist – so glaube ich – ein gutes Maß, um sich in dieser Welt zu orientieren, zu wachsen und gemeinsam gut zu leben. Aber derzeit passiert in diesem Europa viel und bewegt sich wenig. Wenn der Sinn für das Gemeinsame schwindet, droht der Rückfall in alte nationale und ideologische Muster. Aus Remarques Roman wissen wir, dass die Nachricht, wonach es im Westen nichts Neues gibt, trügerisch ist. Es kann um viel gehen.

Literatur

R.[ichard] N.[ikolaus] Coudenhove-Kalergi: Kommen die Vereinigten Staaten von Europa? Glarus 1938.

Ralf Dahrendorf: Europa und der Westen. Alte und neue Identitäten, in: Merkur. Deutsche Zeitschrift für europäisches Denken, 57 (2003), 1015–1024.

Peter Englund: Schönheit und Schrecken. Eine Geschichte des Ersten Weltkriegs, erzählt in neunzehn Schicksalen. Aus dem Schwedischen von Wolfgang Butt, Berlin 2011.

Hermann Müller Bohn: Kaiser Friedrich Gedächtniswerk. Hg. v. Paul Kittel, Berlin 1901.

Adolf Muschg: Was ist europäisch? Bonn 2005.

Dževad Karahasan

Seiner Zeit zum Trotz

Eins der Dinge, die ich an Goethe bewundere, ist seine Fähigkeit, unzeitgemäß zu sein. Das zeigt sich auf mehreren Ebenen, vielleicht am unmittelbarsten an seinem Begriff der Weltliteratur. Während in ganz Europa Nationen entstanden und zusammen mit ihnen nationale Literaturen, von denen jede das Besondere ihrer Nation artikulieren sollte, formulierte Goethe den Begriff der Weltliteratur. Es ist eigentlich kein Begriff, es ist eher ein Bild, es ist ein Netz, geknüpft aus Sinnbezügen und Beziehungen geistiger Verwandtschaft, das sich über Zeit und Raum erstreckt. Die Fäden dieses Netzes sind, wie ich gesagt habe, die Beziehungen der geistigen Verwandtschaft und der Sinnkorrespondenzen, und seine Knoten sind die Begegnungen, Kollisionen, Dialoge der einzelnen Autoren und Werke. Das Netz der Weltliteratur macht alle Werke und alle Autoren zu Zeitgenossen und Nachbarn, ohne die Unterschiede zwischen ihnen in Frage zu stellen. So nimmt Goethe in seinem *West-östlichen Divan* einen Dialog mit Hafis Schirasi auf, einem persischen Dichter aus dem vierzehnten Jahrhundert nach dem gregorianischen Kalender, in dem er einen Gesprächspartner erkennt, der ihm in vielem näher steht als die meisten Zeitgenossen.

Zu Recht erkennt er den Gesprächspartner in ihm, wenn man nach dem Buch, das aus ihrem Gespräch hervorgegangen ist, urteilen darf. In diesem Buch gibt es keine Spur von jener »exotischen Unwirklichkeit«, die die europäischen Zeitgenossen Goethes dem Orient zuschreiben, auch keine touristische Informiertheit, die sich als Kenntnis und Wissen verkaufen will, kein … Ich würde das Abenteuer nicht wagen und zu erklären versuchen, was für ein Bild vom islamischen Orient Goethe im *West-östlichen Divan* vermittelt, für dieses Unterfangen müsste man ein neues Buch schreiben, ich betone lediglich mit Vergnügen, dass dieses Bild nichts, aber auch gar nichts mit den Bildern gemein hat, die die zeitgenössische europäische Literatur erzeugte und verkaufte.

Der *West-östliche Divan* hat nichts mit der Erzeugung von Unwirklichkeit im Sinn, mit der sich die damalige europäische Literatur beschäftigte, wenn sie über den Orient schrieb, und noch weniger hätte er, wenn das möglich wäre, mit der seinerzeitigen politischen und gesellschaftlichen Atmosphäre im Sinn. Wir erinnern uns, dass zu dieser Zeit die Eroberung der Länder des islamischen Orients begann (Napoleon war sozusagen gerade aus Ägypten zurückgekehrt, von wo er eine Menge Wunderdinge und die Kulturanthropologie als neue wissenschaftliche Disziplin mitbrachte, die sich als ausgesprochen brauchbares Instrument bei der Kolonisierung erweisen sollte). Zu diesem Zweck wurde eine heftige antiislamische Kampagne organisiert, vergleichbar mit der von heute, die die westlichen Gesellschaften auf die bevorstehenden Feldzüge und Kriege vorbereiten sollte. Anstatt in dem Chor zu singen, der den Zeitgenossen versichert, man müsse jene Unglücklichen und Ungläubigen aus dem Orient zivilisieren, tritt Goethe als Solist auf und findet unter den »Unglücklichen und Ungläubigen« Gesprächspartner und Freunde. Die Kulturanthropologie sollte erst in den sechziger Jahren des zwanzigsten Jahrhunderts, im Werk von Claude Lévi-Strauss, dem großen Landsmann Napoleons, Goethes Beispiel folgen und in anderen Kulturen Gesprächspartner und nicht »Unglückliche und Ungläubige« suchen, die es zu okkupieren und zivilisieren gilt.
Ein wertvolles Beispiel für die Unzeitgemäßheit Goethes bietet auch sein *Faust*. Als die Tragödie entstand, war die Überzeugung, dass die einzig wahre Erkenntnis und das einzig wahre Wissen dasjenige sei, welches das cartesianische Denken bringt, bereits allgemein akzeptiert. Jenes Denken, das alles, was es erkennt, in ein Objekt verwandelt, jenes Denken, das glaubt, etwas zu erkennen bedeute es zu beherrschen. Es kann kein anderes Subjekt erkennen, weil seine Grundannahme ist, dass das einzige Subjekt jenes Descartes'sche denkende Ich sei. Alles außer diesem Ich verwandelt das cartesianische Denken in ein Objekt, so dass es, nach der Natur der Dinge, eine Welt von toten Gegenständen erzeugt, sagen wir, von Maschinen und anorganischer Materie. Goethe erinnert in seiner Tragödie, noch vor der Auflehnung der Roman-

Auf der einen Seite gibt es die Sehnsucht nach Beheimatung im möglichst kleinen, überschaubaren Raum, im »Grätzl« sozusagen. Und auf der anderen Seite den uralten Drang des Menschen nach Überwindung von Grenzen, gewissermaßen nach einer Art »kosmopolitischer Existenz«. Doch die beiden scheinbar gegensätzlichen Bedürfnisse schließen einander keineswegs aus, sondern bedingen und ergänzen einander sogar. Nicht wenige Menschen leben heute beides in einer Person: Beruflich unter der Woche in Paris, Abu Dhabi oder Peking unterwegs, genießen sie am Wochenende beispielsweise die vertraute Freundesrunde im heimatlichen Dorfgasthaus.
Der Schritt in Richtung Vereinigte Staaten von Europa wäre in vielerlei Hinsicht ein logischer. Aber er wird nur in dem Maß emotionale Akzeptanz finden, in dem gleichzeitig auch in die Stärkung von lokalen und regionalen Identitäten investiert wird. Wer meint, auf dieses notwendige Gegengewicht zum weiteren Ausbau Europas verzichten zu können, wird am eigenen Wagnis scheitern und die Rechnung in Form von unkontrolliert wachsenden Nationalismen präsentiert bekommen.
Wie auch in anderen Zusammenhängen, lohnt es sich, hier einen vergleichenden Blick auf die jahrhundertealten Erfahrungen der Kirchen zu werfen. Das Christentum hat sich bekanntlich von Anfang an als transnationale Größe verstanden und hat die weltweite Ökumene – bis in die Liturgie hinein – auch immer sehr gepflegt. Spirituell beheimatet waren Christinnen und Christen aber stets vor allem in ihrer jeweiligen Pfarrgemeinde vor Ort. Und diese Erdung war nie nur eine formale, sondern stets eine fundamentale.
Spannende Diskussionen im Pfingstdialog 2013 wünscht Ihnen

Hermann Miklas
Superintendent der Evangelischen Superintendentur A. B. Steiermark

tiker gegen den Terror der Rationalität, an Empedokles und die Pythagoreer, nämlich an die Liebe als diejenige Form der Erkenntnis, die uns das Wissen über ein anderes Subjekt bringt. Den allwissenden Faust führt Gretchen, die weiß, weil sie liebt, zur wesentlichen Erkenntnis, zur Antwort auf die Frage »was die Welt im Innersten zusammenhält«. Sie kennt sowohl Faust viel besser als er sich selbst, als auch Mephistopheles besser, als Faust ihn kennt – weil sie liebt. Mit der cartesianischen Methode können Sie die Welt als Ganzes, können Sie das Sein selbst nicht erkennen, weil sie sich nicht instrumentalisieren lassen. Wie soll ich, der ich bin, das Sein in das Objekt meiner Erkenntnis verwandeln? Auf diese Paradoxe beziehungsweise auf die Grenzen des cartesianischen Denkens, das lediglich eine der Formen menschlicher Erkenntnis sein sollte, weist Goethe bereits in dem Moment hin, wo es so mächtig wird, dass es alle anderen Formen der Erkenntnis abschreiben kann als Unwissen, Vorurteil, Irrtum ... Auf *Faust* folgte die vergebliche Auflehnung der Romantiker, dann der Positivismus, der den Anspruch des rationalen Denkens, die einzige Form der Erkenntnis zu sein, festigte. Aber das ist bereits Geschichte.

Ich hoffe, diese Beispiele zeigen deutlich genug, warum Goethes Fähigkeit, unzeitgemäß zu sein, Achtung verdient, besonders heute, wo ganze Kulturbereiche wie eine Industrie des Vergessens funktionieren. Der Mensch ist nämlich ein Wesen der Zeit, des beweglichen Bildes der Ewigkeit, wie uns Platon versichert. Weiß der Birnbaum, der gerade blüht, dass er im letzten Jahr das Gleiche getan hat? Ich weiß es nicht, ich nehme an, er weiß es nicht, und glaube, dass ihn das nicht daran hindert, ganz Birnbaum zu sein und erfolgreich zu blühen. Ein Birnenzüchter, der nicht wüsste, dass er auch im letzten Jahr Birnen gepflückt hat, wäre kein ganzer Mensch. Vielleicht würde er seine Arbeit erfolgreich verrichten, auch wenn er glauben würde, jede Birnenernte wäre das erste und einzige Mal, wahrscheinlich würde er ordentlich Steuern zahlen und wählen gehen, aber ich kenne viele Leute, die meinen würden, etwas sei mit ihm nicht in Ordnung. Wir sind Wesen der Zeit nicht nur dadurch, dass wir in unser vergängliches, vorübergehendes Leben eingetaucht sind, sondern auch dadurch, dass die Ewigkeit in unserem Geist widerscheint. Daher müssen wir den aktuellen Augenblick und die Ewigkeit in unserem Fühlen, Denken und Handeln verbinden, daher hören wir, wenn wir restlos in unserem aktuellen Augenblick enthalten sind, entweder auf, Menschen zu sein, oder werden es auf neue Weise. Goethe ist heute in vielerlei Hinsicht aktuell und wertvoll, vielleicht am meisten in der, dass er gut wusste, dass er ein Wesen der Zeit war und so in seinem Handeln gestern, heute und morgen meisterhaft verband und seine eigene Vorstellung und Form der Unzeitgemäßheit durch eine sehr einfache Geste verwirklichte: indem er sich weigerte, ganz in seinem Heute enthalten zu sein.

Franz Heschl

Die »Vereinigten Staaten von Europa« und die Interessen der Arbeitnehmerinnen und Arbeitnehmer

Die Debatte um »Vereinigte Staaten von Europa« verfehlt aus meiner Sicht immer dann ihr Ziel, wenn sie sich zu sehr auf konstitutionelle Aspekte oder komplexe Erwägungen zu zukünftig umzusetzenden Verfassungs- oder Primärrechtsvertragsentwürfen bezieht, und dabei aber mit den ökonomischen Entwicklungen in den Mitgliedstaaten der Europäischen Union eine fundamentale Grundlage jeglicher Gesellschafts- oder Ordnungsbildung außer Acht lässt. Ruft man sich das konsequent in Erinnerung, sollte den Ausgangspunkt aller diesbezüglichen Überlegungen einerseits die ökonomische und soziale Situation in diesen Staaten und andererseits ihre öffentliche Diskussion und Rezeption bilden. Macht man das relativ unvoreingenommen, ergibt sich wohl für viele Europäerinnen und Europäer ein eindeutiger Befund.

Das Vertrauen der Menschen in die Europäische Union entwickelt sich in Richtung eines historischen Tiefstandes. Viele in Europa zweifeln an der Fähigkeit der Europäischen Union, die drängenden wirtschaftlichen Probleme zu bewältigen und die Krisenursachen konsequent an der Wurzel zu packen. Dieses mangelnde Vertrauen sollte niemanden verwundern, denn die Kosten der Finanz- und Wirtschaftskrise sind zu einem großen Teil von Menschen zu tragen, die sie nicht verursacht haben, während auf den Finanzmärkten munter weiter spekuliert wird. Die Krisenbewältigungsstrategie der EU droht die Wirtschaftsflaute und die Rekordarbeitslosigkeit in Europa durch »Kaputtsparen« weiter zu verschlimmern. Immer mehr europäische Staaten sind so von teilweise massiven sozialen Unruhen betroffen. Insbesondere der Jugend werden in der EU keine Zukunftsaussichten geboten. Damit die europäische Integration von den Menschen in Europa zumindest einigermaßen mitgetragen wird, muss sich die EU zu einer sozialen Union wandeln, die Perspektiven für die

Die Hoffnung ist das Friedensprojekt Europa, das seine kulturelle Vielfalt behält, seinen sozialen Standard weiterentwickelt und durch eine hochwertige Ausbildung auf allen Ebenen sowie durch kreative Lösungen in Wissenschaft und Forschung einen wesentlichen Beitrag zur Lösung der weltweiten ökologischen und ökonomischen Probleme leistet und so nicht nur zum Vorbild, sondern zum Schrittmacher für zukünftige weltweite Entwicklungen wird. Vereinigte Staaten von Europa können aber nur gelingen, wenn Nationalismen abgebaut und der Wert der Vielfalt über die europäischen Grenzen hinaus erkannt werden.

Karl P. Pfeiffer
Rektor und wissenschaftlicher Geschäftsführer FH Joanneum

»Das imposante Gebäude der europäischen Zivilisation ist aufgebaut auf den Knochen zahlloser besiegter europäischer Völker. Wenn wir heute von Europa sprechen und zu ergründen versuchen, worin die Sendung dieses ruhmreichen, großen und uns so teuren Kontinents besteht, dürfen wir nicht vergessen, daß es zwei Europa gibt. Neben dem klassischen westeuropäischen, museal-grandiosen, historisch-pathetischen Europa lebt noch ein zweites, das bescheidene, in die Ecke gedrängte, seit Jahrhunderten immer wieder unterworfene periphere Europa der östlichen und südöstlichen europäischen Völker. Dies sind die Völker im Baltikum, im Donau- und Karpatenraum und auf dem Balkan, denen es bestimmt ist, nicht innerhalb der europäischen Mauern zu leben, sondern antemural, eine Art Glacis bildend gegen alle anderen Bedrohungen militärischen und politischer Art.«

(Miroslav Krleža 1967 in: Was ist Europa, *zitiert nach:* Das Buch der Ränder – Prosa, *herausgegeben von Karl-Markus Gauß, Wieser Verlag, Klagenfurt/Celovec 1992)*

»Was Krleža vor Jahrzenten ausführt, gilt heute immer noch, ja mehr denn je, wird uns doch gerade dieser Tage drastisch vor Augen geführt, daß alte Konflikte, nie gelöst, nur unter Verschluß gehalten, neu aufbrechen können und am Ende des Jahrhunderts verheerend wiederkehrt, was an seinem Anfang an Widersprüchen sich schürzte und zur Lösung drängte.«

(Karl-Markus Gauß, ebd. S. 8.)

Menschen über die Freiheiten des Marktes stellt. Dazu genügt es nicht, lediglich vereinzelt Korrekturen vorzunehmen, die EU muss einen massiven politischen Kurswechsel vollziehen. Auf der Basis eines derartigen Kurswechsels macht eine europaweite öffentliche Debatte über »Vereinigte Staaten von Europa« überhaupt erst Sinn. Im Folgenden soll kurz skizziert werden, welche wesentlichen Eckpfeiler eine derartige neue wirtschafts- und gesellschaftspolitische Strategie, die tatsächlich in der Lage wäre, die Grundlage für »Vereinigte Staaten von Europa« zu bilden, aus Sicht von Arbeitnehmerinnen und Arbeitnehmern jedenfalls enthalten müsste.

Vor dem Hintergrund der akuten und noch keinesfalls weitgehend genug entschärften Probleme einer Reihe von Mitgliedstaaten der Eurozone bei der Finanzierung auf dem Kapitalmarkt sollte die Stabilisierung der Eurozone natürlich nach wie vor höchste Priorität haben. Dazu gehören ein noch aktiveres Engagement der EZB und gemeinsame Finanzierungsinstrumente der Euro-Mitgliedstaaten. Es muss jedoch auch klar sein, dass diese Maßnahmen zwar notwendig sind, um den aktuellen Problemdruck zu dämpfen, allerdings aber keinen Beitrag zur Behebung der eigentlichen Ursachen der aktuellen Krise (ungenügend und ineffizient geregelte Finanzmärkte, extreme Ungleichheiten in der Einkommens- und Vermögensverteilung, erhebliche Ungleichgewichte in den Außenhandelsbeziehungen) leisten. Um langfristig eine stabile Entwicklung und nachhaltigen und verteilungsgerechten Wohlstand zu erzeugen, muss die Wirtschafts- und Währungsunion neue strukturelle Weichenstellungen vornehmen. Eine verstärkte Ausrichtung auf nachfrageorientierte Politik und Zukunftsinvestitionen ist notwendig, um die Eurozone auf einen Wachstumspfad zu bringen. Makroökonomische Ungleichgewichte müssen abgebaut werden. Deutliche Ansätze von Umverteilung haben mit einer Neuausrichtung der Geldpolitik einherzugehen, die auch die Ziele Wachstum, Beschäftigung und Finanzmarktstabilität berücksichtigen soll. Angesichts der Rekordarbeitslosigkeit sind Maßnahmen zur Steigerung guter und sicherer Formen der Beschäftigung und insbesondere zur Bekämpfung der Jugendarbeitslosigkeit in der EU essenziell, um der gegenwärtigen sozialen Krise entgegenzuwirken. Dem EU-Budget kommt eine entscheidende Rolle bei der Erreichung der sozialen und beschäftigungspolitischen Ziele der EU zu.

Im Zuge der Finanzkrise wurde klar, dass riskante Spekulationen auf einem Finanzsektor ohne Marktordnung die gesamte Realwirtschaft in die Krise stürzen können. Eine Finanztransaktionssteuer ist dringend notwendig, um den Finanzsektor an den Kosten der Krise zu beteiligen bzw. zu einer dauerhaften finanziellen Beitragsleistung heranzuziehen. Zudem muss sichergestellt werden, dass Steuerzahlerinnen und Steuerzahler nicht länger für die Rettung von Banken aufkommen müssen. Eine Marktordnung für den Finanzsektor – wie die Gewerbeordnung für die Realwirtschaft – muss geschaffen werden, Kleinanlegerinnen und Kleinanleger sind besser zu schützen, als das bisher der Fall ist.

Der Binnenmarkt hat in erster Linie an den Interessen der arbeitenden und konsumierenden Menschen in Europa ausgerichtet zu werden. Wir brauchen einen gemeinsamen Markt mit einem hohen Niveau an sozialen und ökologischen Standards. Marktfreiheiten dürfen nicht über soziale Rechte gestellt werden. Ein diskriminierungsfreier, flächendeckender und erschwinglicher Zugang zur Daseinsvorsorge sollte gewährleistet werden. Die Steuerpolitik muss auf europäischer Ebene dafür sorgen, dass die Mitgliedstaaten über ausreichende Steuereinnahmen verfügen, um die Krise bewältigen und den Sozialstaat finanzieren zu können. Darüber hinaus müssen die Steuersysteme in der EU wachstums- und beschäftigungsfördernd wirken und zur Verteilungsgerechtigkeit beitragen. Weitere Fortschritte im Bereich der Verankerung von Mindeststandards im Arbeitsrecht sind ebenfalls wichtig. Auch im Gleichstellungsrecht sind weitere Erfolge auf der EU-Ebene notwendig, um die EU auf den Weg zu einer Sozialunion zu bringen.

Die Verkehrspolitik der Europäischen Union ist ökologisch und sozial zu gestalten. Beim Umgang mit öffentlichen Gütern muss Nachhaltigkeit ein Leitprinzip sein. Dieses Prinzip soll unter anderem auch gewährleisten, dass die Versorgung mit Wasser und Energie für jeden Menschen sicher und erschwinglich ist, dass die Umwelt in ihrer materiellen wie immateriellen Funktionsfähigkeit erhalten wird und dass Ressourcen schonend eingesetzt werden. Die Demokratie muss auf EU-Ebene weiter ausgebaut werden. Dazu ist es nötig, die Dominanz nationaler Regierungen in der Entscheidungsfindung zurückzudrängen und das Europäische Parlament aufzuwerten. Das Ungleichgewicht in den Kräfteverhältnissen der Lobbyistinnen und Lobbyisten auf EU-Ebene sollte durch wirksame Regulierung und Transparenzregelungen für Lobbying eingedämmt werden.

Vieles ist aus der Sicht der Arbeitnehmerinnen und Arbeitnehmer also noch zu tun. Manche dieser Vorschläge betreffen kurzfristig notwendige Maßnahmen, andere Änderungen können nicht im Rahmen der derzeit geltenden EU-Verträge umgesetzt werden und sind daher als Perspektiven für zukünftige Vertragsänderungen zu verstehen, denn neben den akuten Maßnahmen zur Eindämmung der Krise dürfen die langfristigen Weichenstellungen für die Zukunft Europas nicht außer Acht gelassen werden. Derzeit werden viele weitreichende Vorstellungen zur Umgestaltung der Europäischen Union und der Wirtschafts- und Währungsunion diskutiert. Unterschiedlichste Varianten und Vorstellungen der Errichtung »Vereinigter Staaten von Europa« spielen dabei auch eine prominente Rolle.

Aus Sicht der Arbeitnehmerinnen und Arbeitnehmer ist jedenfalls klar, dass jeglicher weiteren Integration in Europa, egal ob es dabei in Richtung einer Fiskalunion, einer Bankenunion oder viel grundsätzlicher in Richtung »Vereinigter Staaten« geht, nur dann zugestimmt werden kann, wenn diese Modelle auch den Weg für ein neues Wachstums- und Verteilungsmodell ebnen. Sie müssen daher eine ausreichende Einnahmenbasis des Staates sicherstellen, zu Verteilungsgerechtigkeit beitragen und die Budget- und Geldpolitik auf Wachstum und Beschäftigung ausrichten. Dazu müssen tendenziell neoliberale Zielbestimmungen in den europäischen Verträgen, wie etwa die Festlegung auf einen unbeschränkten Wettbewerb oder eine Geldpolitik mit monetaristischem Kurs, revidiert werden. Die europäischen Verträge sollten Spielregeln enthalten, die festlegen, nach welchen Verfahren die Politik demokratisch bestimmt wird, anstatt durch rechtliche Regeln eine bestimmte Wirtschaftspolitik davor zu bewahren, von der Bevölkerung in Frage gestellt zu werden. In jedem Fall muss aus Sicht der Arbeitnehmerinnen und Arbeitnehmer ein Fortschritt in Richtung einer nachhaltigen Sozialunion in Europa erzielt werden, die sozialen und ökologischen Zielen höchsten Stellenwert einräumt. Auf einer derartigen Basis könnte dann auch eine engere Kooperation im Bereich der Verfassungen der Mitgliedstaaten stattfinden – die unterschiedlichsten Modelle »Vereinigter Staaten von Europa« wohl nicht ausgeschlossen.

»Ein Blick auf die Landkarte und in die Geschichtsbücher zeigt, daß es schwierig sein wird, sich auf Dauer Frieden, Sicherheit und Ordnung in Europa vorzustellen, wenn nicht in der Mitte Europas Friede und Ordnung gesichert sind.«

Václav Havel (1936–2011)
Schriftsteller, Mitinitiator der Charta 77, ehem. Staatspräsident der Tschechoslowakei bzw. der Republik Tschechien

Erhard Juritsch

Für eine starke EU, die unternehmerisches Handeln unterstützt
(anstatt: Sparen und »Zukunft« gestalten – ein Widerspruch!)

In jeder Gemeinschaft sind Entscheidungen zur Bewältigung der Zukunftsprobleme und zur Eröffnung von Chancen geboten. Realität ist, dass die Staatsgewalten (Rechtssystem und Gerichtsbarkeit, Militär, Polizei und Verwaltungsbehörden) und die Politik als Macht- und Gestaltungsorgan den Individuen, den Familien und den Unternehmen gegenüberstehen. Diese Systemlandschaft hat meiner Ansicht nach die Tendenz, die jeweiligen »wohl erworbenen« Vorteile abzusichern.
Mit der Schuldenkrise der öffentlichen Körperschaften entsteht jetzt folgender Widerspruch: Beim öffentlichen Leistungsprogramm sparen und die wohl erworbenen Rechte gleichzeitig absichern. Das geht aber nicht. Und es wird das, worauf heute verzichtet werden soll, um die Zukunft abzusichern, nie genannt, es könnte ja jemand kommen und (politisch) widersprechen. Und es wird ganz allgemein vom Sparen gesprochen, um sich nicht die Zukunft zu verbauen. Das Sparen ist fast immer auf die öffentlichen Haushalte und insbesondere auf die der »anderen« gemünzt, weil sie ineffizient mit »unserem« Steuergeld umgehen. Wettbewerbsfähigkeit des öffentlichen Sektors auf regionaler, nationaler und EU-Ebene entsteht aber nicht durch sparen, sondern durch Investitionen. Was sind Investitionen? In der Betriebswirtschaftlehre sieht man die Investitionen in der Anschaffung neuer Betriebsanlagen (Gebäude und Maschinen). Diese Formulierung ist meiner Ansicht nach nicht umfassend genug. Ein etwas umfassenderes Bild biete ich mit folgender Feststellung an: Investition ist alles, was nicht kurzfristigen Nutzen bringt, sondern längerfristigen Nutzen erwarten lässt. Repräsentativ für kurzfristigen Nutzen ist Konsum. Mit der Festlegung auf langfristigen Nutzen sind aber Ausbildung, Forschung und Aufbau von Organisationen auch Investitionen. Investitionen beinhalten zudem wesentliche Er-

»Die größere Gefahr für die europäische Idee geht heute nicht von jenen aus, die ›weniger Europa‹ wollen, sondern von denen, die ständig ›mehr Europa‹ fordern.«

Rudolf Mitlöhner
Chefredakteur »Die Furche«

kennungsmerkmale eines Wandels und somit eines Neuanfangs. Es entstehen neue Produkte, Dienstleistungen und neues Wissen. Unternehmen müssen diesen Grundsätzen folgen, wollen sie überleben. Daher sollte sich der öffentliche Sektor auf allen Ebenen daran ein Beispiel nehmen und das öffentliche Leistungsangebot ebenfalls zukunftsorientiert ausrichten und nicht einschränken. Es kann meines Erachtens nicht sein, dass in Zeiten, wo sich das private Produkt- und Dienstleistungsangebot stark verändert hat, das öffentliche gleich bleibt und hier und da eingespart wird. Wenn eine überflüssige öffentliche Leistung lediglich eingespart und nicht durch eine zeitgemäße ersetzt wird, geht das vor allem zu Lasten der Jugend, der Familien und jener klein(st)en Unternehmen, die sich auf den Weg machen, die Welt zu erobern. Ich möchte mich hier auf jene Unternehmerinnen und Unternehmer konzentrieren, die enormes persönliches Risiko eingehen, um den Menschen eine Innovation zur Verbesserung ihres Lebens anzubieten. Das sind aber gerade jene Unternehmen der Realwirtschaft, die durch das Ausmaß des öffentlichen Sparens direkt tangiert werden. Das Ersparte soll – so die aktuelle Meinung – für Schuldenabbau und Kapitalkosten (Zinsen) verwendet werden – also in den Finanzsektor wandern. Die Abdeckung zukünftiger, nicht mehr öffentlich bereitgestellter Leistungsangebote einzuschränken bedeutet jedoch, *die Forschung, die Ausbildung ihrer Mitarbeiter und die Bereitstellung und Bildung von Eigenkapital* nicht mehr anzubieten. Je kleiner die davon betroffenen Unternehmen sind, desto »riskanter« ist für sie die privat zu finanzierende Abdeckung jener öffentlichen Aufgaben, die dem Sparstift zum Opfer fallen.

KMU und forschungsintensive (produzierende und IT-) Großunternehmen in den modernen Industrie- und Dienstleistungsgesellschaften der Europäischen Union sind die wesentlichen Treiber von Veränderung. Die Gesellschaft als Nationalstaat oder EU ist aufgerufen, auch inhaltlich zu gestalten, und hier hat sich erfreulicherweise in Europa nach dem Zweiten Weltkrieg der Grundsatz demokratisch legitimierter Entscheidungen durchgesetzt. Es hat sich in diesem Zusammenhang der Begriff des Primats der Politik durchgesetzt und meint damit die Freiheit der Bürgerinnen und Bürger, sich den Entscheidungsrahmen selbst zu gestalten. Bis vor wenigen Jahren war auch das Primat der Politik unbestritten. Heute gibt es eine Mehrfachspaltung der Entscheidungsverhältnisse: Auf der einen Seite stehen die Finanzwirtschaft und die multinationalen Unternehmen, auf der anderen Seite die Parlamente als Repräsentanten der Gesellschaft und die kleinen Unternehmen. Die Verlagerung von Entscheidungen von Regierungen oder Parlamenten in die Headquarters großer (Finanz-)Unternehmen lässt Defizite entstehen. Politikerverdrossenheit und Nachwuchsschwäche bei politischen Funktionen sind spürbar. Die unterschiedlichen Zukunftsaussichten der derzeit lebenden Generationen verlangen aber kompetentes Entscheidungs- und Widerspruchsmanagement für dieses Auseinanderdriften der Prioritäten von Politik und Wirtschaft. Außerdem wissen wir heute nicht mehr, wo die wirklich wichtigen Entscheidungen getroffen werden. Vermutlich werden Zukunftsentscheidungen auf die dem Finanzsektor zuzurechnenden öffentlichen Einrichtungen verlagert. Modernisierungsverlierer und KMU laufen Gefahr, durch das allgemeine öffentliche Sparen Nachteile zu erleiden. Der öffentliche Sektor wird einmal gemachte Einsparungen kaum mehr zurücknehmen.

Damit die Sparappelle nicht zum völligen Rückbau öffentlicher Investitionen führen, sind massive Anstrengungen zu unternehmen, um das Steuergeld mit den Attributen zukunftsfähig, nachhaltig und intelligent anzureichern. Die Wirtschaft artikuliert zwar, dass sie ohnehin weiß, was mit dem Geld zu machen ist, und der öffentliche Sektor nur ein ineffizienter Geldausgeber ist. Also »her mit dem Zaster«. Die Politik muss gerade in diesem Punkt dagegenhalten. Denn etablierte Unternehmen investieren ausschließlich unter ertragswirtschaftlichen Gesichtspunkten, entsprechend ihrer Existenzberechtigung. Das Arbeitsplatz-Argument, welches sie vorbringen, ist ein emotional kaum widerlegbares Argument – sie schaffen und sichern Arbeitsplätze, wenn sie wirtschaftlich, und zwar betriebswirtschaftlich erfolgreich sind. Der Arbeitsplatz muss aus Sicht des Unternehmens ein wettbewerbsfähiger Arbeitsplatz sein. Wenn ein Unternehmen keine oder weniger Mitarbeiter braucht, wird es nicht mehr beschäftigen, weil es nicht konkurrenzfähig wäre.

Es ist aus diesen Gründen eine dringend gebotene EU-Aufgabe, *aufbauend* auf existierenden und neuen technologieorientierten Unternehmen für eine Ausweitung der Finanzierung von Bildung, Forschung, Innovation und Internationalisierung zu sorgen. Es fehlt mir hier am verbindenden Element des Begriffes Staatengemeinschaft – von Gemeinschaftsstaat ist weit und breit nichts zu bemerken. So sind die österreichischen Politiker stolz auf die vergleichsweise geringe Jugendarbeitslosigkeit, anstatt sich gemeinsam mit den anderen europäischen Spitzenpolitikern für eben diese in Grund und Boden zu schämen und rasch wirksame Maßnahmen zu ihrer Bekämpfung einzuleiten. Sie laufen damit Gefahr, zu Verursachern folgender Entwicklung zu werden: Abgabe der Kompetenz zuerst an die Finanzwirtschaft und dann an die Macht der Straße.

Als Maxime über alle Maßnahmen steht für mich die Hypothese, dass nur eine internationalisierungsfähige (Zulieferbetriebe, Born Globals wie LAM vormals SEZ, touristische Leitbetriebe) und internationalisierte Regionalwirtschaft den Wohlstand sichern können. Das ist für Stammkunden öffentlicher Zuwendungen und Menschen mit der Einstellung, es müsse die einheimische Wirtschaft gefördert werden, weil das immer schon so gemacht wurde, schwer zu verstehen. Siehe Landwirtschaft. Zur Klarstellung, warum die oben genannten wirtschaftspolitischen Ziele so bedeutend sind: Weil diese den Veränderungs-Ton angeben. Internationalisierte KMU haben, wenn sie ein überregionales Geschäft betreiben, die Transferfunktion von der Region in die Welt hinaus und – noch wichtiger – von der Welt in die Region hinein. Sie stiften damit auch Identität und sorgen für regionales Selbstbewusstsein. Ein heimisches Unternehmen »tickt« bereits anders, wenn es einen einzigen internationalen Kunden hat.

Die überwiegend politisch motivierte Bedachtnahme auf die innerregionale Wirtschaft, also auf Nullsummenspiele regionaler Akteure, stelle ich unter das zynische Motto: Wir verkaufen uns gegenseitig die Waren aus der Region (»schneiden uns gegenseitig die Haare«) und werden dabei wohlhabend. Das innerregionale Geschäft regelt sich im Gegensatz zu einer dynamischen Unternehmensentwicklung hin zur Internationalisierung ohnehin durch die heimische Nachfrage und ein qualitätsvolles Angebot. Das bedeutet: Nur wenn die Produkte und exportfähigen Dienstleistungen dem internationalen Wettbewerb standhalten – wenn wir also genügend Wertschöpfung, und zwar über Konjunkturzyklen hinweg exportieren, können wir unser Einkommensniveau und unsere Sozialstandards halten. Einkommensunterschiede in den einzelnen Branchen sind ein exzellenter Indikator für Wettbewerbsfähigkeit und berufliche Nachwuchschancen bzw. ebensolche Sorgen. Wenn beispielsweise das Durchschnittseinkommen im Tourismus um 30 % unter dem der internationalisierten Industrie liegt, dann ist es nur konsequent, wenn sich die nächste Generation von der beschwerlichen Arbeit der Führung eines Tourismusbetriebs und der Mitarbeit in einem Tourismusbetrieb abwendet. Wenn der öffentliche Bereich die höchsten Gehaltszuwächse aufweist, ist es ebenfalls nicht verwunderlich, dass sich niemand selbstständig machen will. Die Gewerkschaft öffentlicher Dienst ist für ihre Klientel höchst erfolgreich. Die exekutive Politik setzt nichts dagegen. Es fehlt also in vielen Bereichen wirklich an Visionen, auf denen Ziele und operationale Maßnahmen aufbauen können. Eine Abkehr vom primitiven Spargedanken und eine Hinwendung zu einer Doppelstrategie, die heißt: *Sparen und Investieren*, birgt die einzige Chance!

Margit Schratzenstaller-Altzinger

»Europäischer Mehrwert« durch sozio-ökologischen Wandel

Europa wird die langfristige Tragfähigkeit der öffentlichen Haushalte, seinen inneren Zusammenhalt und die Bewältigung der Herausforderungen durch den Klimawandel nur dann dauerhaft sichern können, wenn es eine neue Zukunftsperspektive von Wohlfahrt, Prosperität und Beschäftigung verfolgt. Die bestehenden Konsolidierungserfordernisse schränken den Handlungsspielraum der Mitgliedstaaten der EU erheblich ein. Dennoch oder gerade deshalb muss Europa sich der Frage stellen, wohin es sich langfristig orientieren will, und die kurzfristigen Prioritäten auch an den Erfordernissen einer langfristig nachhaltigen Wachstumsstrategie ausrichten.

Eine grundlegende Voraussetzung für eine solche Um- bzw. Neuorientierung ist es, die richtigen Lehren aus der gescheiterten Lissabon-Strategie zu ziehen.

Die Lissabon-Strategie ist unter anderem deshalb gescheitert, weil die wirtschaftspolitische Strategie der EU einseitig auf Liberalisierung, Deregulierung und die Stärkung der preislichen Wettbewerbsfähigkeit fokussierte, flankiert von einer starken Stabilitätsorientierung. Darüber geriet die aktive Forcierung von Wachstum und Beschäftigung in den Hintergrund. Die Lissabon-Strategie berücksichtigte zudem die unterschiedlichen sozio-ökonomischen Rahmenbedingungen, die ökonomische, soziale und kulturelle Heterogenität sowie die ökonomischen Ungleichgewichte und Entwicklungsunterschiede zwischen den EU-Mitgliedsländern zu wenig. Auch wurde nicht ausreichend auf die Qualität des Wachstums geachtet: hinsichtlich seiner Fähigkeit, Armut zu bekämpfen und die soziale Inklusion zu verbessern, aber auch in ökologischer Hinsicht. Investitionen in wichtige Wachstumstreiber wie (Aus-)Bildung, Forschung, soziale und ökologische Innovationen wurden sowohl bei der Verwendung der EU-Mittel als auch auf der nationalen Ebene vernachlässigt: mit dem Ergebnis, dass Europa nun insgesamt an einer Wachstumsschwäche und hoher Arbeitslosigkeit leidet, dass die Klimaziele verfehlt werden, dass die Ungleichheit in der Verteilung von Einkommen und Vermögen steigt und gravierende Defizite bei der Gleichstellung von Frauen und Männern fortbestehen, und dass sich die Wettbewerbsfähigkeit der peripheren Regionen deutlich verschlechtert hat.

Eine neue Strategie eines sozio-ökologischen Wandels, die Europa auf einen nachhaltigen Entwicklungspfad bringt, muss auf Wirtschaftswachstum und Beschäftigung auf Basis von Innovation und erhöhter Wettbewerbsfähigkeit setzen. Sie muss sich zugleich dem Ziel sozialer Integration und der Bekämpfung der Armut verpflichten und einer ökologischen Strategie zur Bewältigung von Klimawandel und Energiewende folgen. Dies erfordert eine Kursänderung auf der Ebene der europäischen Politik: weg von der Betonung der preislichen Wettbewerbsfähigkeit und der Priorität der Budgetkonsolidierung hin zu einem Wachstumskurs mit sozialen und ökologischen Prioritäten – die als Turbo der künftigen Entwicklung und nicht als Hindernis begriffen werden müssen. Wachstum gemessen am Bruttoinlandsprodukt kann nicht das Ziel der (Wirtschafts-)Politik sein, sondern ist Mittel zur Sicherung von Beschäftigung, ökologischer Nachhaltigkeit, sozialer Inklusion und Gendergerechtigkeit.

Soziale und ökologische Ziele sind keine völlig neuen Zielsetzungen. Als Neben- bzw. Teilziele gab es sie immer, sie wurden allerdings nie konsequent verfolgt und bei Gegenwind immer aufgegeben. Vor allem mit dem Ausbruch der Wirtschafts- und Finanzkrise sind sie in den Hintergrund geraten: Die Gelegenheit, Konjunktur- und Konsolidierungsprogramme in eine langfristig orientierte, konsistente Strategie eines sozio-ökologischen Wandels einzubauen, wurde insgesamt nur unzureichend genutzt.

Die jüngste vertane Chance zeichnet sich in Bezug auf das EU-Budget ab. Im Februar dieses Jahres haben sich die EU-Staats- und Regierungschefs auf Volumen und Struktur des nächsten mittelfristigen Finanzrahmens für die EU für die Jahre 2014 bis 2020 geeinigt. Der vorgesehene mittelfristige Finanzrahmen scheint die jüngste Finanz-, Wirtschafts- und Schuldenkrise in der

»Europa darf sich nicht ausschließlich auf die Bewältigung der Finanz- und Euro-Krise durch Sparmaßnahmen konzentrieren. Wir dürfen nicht vergessen, dass nur mehr Innovation und höhere Produktivität aus der Krise führen können. Ohne Wachstum wird Europa sein Schuldenproblem nicht bewältigen können. Mehr noch als die Finanzlage macht mir die Arbeitslosigkeit junger Menschen in Europa Sorgen. Nur von ihnen können die künftigen Innovationen kommen.«

Jim Hagemann Snabe
CEO SAP

EU weitgehend zu ignorieren, ebenso wie die krisenunabhängigen längerfristigen Entwicklungen und Herausforderungen. Gegenüber dem laufenden mittelfristigen Finanzrahmen sieht der für die nächste Siebenjahresperiode geplante ein gemessen an der Wirtschaftsleistung sinkendes Volumen vor. Ein schrumpfendes Budgetvolumen steht im Widerspruch zu den steigenden Herausforderungen, mit denen die EU konfrontiert ist: Die Bewältigung der letzten und noch bevorstehenden Erweiterungen, die Überwindung der Finanz- und Wirtschaftskrise und ihrer Folgen (Rekord-Jugendarbeitslosigkeit, nach wie vor nicht endgültig gelöste »Schuldenkrise« in einigen hoch verschuldeten EU-Ländern), die zunehmend drängenderen langfristigen Herausforderungen (Aufhalten des Klimawandels und Einleiten der Energiewende, demografischer Wandel, wachsende Einkommens- und Vermögensungleichheit sowie Armutsgefährdung) würden eigentlich mehr und nicht weniger Mittel auch auf EU-Ebene erfordern. Verstärkt wird dieses Problem dadurch, dass die Struktur der Ausgaben trotz inkrementeller Verbesserungen insgesamt wenig zukunftsfähig ist. Die größten Ausgabenposten sind nach wie vor die Agrarpolitik und die Struktur- und Kohäsionspolitik, während für Forschung, Innovation und Bildung ein nur leicht steigender und insgesamt moderater Anteil der Gesamtausgaben der EU verwendet wird. Innerhalb der Agrarpolitik dominiert nach wie vor die erste Säule der Direktzahlungen. Ihre tendenziell strukturkonservierende Wirkung und die Förderung großer Betriebsstrukturen werden zu wenig abgeschwächt durch eine

Koppelung der Direktzahlungen an eine nachhaltige Wirtschaftsweise und durch Obergrenzen der Auszahlungen pro Betrieb. Die Struktur- und Kohäsionspolitik fokussiert immer noch zu wenig auf die strukturschwächsten Regionen und wird zu wenig zielgerichtet als Instrument zur nachhaltigen Förderung der Wettbewerbsfähigkeit und der Wachstums- und Beschäftigungspotenziale genutzt. Um das EU-Budget stärker als bisher als Instrument eines sozio-ökologischen Wandels in der EU[1], der über die EU-2020-Strategie hinausgeht und noch stärker auf die Verbindung ökonomischer Dynamik mit ökologischen und sozialen Zielen abzielt, einsetzen zu können, erscheinen folgende Eckpunkte vordringlich: Der Anteil der Agrarausgaben an den Gesamtausgaben muss stärker reduziert werden, und die Umschichtung der Agrarausgaben hin zu einer stärker an ökologischen und beschäftigungspolitischen Zielen orientierten zweiten Säule einer nachhaltigen ländlichen Entwicklung muss stärker forciert werden. Ein entschiedenes »Greening« der Direktzahlungen im Rahmen der ersten Säule der Agrarpolitik, d. h. die Koppelung eines bedeutenden Teils der Direktzahlungen an die Erfüllung bestimmter ökologischer Leistungen durch die empfangenden Landwirte bzw. Kürzung der übrigen Direktzahlungen bei Nichterfüllung dieser Leistungen, ist umzusetzen. Die Kohäsionsmittel sind stärker auf die »ärmeren« Mitgliedsländer zu konzentrieren und entsprechend für die »reicheren« Mitgliedsländer zurückzuführen. Sie müssen zudem stärker mit klima-, energie- und beschäftigungspolitischen Zielen verknüpft werden. Außerdem sind die Kohäsionsmittel an Anstrengungen zur Verbesserung der Wettbewerbsfähigkeit zu koppeln und mit den Indikatoren zu verknüpfen, die im Rahmen der neuen wirtschaftspolitischen Steuerung (makroökonomische Ungleichgewichte) verwendet werden, um eine Verbindung zwischen Eurokrise und EU-Budget herzustellen. Der Ausgabenan-

[1] Die Grundlagen eines sozio-ökologischen Wandels in Europa werden derzeit in einem vom WIFO koordinierten Forschungsprojekt mit dem Akronym WWWforEurope erarbeitet, das im Rahmen des 7. Rahmenprogramms der EU gefördert wird (Aiginger/Ederer/Schratzenstaller, 2012).

teil für Forschung und Innovation mit Stärkung ökologischer und sozialer Schwerpunkte ist stärker zu erhöhen.
Grundvoraussetzung für eine solche Umstrukturierung der EU-Ausgaben weg von jenen Ausgaben, die stark im Interesse einzelner Mitgliedstaaten sind, hin zu jenen Ausgaben, die einen »europäischen Mehrwert« haben, also auch mit einem hohen indirekten Nutzen für die Mitgliedsländer und die EU insgesamt verbunden sind, ist die Änderung des Finanzierungssystems des EU-Budgets. Statt das EU-Budget weitgehend aus nationalen Beiträgen zu finanzieren, was einer Fokussierung der Mitgliedsländer auf die individuellen Einzahlungen und Rückflüsse aus dem EU-Budget Vorschub leistet, sollte die EU eine eigene Steuerhoheit erhalten, um etwa mit den Einnahmen aus einer EU-weit erhobenen Finanztransaktionssteuer oder CO_2-Steuer einen Großteil des EU-Budgets zu finanzieren. Dies wäre gleichzeitig ein mutiger Schritt hin zu einer Vertiefung der EU-Integration, der freilich eine fundamentale Debatte über künftige Weichenstellungen – insbesondere hinsichtlich der Frage, ob die EU weiterhin ein Staatenbund bleiben oder sich vielmehr in Richtung Bundesstaat entwickeln soll – erfordert.

Kurt Scholz

Fragen an Europa

Was ist Ihr Lieblingssport?

Meine Lieblingssportarten waren Schlachten und Kriege. Meine Konflikte sind Legende. Schriftsteller wie Homer, Shakespeare, Goethe, Tolstoi und unzählige andere haben sie festgehalten, auf den Mosaiken von Pompeji kann man sie ebenso sehen wie auf den Kriegsbildern von Albrecht Altdorfer über Goya bis ins 20. Jahrhundert, ja: Es gibt, von Beethoven über Tschaikowski bis Schostakowitsch, sogar musikalische Schlachtengemälde. Jedermann kennt meine Kriege, den Trojanischen, den Punischen, die Kriege der Völkerwanderung, die Romzüge deutscher Kaiser, den Hundertjährigen, den Dreißigjährigen oder den Siebenjährigen Krieg, den Erbfolgekrieg, die napoleonischen, österreichisch-preußischen, deutsch-französischen Kriege bis zum Ersten und Zweiten Weltkrieg. Auch die Austragungsstätten meiner Schlachten kennt man: Cannae, den Trasimenischen See, Tours und Poitier, den Sacco di Roma, Austerlitz, Leipzig, Waterloo, Flandern, Dünkirchen, Stalingrad, Berlin. Manche Schlachten wurden so berühmt, dass einzelne Menschen sogar ihre Zeitrechnung mit ihnen beginnen ließen: Die schlagende Verbindung »Rugia« im schönen Krems etwa, welcher einst unter dem Pseudonym »Roland« der jetzige Wiener Bürgermeister angehörte, versah ihre Schriften mit dem Datum »Im Jahr X der Schlacht gegen die Kimbern und Teutonen«.

Ich bin auch stolz darauf, meine Konflikte in allen Elementen ausgetragen zu haben: dem Wasser, von Salamis bis Lissa, der Luft – hier leisteten die Österreicher 1849 mit ihren Ballonbomben gegen Venedig die Pionierarbeit –, dem Gas und den Flammenwerfern, man denke nur an den Ersten und Zweiten Weltkrieg, der Erde, von den Gipfeln der Dolomiten bis zur Küste der Normandie. In der letzten Zeit ist mein Sport in Europa unpopulär geworden. Die Kampfplätze haben sich verlagert. Die Europäer sind der Aggressionen von gestern überdrüssig, und meine Appel-

Wir sehen uns mit drei großen Herausforderungen konfrontiert. Erstens bewirken die Probleme in der Euro-Zone einen fundamentalen Wandel in Europa. Zweitens befindet sich die europäische Wettbewerbsfähigkeit in der Krise. Andere Länder stürmen voran. Drittens hat sich in den letzten Jahren eine Kluft zwischen der EU und den EU-Bürgern aufgetan. Wenn wir diesen Herausforderungen nicht begegnen, besteht die Gefahr, dass Europa scheitert und die Briten in Richtung Austritt driften. Ich will nicht, dass das passiert.
Die größte Gefahr für die EU kommt nicht von denen, die für einen Wandel einstehen, sondern von jenen, die neue Gedanken als Ketzerei anprangern. Europa hat mit seiner langen Geschichte Erfahrung mit Ketzern, die schließlich nicht ganz unrecht hatten. Mein Stand ist wie folgt: Mehr vom Gleichen sorgt für keine sichere Zukunft der Euro-Zone. Mit mehr vom Gleichen wird die EU nicht Schritt halten können mit den neuen Treibhaus-Ökonomien. Mehr vom Gleichen wird die EU ihren Bürgern nicht näherbringen. Mehr vom Gleichen wird einfach nur mehr vom Gleichen produzieren – weniger Wettbewerbsfähigkeit, weniger Wachstum, weniger Jobs. Das wird unsere Länder schwächer machen, nicht stärker. Daher benötigen wir einen fundamentalen, weitreichenden Wandel.
Unseren nationalen Parlamenten gebührt eine größere und bedeutendere Rolle. Es gibt in meinen Augen kein einheitliches europäisches Staatsvolk. Die wahre Quelle echter demokratischer Legitimität und Rechenschaft wird auch in Zukunft bei den nationalen Parlamenten liegen. Es sind die Parlamente, welche den nationalen Führern zu Recht Respekt, wenn nicht sogar Furcht einflößen.

David Cameron
Premierminister von Großbritannien

le, wie etwa die an den verletzten Nationalstolz, ziehen nicht mehr. Früher, da war im Kriege der Mann noch was wert, vom Barette schwankte die Feder, man zog gegen das perfide Albion, jeder Russ' ein Schuss, jeder Brit' ein Tritt, jeder Franzos' ein Stoß hieß es, aber heute? Merkel einigt sich mit Sarkozy und Hollande, Russland ist ein Handelspartner und die Briten sind zwar skeptisch, aber nicht belligerent. Fast scheint es, als ob Frau Suttner mit ihrem »Die Waffen nieder!« recht behalten hätte.

Was ist Ihre Lieblingskleidung?

Die Uniform. Gehen Sie doch nur durch europäische Hauptstädte: Sie werden kaum ein Denkmal finden, auf dem die Herrscher keine Uniform tragen. Gut, Maria Theresia in Wien und der eine oder andere, dem man unhistorisch eine antike Toga verpasst hat, bilden Ausnahmen. Aber denken Sie nur an die unzähligen Statuen des Vittorio Emmanuele, von Radetzky, Wellington, die Gemälde der Feldherren und Konquistadoren! Niemand kann sich Kaiser Franz Joseph oder Kaiser Wilhelm II. anders vorstellen als in Uniform. Die heutige Zivilkleidung von Politikern spiegelt eine bedauerliche Verweichlichung wider. Seit den griechischen Obristen und General Jaruzelski ist die Uniform in Europa ausgestorben. Nicht einmal Verteidigungsminister tragen sie mehr!

Was ist Ihr Lieblingstier?

Das Pferd. Einst trug es die Truppen aus dem Innersten Asiens nach Europa, und auch wir haben es zu unserem Kriegstier gemacht. Noch der Zweite Weltkrieg war der größte Pferdekrieg der Geschichte. Kein Imperator ging zu Fuß – alle saßen zu Pferd, schauen Sie die Denkmale an. Nicht nur die zwei alten am Wiener Heldenplatz – noch Mussolini zog mit nacktem Oberkörper durch Italien, zu Pferd selbstverständlich. Die Ansichtskarten können Sie heute noch auf jedem italienischen Wochenmarkt kaufen. Leider sind die Europäer hippophob geworden, bis in die Essgewohnheiten hinein. Können Sie sich einen heutigen Bundeskanzler zu Pferd vorstellen? Zugegeben, in Großbritannien spielt der Thronfolger Prinz Charles gelegentlich noch Pferdepolo, aber das kann man kaum als Kriegsmanöver gelten lassen. Das Pferd als Ausdruck der Virilität des Herrschers hat ausgedient. Es ist zum Hobby geworden.

Was ist Ihr Lieblingssymbol?

Der Adler. Er ziert unzählige Wappen, staatliche wie private, und zwar mit gutem Grund: Der Adler ist der König der Lüfte, er sieht scharf, seine Krallen packen zu und sein Schnabelhieb ist tödlich. Früher war der Adler Symbol der Luftwaffe, heute ist er das der Schispringer. Früher zierten Adler die Standarten der Armeen. Die heutigen Adler sind träge geworden. Denken Sie nur an den deutschen Bundesadler – früher ein schlankes Raubtier, ähnelt er heute im Bundestag einer gemütlichen Taube. Er ist dick geworden. Nur der österreichische Adler gefällt mir besser als früher: Mit seinen zwei Köpfen war er ja, byzantinischer Aberglaube, nie lebensfähig. Seit er nur mehr einen Kopf besitzt und die Ketten gesprengt hat, lebt er wieder. Gefährlich wirkt er, trotz Hammer und Sichel, dennoch nicht.

Wolfgang Pribyl

Vereinigte Staaten von Europa – in welcher Zukunft wollen wir leben?

Die Geschichte Europas ist geprägt durch eine Vielzahl von Konflikten. Der Höhepunkt dieser europäischen Konflikte wurde in der ersten Hälfte des 20. Jahrhunderts mit zwei Weltkriegen erreicht, die die Rolle der europäischen Staaten in der Welt stark relativierten und die USA als Weltmacht hervorbrachten. Die Erfahrungen und Lehren aus zwei Weltkriegen führten letztlich zur Gründung der Europäischen Gemeinschaft für Kohle und Stahl (EGKS). Heute steht am vorläufigen Ende dieser Entwicklung die Europäische Union (EU) in der Struktur des Vertrages von Lissabon. Wie weit Europa noch in seinen Nationalismen und alten Denkstrukturen verhaftet ist, zeigten nicht zuletzt die Verhandlungen über den zukünftigen Haushalt der EU, oder das Versagen der europäischen Staaten in der Bewältigung von innereuropäischen Konflikten, wie den Zerfall Jugoslawiens.

Der Aufstieg Europas begann mit der Agrarrevolution, die die Basis für die industrielle Revolution bildete. Beide Revolutionen sind Sinnbilder für jene Kraft, die Europa zu einem führenden Wirtschaftsraum machte – die Innovation. Europa wurde über die Zeit zum Technologieführer und Innovationsmotor und behielt diese Position über einen langen Zeitraum. Durch die zwei Weltkriege und die damit verbundenen Änderungen in den Machtverhältnissen, z. B. durch das Aufkommen der USA als militärischer und ökonomischer globaler Machtfaktor und den nahen Ostblock, geriet (West-)Europa langfristig wirtschaftlich stark unter Druck. Europa reagierte auf diesen Druck u. a. mit der Auslagerung der arbeitsintensiven Fertigung in Niedriglohnländer und konnte seine Position damit weitgehend erfolgreich absichern.

Die geopolitische Lage hat sich in den letzten Jahren aber entscheidend verändert und mittlerweile hat sich diese Strategie ins Negative verkehrt. Die Schwellenländer Südamerikas, die Tigerstaaten Süd-Ost-Asiens, Indien und allen voran China drängen vermehrt auf den Weltmarkt und setzen die traditionellen In-

»Die Wirtschaftskrise mündet in einen föderalistischen Staat Europa mit entsprechenden Strukturen und Institutionen. Beinahe alle politischen Probleme, die wir haben, sind derzeit doch europäische Probleme«

Claudio Magris
Schriftsteller

dustrieländer wirtschaftlich und technologisch enorm unter Druck. Die ehemaligen Technologienehmer – die abwertend »verlängerte Werkbänke« genannten Länder – wurden selbst zu Innovatoren, wie sich etwa an der Autoindustrie, der (Mikro-)Elektronik oder der Musikindustrie zeigt. Viele »europäische« Ergebnisse der wissenschaftlichen Forschung wurden und werden nicht in Europa, sondern durch Konkurrenten aus den USA und Asien in Produkte übergeführt. Europa droht nunmehr in vielen Technologiebereichen sogar die Abhängigkeit von den weiter aufstrebenden Nationen. Europa könnte langfristig sogar selbst zur »verlängerten Werkbank« werden.

Die EU trägt der Notwendigkeit zur ständigen Innovation schon seit ihrer Gründung auf vielfältige Art und Weise Rechnung und setzt gezielt Teile ihres Budgets in diesem Bereich ein. Bereits in den 50er Jahren des 20. Jahrhunderts wurde im Vertrag über die Gründung der EGKS in Artikel 55 technische und wirtschaftliche Forschung als Ziel festgelegt. EURATOM hatte die Vereinigung der Forschung auf dem Gebiet der Kernenergie zum Ziel und sollte auch sicherstellen, dass Kernmaterial nicht für militärische Zwecke verwendet wird. In diesem Vertrag wurden aber auch die Förderung der Forschung festgelegt und entsprechende Maßnahmen eingeleitet.

Der Wunsch nach Bündelung verschiedener Forschungsförderungen führte später zur Entstehung der bekannten Forschungsrahmenprogramme. Seit dem ersten Rahmenprogramm sind nunmehr beinahe 30 Jahre vergangen und diesem ersten Programm folgten sechs weitere. Das erste Forschungsrahmenprogramm (ESPRIT) war auf Entwicklungen im Bereich der Informationstechnologie ausgelegt, um Europa auch in Zukunft wettbewerbsfähig zu machen. Die weiteren Programme setzten zuerst weiterhin einen Schwerpunkt auf den IT-Bereich. Später traten auch andere Ziele in den Vordergrund, wie etwa die Verbesserung der Kooperation zwischen Wirtschaft und Forschung. Forschung und Entwicklung fanden auch Eingang in die Verträge von Maastricht (1992), Amsterdam (1997) und mündete in die Lissabon-Strategie, die Europa zur dynamischsten und wettbewerbsfähigsten Region werden lassen sollte. Die Bedeutung, die die EU der Forschungsförderung beimisst, drückt sich auch in Zahlen aus. War das erste Forschungsförderungsprogramm noch mit 4 Mrd. € dotiert, betrug das Budget im gerade auslaufenden 7. Rahmenprogramm rd. 54 Mrd. €. Zu den größten Herausforderungen unserer Zeit zählen die Bereitstellung von Energie, die Lebensmittelsicherheit, der Klimawandel und die demografische Entwicklung. Die Europa-Strategie 2020 trägt dem Rechnung und soll durch das Rahmenprogramm 2020 unterstützt werden. Dafür werden in Abhängigkeit vom noch nicht beschlossenen EU-Budget rd. 80 Mrd. € für Horizon 2020, dem Nachfolger der Rahmenprogramme, zur Verfügung stehen.

Joanneum Research nimmt aktiv an den europäischen Entwicklungen teil und stützt sich dabei auch auf ihr hervorragendes nationales und internationales Netzwerk. Dies zeigte sich nicht zuletzt bei der Teilnahme am 7. Rahmenprogramm. Dabei liegt Joanneum Research bei der Beteiligung an diesem Programm österreichweit an dritter Stelle der Forschungseinrichtungen und an zehnter Stelle aller österreichischen Teilnehmer. Joanneum Research wird sich auch in Horizon 2020 aktiv einbringen und versuchen, an die Erfolge in den vorangegangenen Rahmenprogrammen anzuschließen. Der Schlüssel zum Erfolg wird hierbei wiederum die hervorragende internationale Vernetzung, die Fokussierung der Kräfte und das vorhandene Know-how sein.

Joanneum Research ist dabei aber abhängig von den Entwicklungen des Standortes. Die Steiermark war und ist traditionell ein Land der Industrie. Der Niedergang der Schwerindustrie in den 80er Jahren des 20. Jahrhunderts hat die steirische Wirtschaft vor große Herausforderungen gestellt. Es mussten neue Strukturen gefunden werden, um die Wirtschaft an die neuen Herausforde-

rungen anzupassen und die Basis für Beschäftigung und Wohlstand für die Steirerinnen und Steirer zu sichern. Dies ist in der Steiermark sehr gut gelungen. Heute verfügt die Steiermark über eine starke, klein strukturierte Wirtschaft, in der KMUs das Rückgrat bilden. Daneben sind die großen Flaggschiffe – nicht zuletzt rund um den erfolgreichen Automobilcluster, aber auch im Bereich der Informations- und Kommunikationstechnologien und der (Mikro-)Elektronik – die weitere Säule der steirischen Erfolgsgeschichte. Mit dieser Struktur fügt sich die Steiermark sehr gut in das gesamteuropäische Bild ein, wo rd. 21 Millionen KMUs mit 91 Millionen Arbeitsplätzen eine deutliche Sprache sprechen. Die Positionierung der Steiermark als Industrieland schlägt sich auch in der Wertschöpfung und in der (im internationalen Vergleich) sehr guten Beschäftigungslage nieder, zu der der produzierende Sektor einen Großteil beiträgt. Seit dem Fall des Eisernen Vorhangs und der Erweiterung der EU ist die Steiermark von ihrer Randlage wieder weiter ins Zentrum Europas gerückt. Die geografische Lage bietet vielfältige Chancen zur Vernetzung auf allen Ebenen, die die Steiermark auch zu nutzen weiß. Dies zeigt sich nicht nur in den bilateralen Partnerschaften von China bis Frankreich, sondern auch in einer beeindruckenden Exportstatistik. Steirische Warenexporte in der Höhe von rd. 20 Mrd. € im Jahr 2011 und damit eine Exportquote von 52 % sprechen für sich.
Die Steiermark steht aber auch im Wettbewerb mit den Regionen Europas, und um darin bestehen zu können, ist es unerlässlich, sich einen Vorsprung durch Innovation zu verschaffen. Mit einer Forschungsquote von 4,3 %, fünf Universitäten, zwei Fachhochschulen, zwei pädagogischen Hochschulen und mit 19 von 48 Kompetenzzentren (K1, K2) und vielen K-Projekten mit steirischer Beteiligung in Österreich sowie der landeseigenen Forschungsgesellschaft Joanneum Research hat die Steiermark sehr gute Voraussetzungen geschaffen, diese Anforderungen zu meistern.
Joanneum Research, mit dem Fokus auf angewandte Forschung und Technologieentwicklung, nimmt dabei seit mehr als dreißig Jahren eine Schlüsselfunktion im Technologie- und Wissenstransfer in der Steiermark ein. Nicht nur das Engagement in fünf

großen Themenfeldern (Materials, Health; Digital, Resources, Policies), sondern auch die Positionierung als wesentlicher Partner des internationalen Forschungsnetzwerks mit besonderer Beachtung der europäischen Regionen und dabei speziell – im Sinne eines »Tores zu Süd-Ost-Europa« – im südosteuropäischen Raum sind entscheidend für den Erfolg der Steiermark im internationalen Wettbewerb. Die Strategie von JOANNEUM RESEARCH steht dabei im Einklang mit der Wirtschaftsstrategie der Steiermark »Wirtschaftsstrategie | Steiermark 2020« mit dem Ziel, Wachstum durch Innovation zu schaffen, sowie der Strategie des Landes Steiermark zur Förderung von Wissenschaft und Forschung.
Die Frage, in welcher Zukunft wir leben werden (wollen), ist untrennbar damit verbunden, wie Europa auf die oben beschriebenen Herausforderungen mittel- und langfristig reagiert. Der sicherlich falsche Weg besteht darin, mit Überheblichkeit auf die aufstrebenden Technologienationen herabzublicken und ihre Leistungsfähigkeit zu unterschätzen. Europa befindet sich in der Mitte des Spannungsfeldes zwischen Amerika und Asien. Damit Europa zwischen diesen beiden Polen nicht »aufgerieben« wird, ist es notwendig, alle verfügbaren Ressourcen stetig in Bildung und Ausbildung sowie in die F&E-intensiven Wirtschaftsbereiche zu investieren. Dabei muss der notwendigen engen Verbindung zwischen F&E und der Produktion vor Ort auf jeden Fall Rechnung getragen werden. Bereiche, in denen die gesamte Produktion ausgelagert wird, werden auch die Führungsrolle im F&E-Bereich rasch verlieren. Erfreulicherweise tragen aktuelle Förderprogramme der EU, aber auch nationale Programme diesem Gedanken Rechnung. Einzelne Firmen haben ihre Produktion bereits erfolgreich – sowohl hinsichtlich Kosten als auch Qualität – wieder zurück nach Europa verlagert. Nur durch die dargestellte enge Verknüpfung von Innovation und Produktion wird Europa sich seinen zukünftigen Platz am Weltmarkt und damit auch seinen Wohlstand sichern können.

Wolfgang Burtscher

Ein Europäischer Forschungsraum als Antwort auf globale Herausforderungen

Einleitung

Die europäischen Staaten sind zu klein, um im 21 Jahrhundert jeder für sich wirtschaftlich konkurrenzfähig zu sein. Dies gilt auch für den Bereich der Forschung und Innovation, wo wir einen rasanten Wandel und eine Verlagerung der Aktivitäten in den asiatischen Raum beobachten. Wenn aber Europa seine Integrationsbestrebungen in diesem Bereich nicht vertieft, unabhängig davon, in welcher konstitutionellen Form dies erfolgt, werden wir erleben, wie uns die Schwellenländer den Rang ablaufen.

Forschung und Innovation als Motor für Wachstum und Lebensqualität

Forschung und Innovation sind entscheidend für die globale Wettbewerbsfähigkeit Europas und damit für Wirtschaftswachstum und Arbeitsplätze. Es besteht eine klare Korrelation zwischen Investitionen in Forschung und Entwicklung auf der einen Seite, und Wirtschaftswachstum und Arbeitsplätzen andererseits. Jene Staaten, die, ungeachtet der Krise, ihre Investitionen in diesem Bereich verstärkt oder nicht zurückgefahren haben, haben die Krise zweifelsohne besser überwunden (siehe Übersicht 1, S. 238).
Was auf der Makroebene zutreffend ist, gilt auch für Unternehmensebene. Jene Betriebe, die in Forschung und Innovation investieren, haben eine größere Rendite, einen größeren Anteil an Exportleistungen und verzeichnen folglich auch eine stärkere Zunahme an Beschäftigten.
Aber Forschung und Innovationen sind auch entscheidend für die Bewältigung der großen gesellschaftlichen Herausforderungen, denen wir uns als Menschheit gegenübersehen, wie den Klimawandel, den demografischen Wandel und die damit verbundene

alternde Bevölkerung, den Wandel zu einer ressourcenschonenden Gesellschaft. Gerade der wissenschaftliche und technologische Durchbruch in diesen Bereichen bietet ungeahnte unternehmerische Möglichkeiten in Form neuer innovativer Produkte, Dienstleistungen und Prozesse.

Der globale Wandel der Forschungslandschaft – der Aufbruch der Schwellenländer

Die weltweite Forschungslandschaft ist in einem grundlegenden und rasanten Wandel begriffen. Dieser Wandel hat sich schon in den letzten Jahrzehnten angedeutet und wird sich in den kommenden Jahren mit einiger Wahrscheinlichkeit verstärken. Die Entwicklung geht von einer Forschungslandschaft, die bisher vom Dreigestirn EU, USA und Japan bestimmt war, hin zu einer Forschungslandschaft, die durch eine Vielzahl neuer Akteure gekennzeichnet ist. Besonders springt dabei der Aufstieg der asiatischen Volkswirtschaften, im Besonderen Chinas, ins Auge. Dies gilt sowohl für den sogenannten Forschungs- und Innovations-Input (z. B. Forschungs- und Entwicklungsausgaben) als auch den Forschungs- und Innovations-Output (z. B. Zahl der Publikationen, Patentanträge oder Anteil von Hightech an Exporten).

Schauen wir uns zunächst die Entwicklung der F&E-Ausgaben an (siehe Übersicht 2 und 3). Zwischen 1999 und 2009 ist der Anteil der EU an den weltweiten F&E-Ausgaben von 27 % auf 23 % zurückgegangen. Im gleichen Zeitraum sank der Anteil der USA von 38 % auf 32 % und jener Japans von 14 % auf 11 %. Der Anteil Asiens an den weltweiten F&E-Ausgaben ist hingegen von 24 % im Jahre 1999 auf 32 % im Jahre 2009 angestiegen und übertrifft damit bereits die Ausgaben der EU27. Allein der Anteil Chinas hat sich in diesem Zeitraum, dank jährlicher Steigerungsquoten von 22 %, vervierfacht, nämlich von 4 % im Jahr 1999 auf 12 % im Jahr 2012. Trotz des starken Wachstums des BIP ist es China auch gelungen, seine Forschungsintensität gemessen am BIP von 0,8 % im Jahr 1999 auf 1,7 % im Jahr 2009 zu steigern und damit die Lücke zu den EU27 (1,9 %) zu schließen.

»Heute entzieht sich die politische Meinungs- und Willensbildung der breiten Bevölkerung über die folgenreiche Alternative eines Mehr oder Weniger an Europa dem üblichen demoskopisch-kommerziellen Zugriff. Sie verlangt von den politischen Eliten einen ganz anderen, einen argumentativen und führungsstarken, einen mentalitätsprägenden Politikmodus.«

Jürgen Habermas
Philosoph und Soziologe

Die eigentliche Schwäche der EU27 liegt im vergleichsweise geringen Anteil der privaten F&E-Ausgaben. Im Jahre 2010 belief sich der Anteil der privaten EU27-F&E-Ausgaben auf 53,3 %, während dieser Anteil in den USA bei 61 % lag, in Japan bei 75,9 %, in Südkorea bei 71,8 % in China bei 71,7 % und in Taiwan bei 71,2 % (siehe Übersicht 4).

Schreibt man die jetzigen Entwicklungstendenzen fort, werden die E7-Staaten (BRIC + Mexiko, Indonesien und Türkei) im Jahre 2050 gleich viel in F&E investieren wie die G7, bereits im Jahre 2020 werden sie mehr als die EU27 investieren (siehe Übersicht 5).

Ein ähnliches Bild zeigt sich bei der Zahl der Forscher. Der Anteil der EU27-Forscher an der Zahl der weltweiten Forscher ist im Zeitraum 2000–2008 mehr oder weniger konstant bei 22 % geblieben. Der Anteil der US-Forscher ist im gleichen Zeitraum von 26 % auf 20 % zurückgegangen, jener von Japan, Singapur, Südkorea und Taiwan von 17 % auf 15 %. Der Anteil von Forschern in China hat hingegen nahezu explosionsartig von 14 % auf 23 % zugenommen.

Ein ähnliches Bild zeigt sich auch auf der Output-Seite und führt zu einer zunehmenden Gefahr für die Wettbewerbsfähigkeit Europas.

Zwar ist der Anteil der EU27-»high impact«-Publikationen mit 32 % im Jahre 2007 relative stabil geblieben, während der Anteil der US-Publikationen stark und jener der vier oben erwähnten asiatischen Länder leicht zurückging. Aber auch hier verzeichnen wir eine starke Zunahme der »high impact«-Publikationen aus China, die ihren Anteil von 3 % auf 9 % verdreifacht haben.

Auch bei der Zahl der Patentanträge, die ein wichtiger Indikator für den Forschungs- und Innovationsimpact sind, verzeichnen wir eine rasante Aufholjagd der Schwellenländer. Zwischen 2000 und 2007 ging der Anteil der EU27-Patentanträge an den weltweiten Patentanträgen von 36 % auf 32 % zurück, der Anteil der US sank von 40 % auf 31 %. Im gleichen Zeitraum haben Japan, Singapur, Südkorea und Taiwan ihren Anteil von 13 % auf 24 % gesteigert während China seinen Anteil von 2 % auf 4 % verdoppelt hat. Bei Extrapolation der gegenwärtigen Entwicklung wird der Anteil der G7-Staaten von heute 85 % auf 50 % im Jahre 2050 zurückgehen während der Anteil der E7 (BRIC + Indonesien, Mexiko und Türkei) 47 % betragen wird (siehe Übersicht 6).
Am Ende der Innovationskette und entscheidend für die Wettbewerbsfähigkeit finden wir den Anteil von Hightech-Produkten am Gesamtexport. Auch hier schreiben sich die obigen Entwicklungstendenzen mit nahezu explosionsartigen Steigerungsraten für den asiatischen Raum, im Besonderen für China, fort. Zwischen 1995 und 2010 ging der diesbezügliche Anteil der EU27-Hightech-Exporte von 17,3 % auf 15,7 % zurück, jener der USA von 19 % auf 15,2 % und jener Japans von 19,2 % auf 6,5 %. Im gleichen Zeitraum hat sich der Anteil Chinas an den weltweiten Hightech-Exporten von 6 % auf 22,3 % nahezu vervierfacht.

Ein Europäische Forschungsraum – unabdingbar im weltweiten Wettbewerb!

Was ist der Europäische Forschungsraum?
Europa steht also im Bereich Wissenschaft und Innovation großen Herausforderungen gegenüber, die nur durch gemeinsame Anstrengungen auf europäischer Ebene bewältigt werden können. Der Vertrag von Lissabon schafft hierfür die notwendigen Grundlagen, da, abgesehen von den Europäischen Forschungsrahmenprogrammen, nun erstmals von der Schaffung eines Europäischen Forschungsraumes die Rede ist. Konkret hat die Union zum Ziel, ihre wissenschaftlichen Grundlagen dadurch zu stärken, indem in Europa unter anderem Freizügigkeit für Forscher herrscht und wissenschaftliche Erkenntnisse und Technologien frei ausge-

tauscht werden. Der Vertrag formuliert aber auch unmissverständlich, dass in den Bereichen Forschung und technologische Entwicklung die Zuständigkeiten der Mitgliedstaaten erhalten bleiben.
Der Europäische Forschungsraum bildet das Herzstück der Strategie Europa 2020 und ihrer Leitinitiative »Innovationsunion«. Aus diesem Grund hat der Europäische Rat zur Vollendung des Europäischen Forschungsraumes bis 2014 aufgerufen.
Welche Anstrengungen müssen nun also auf europäischer Ebene und auf der Ebene der Mitgliedstaaten getroffen werden, um diese großen Herausforderungen zu bewältigen.

Europäischer Forschungsraum mit ausreichenden finanziellen Mitteln für Forschung und Innovation

Die Europa-2020-Strategie für intelligentes, nachhaltiges und integratives Wachstum bestätigt das EU-Ziel, wonach bis 2020 jährlich 3 % des EU-BIP in Forschung und Innovation investiert werden sollen. Gegenwärtig steht Europa, die öffentlichen und privaten Forschungsausgaben zusammengenommen, allerdings erst bei ca. 2 %, wobei es jedoch zwischen den Mitgliedstaaten erhebliche Unterschiede gibt. Dies bedeutet, dass Mitgliedstaaten und Unternehmen, ungeachtet der Finanz- und Wirtschaftskrise, ihre diesbezüglichen Anstrengungen sogar noch intensivieren müssen. Das Zauberwort heißt »smart fiscal consolidation«, d. h.: Auf europäischer Ebene hat die Europäische Kommission ihre Verantwortung wahrgenommen und ein ambitioniertes, zukunftsorientiertes Budget für Horizont 2020, das nächste Rahmenprogramm für Forschung und Innovation, vorgeschlagen. Der Vorschlag der Europäischen Kommission sah mit 80 Milliarden Euro eine nahezu 50%ige Steigerung der Forschungs- und Innovationsausgaben vor. Der Europäische Rat hat im Rahmen des am 8. Februar 2013 beschlossenen EU-Sparhaushaltes entschieden, die Mittel für Horizont 2020 für die Jahre 2014–2020 auf ca. 70 Milliarden zu reduzieren, was immer noch eine Steigerung der Mittel um nahezu 30 % im Vergleich zum Finanzrahmen 2007–2013 darstellt. Das Europäische Parlament, dem aufgrund des Vertrages von

Lissabon erstmals ein Zustimmungsrecht zum EU-Haushalt zukommt, hat aber in einer ersten Stellungnahme vom 13. März 2013 den Haushalt abgelehnt, u. a. mit dem Hinweis darauf, dass die Investitionen in Forschung und Innovation wesentlich erhöht werden müssen.

Europäischer Forschungsraum muss Forschung und Innovation mit größtmöglichem Ertrag sichern

Alleine mit der Erhöhung der verfügbaren Mittel für Forschung und Innovation ist es aber noch nicht getan. Wir müssen auch sicherstellen, dass die Mittel effizienter eingesetzt werden, dass wir mit den Mitteln, die wir in die Forschung investieren, ein Mehr an Innovation, an neuen Produkten, an neuen Dienstleistungen, an neuen Verfahren herausholen. Gemessen an unseren Mitbewerbern schneidet Europa zwar bei der Exzellenz und der Qualität der Forschungsleistungen und der damit verbundenen Publikationen ausgezeichnet ab. Wenn es hingegen darum geht, Einkommen aus Patenten und Lizenzen für neue Produkte, Verfahren und Dienstleistungen zu erzielen, ist Europa weniger erfolgreich als seine Mitbewerber.

Horizont 2020, das nächste Rahmenprogramm für Forschung und Innovation, geht auf diese Schwäche der europäischen Forschungsförderungslandschaft gezielt ein. Zum einen werden alle Forschungs- und Innovationsförderungsinstrumente in einem Förderinstrument zusammengefasst, zum anderen soll dieses Förderinstrument die Integration von Forschung und Innovation durch eine lückenlose, kohärente Förderung von der Idee bis hin zur Marktreife von Produkten abdecken. Innovationen und marktnahe Tätigkeiten sollen mehr Unterstützung erhalten, um direkte wirtschaftliche Impulse zu setzen. Dabei verfolgt Horizont 2020 ein weit gefasstes Innovationskonzept, das nicht darauf beschränkt ist, neue Produkte und Dienstleistungen auf den Markt zu bringen, sondern das auch Arbeitsabläufe, Systeme oder sonstige Konzepte erfasst sowie die Bedeutung sozialer Innovation anerkennt.

Europäischer Forschungsraum mit abgestimmter und fokussierter Forschungsagenda im Bereich der großen gesellschaftlichen Herausforderungen

Wie eingangs ausgeführt, zeichnet sich der Europäische Forschungsraum durch eine Vielzahl von Forschungsakteuren auf regionaler, nationaler und europäischer Ebene aus. Vor diesem Hintergrund besteht die Herausforderung darin, kostspielige Überschneidungen und unnötige Doppelarbeiten im Bereich von Forschung und Innovation zu vermeiden und einen echten Binnenmarkt für Wissen, Forschung und Innovation aufzubauen. Zu diesem Zweck bedarf es der Bündelung der Forschungsanstrengungen durch die Festlegung und Durchführung gemeiner Forschungspläne, im Besonderen im Bereich der großen gesellschaftlichen Herausforderungen wie Klimawandel, gesundes Altwerden, Nahrungsmittelsicherheit oder nachhaltige Energieversorgung. Es geht insbesondere darum, durch länderübergreifende Forschung und Innovation Synergien zwischen nationalen und internationalen Programmen auszuschöpfen und die begrenzt verfügbaren öffentlichen Forschungsmittel gezielt einzusetzen.

Diesbezüglich ist das Instrument der gemeinsamen Programmplanung, bei dem die Mitgliedstaaten ihre strategischen Forschungspläne untereinander und mit der EU-Ebene abstimmen, besonders vielversprechend. Zwar wurden bereits zehn solcher Themen für die gemeinsame Programmplanung identifiziert, darunter z. B. Alzheimer und andere neurodegenerative Erkrankungen, doch bedarf die praktische Umsetzung dieses Konzepts noch verstärkter Anstrengungen seitens der Mitgliedstaaten.

Andere zentrale Themen für die Verwirklichung eines Europäischen Forschungsraumes sind:

- Wirkungsvolle Investitionen in Forschungsinfrastrukturen und deren effektive Nutzung,
- Ein offener Arbeitsmarkt für Forscherinnen und Forscher,
- Optimaler Austausch von, Zugang zu und Transfer von wissenschaftlichen Erkenntnissen.

Schlussbemerkungen

Forschung und Innovation auf europäischer Ebene haben eindeutig einen europäischen Mehrwert im Vergleich zu bloß nationalem Tätigwerden. Verstärkte Zusammenarbeit und Integration sind daher ein Gebot der Stunde, wollen wir uns im weltweiten Wettbewerb behaupten. Das neue Forschungsrahmenprogramm Horizont 2020 mit Schwerpunkt auf der Förderung von Forschung und Innovation entlang der gesamten Wertschöpfungskette und die Initiative zur Verwirklichung des Europäischen Forschungsraumes bis 2014 liefern das Rüstzeug, um diesen Herausforderungen gerecht zu werden.

Literatur

Europäische Kommission (2012), Eine verstärkte Partnerschaft im Europäischen Forschungsraum im Zeichen von Exzellenz und Wachstum.

Europäische Kommission (2011), Horizont 2020 – das Rahmenprogramm für Forschung und Innovation.

Europäische Kommission (2011), Innovation Union Competitiveness Report 2011 Edition, Luxembourg: Publications Office of the European Union.

OECD (2012), Main Science and Technology Indicators, Paris: OECD.

Veugelers, Reinhilde (2013), The World Innovation Landscape: Asia Rising?, Bruegel Policy Brief Contribution, Issue 2013/02, Brussels: Bruegel.

Übersicht 1: R&D investment[1] and economic recovery

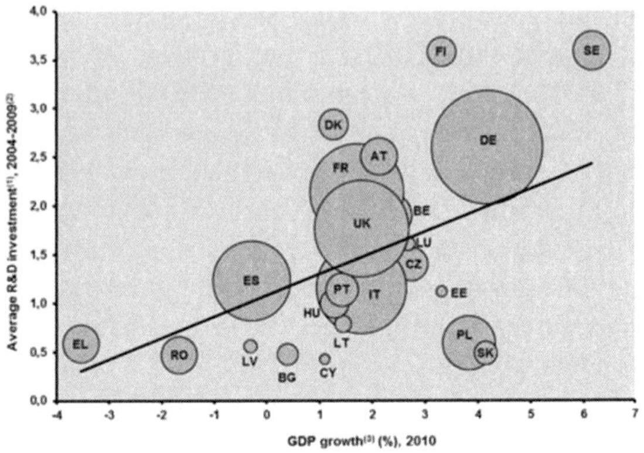

Source: DG Research and Innovation
Data: Eurostat
Notes:
(1) Average R&D investment: Average annual R&D intensity (Gross Domestic Expenditure on R&D as % of GDP).
(2) EL: 2004–2007; SE: 2005–2009; DK: 2007–2009; SI: 2008–2009.
(3) Real growth,
(4) Ireland, Malta, Netherlands and Slovenia are not visible on the graph.

Übersicht 2: Share of global R&D expenditure, 1999

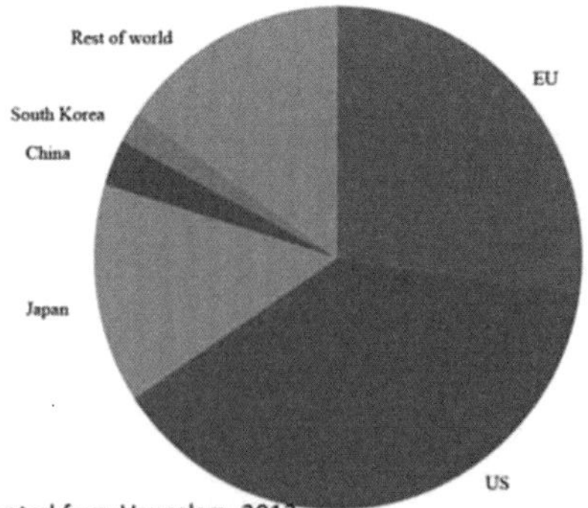

Source: Adapted from Veugelers, 2013

Übersicht 3: Share of global R&D expenditure, 2009

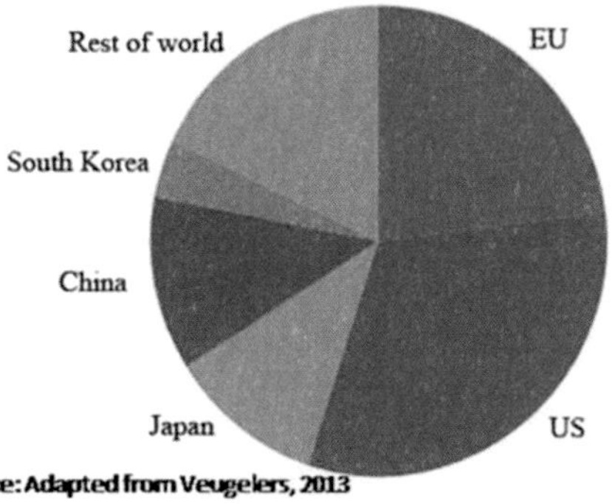

Source: Adapted from Veugelers, 2013

Übersicht 4: Share of GERD financed by industry, 2010

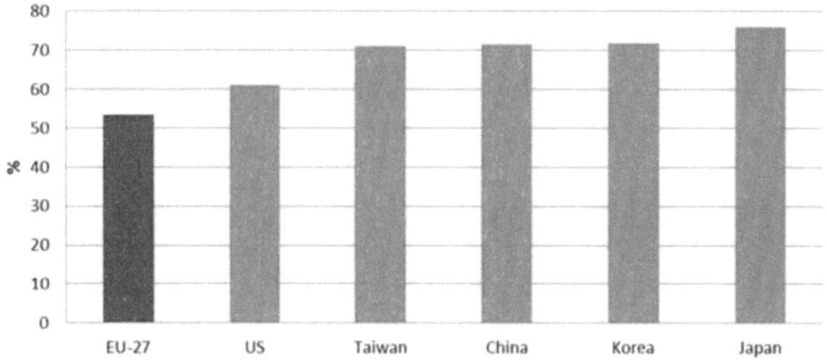

Source: OECD, 2012

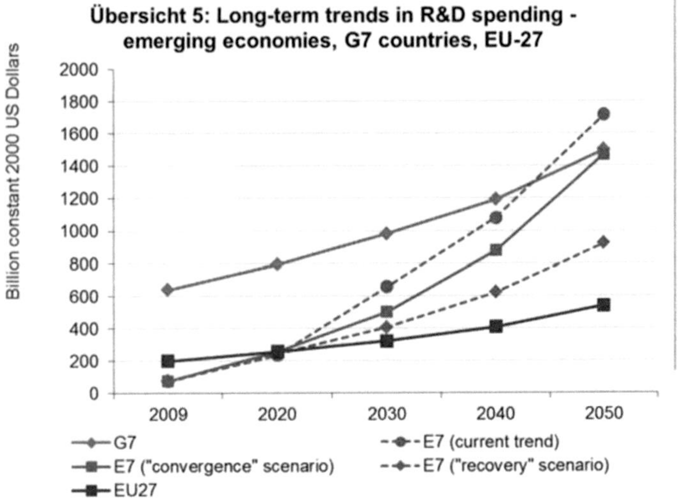

Source: European Commission, 2011a

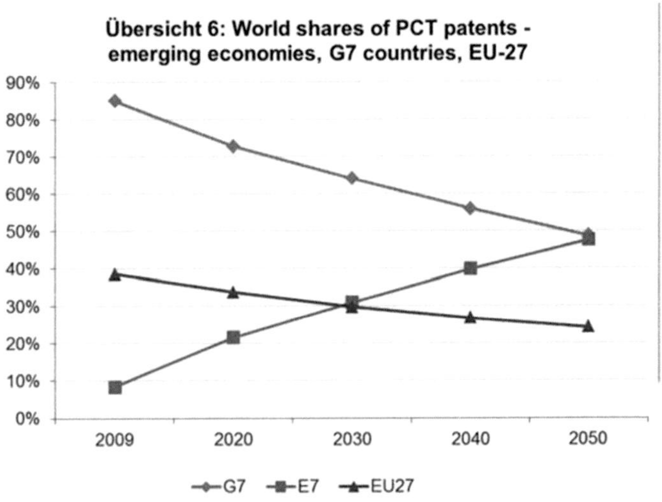

Source: European Commission, 2011a

Werner Wutscher

Das Hoffen wagen – mit Wagemut in die Zukunft

Noch nie wurde so viel schwarzgemalt, wie in unseren Zeiten. Haben wir den Weltuntergang zum Jahreswechsel gerade noch überlebt, so schlagen wir uns permanent mit den »Euro-Finanz-Lebensmittel–Korruptions-Krisen« herum. Warum diese negative Haltung, die die Diskussion im öffentlichen Raum dominiert? Zuerst geht es um das Verstehen!

Obwohl uns die Politik und vor allem die österreichischen Interessenvertreter aller Zünfte, wie Lehrer, Beamte oder Bauern, genau erklären, warum sich nichts ändern darf und ändern wird, leben wir in einer Zeit dramatischer Veränderung – aber bitte das nicht weitersagen!

Die Welt, in der wir leben, ändert sich derzeit so dramatisch wie zu Zeiten, als Gutenberg den Buchdruck erfunden hat.

Die politische Ordnung hat sich verändert.

Das sagen wir immer, aber haben es wir verstanden? Geopolitisch sind die Zeiten, als Europa und die USA den Ton angaben, vorbei. Heute bestimmen viele Spieler wie Asien und Südamerika das weltpolitische Geschehen. Das elementarste Prinzip des Völkerrechts – das Konsens-Prinzip –, das Prinzip, dass jeder einzelne Staat immer zustimmen muss, lässt sich nicht mehr durchsetzen. Die Wertesysteme, die dahinterstehen, sind zu unterschiedlich. China beurteilt Demokratie völlig anders als Südamerika oder die USA. Diese Unterschiede sind nun offengelegt. Dies ist einer der Gründe, warum sich heute Institutionen wie die Weltbank, der Internationale Währungsfonds oder die Vereinten Nationen in einer Sinnkrise befinden und warum alle großen Gipfeltreffen der Staatengemeinschaft scheitern, egal ob sie das Klima, die Finanzen oder den Rest der Welt retten wollen.

Die gemeinsamen Klammern der Staatengemeinschaft sind schwächer geworden. Das macht politische Entscheidungen logischerweise schwieriger. Dass all dies Unsicherheiten erzeugt, die von Medien auch permanent transportiert werden, ist logisch.

Wie sieht die Zukunft unseres Kontinents aus? Wird es in 20 Jahren noch den Euro geben? Wird in 40 Jahren tatsächlich Brüssel die Hauptstadt der Vereinigten Staaten von Europa sein? Oder nur noch die Verwaltungszentrale Flanderns? Peanuts. Betrachten wir die Sache großzügig aus der Vogelperspektive, am besten nimmt man einen historischen Weltatlas, um die Zukunft Europas in der Vergangenheit vorauszusagen.
In welcher Lage war der Kontinent um 1450, wenn man sich damals im heutigen Istanbul befand? Eben erst hat sich die russische Orthodoxie vom Patriarchat in Konstantinopel für unabhängig erklärt. Das Moskowiter Reich wächst. Wird es sich am Westen orientieren? Nein, immer tiefer dringen die Russen nach Sibirien vor. Tatsächlich werden sie innerhalb von 200 Jahren den Pazifik erreichen.
Schlechte Nachrichten für das Oströmische Reich kommen auch aus Kleinasien. Die Osmanen mit ihren dynamischen Herrschern stehen vor den Toren der Hauptstadt. Wie weit werden sie kommen? Nimmt man die russische Expansion zum Maßstab, werden sie noch am Ende des 17. Jahrhunderts am Atlantik stehen. Doch irgendwie kommen sie ausgerechnet vor Wien 1683 ins Stocken.
In gut 250 Jahren hat sich neben dem Russischen und dem Osmanischen Reich auch die Habsburger Monarchie prächtig entwickelt, als Großmacht inmitten Europas. Diesen drei Vielvölkerstaaten schien die Zukunft zu gehören. Stattdessen aber kam die Dominanz von Ländern, auf die man 1450 wohl nicht gesetzt hätte. England war ein von Bürgerkriegen zerrüttetes Königtum am Rande, Preußen schien eine vernachlässigbare Größe, bis sich auch dort so wie in Frankreich ausgeprägte Nationalismen herausbildeten und ein labiles Gleichgewicht der Kräfte.
Aber wer dachte im Zeitalter der Revolutionen, der politischen und der industriellen, überhaupt noch kontinental? Die ganze Welt wurde eingefärbt, von Briten, Franzosen, Spaniern, Holländern. Auf sie folgten die USA und die Sowjetunion als gelehrige Kolonialisten. Mit permanentem Erfolg? Die UdSSR zerfiel so rasch, wie sie entstanden ist, schon fragt man sich, wann das Ende des amerikanischen Zeitalters kommen wird. In Europa aber kann man inzwischen so etwas wie Einheit in der Vielfalt erkennen. Wo liegt das Zentrum dieser Union? Rein geografisch wandert der Schwerpunkt wieder gegen Osten. Vor 20 Jahren lag er irgendwo zwischen Straßburg und Luxemburg, nach den Erweiterungen Ende des alten, Anfang des neuen Jahrtausends irgendwo in Böhmen. Bald vielleicht in Wien? In Istanbul? In Moskau? Bleiben wir offen.

Norbert Mayer
Redakteur »Die Presse«

Dies macht es auch für die Akteure in diesen Systemen – die Politiker – viel schwieriger. Diese Unsicherheiten auszusteuern und in diesem komplexen Umfeld Entscheidungen zu treffen, ist herausfordernd. Vor dem Hintergrund des Anspruchs der Politik in Österreich, allmächtig zu sein und alle Probleme von der Wiege bis zur Bahre lösen zu können (siehe die letzte Wahlauseinandersetzung in Niederösterreich), macht es für Politiker unmöglich, Linie zu halten. Die Politik muss versagen. Die Wähler haben das schon lange durchschaut und entsprechend sehen die Umfragewerte für das Vertrauen in die Politik aus. Anstatt zu erklären, wird die eigene Unsicherheit überspielt und gepokert. In diesem Spiel sind übrigens die Medien der zweite Spieler am Tisch, der gerne mitspielt.
Politiker von morgen werden zugeben, dass die Politik nicht mehr alles weiß und allein lösen kann. Vieles ist derzeit offen und das »Regieren auf Sicht«, wie es die deutsche Kanzlerin definiert, ein probates Mittel der Entscheidungsfindung. Die Probleme werden zudem nur in einem Zusammenspiel von Politik, Wirtschaft und Zivilgesellschaft zu lösen sein. Dies wird die über Jahre aufgebaute Erwartungshaltung in die Allmacht der Politik zerstören. Gepaart mit der mangelnden Durchlässigkeit und Transparenz des österreichischen politischen Systems wird dies noch zu einige Verwerfungen in der parteipolitischen Landschaft führen.

Neue Medien!

Ein weiterer Strang der Veränderung sind die Neuen Medien. Die Entwicklung um das Smartphone ist vergleichbar mit der Erfindung des Buchdrucks. Heute sind die Schlagwörter: lokal, sozial und mobil. Die Möglichkeit, permanent »online« zu sein, wird die Art und Weise, wie wir kommunizieren, dramatisch verändern. Das Smartphone können wir derzeit schon zum Einkaufen, Parken oder zur Regulierung der Heizkörper in unseren Wohnungen verwenden. Unsere Kinder werden damit bezahlen, aber auch lernen, wie heute mit dem Laptop. Die digitale Revolution wird uns Möglichkeiten eröffnen, die die Geschäftsmodelle ganzer Branchen dramatisch verändern, ja zerstören werden. Die Medien- und

Bankenlandschaft unseres Landes wird in fünf Jahren völlig anders aussehen. Kommunikation wird noch günstiger werden; das direkte Erreichen der Konsumenten wird einfach und damit unsere Meinung als Konsument noch wichtiger. Der Umgang mit dem Smartphone wird von unseren Kindern beherrscht werden, wie das Lesen und Schreiben. Heute sind erst ca. 30 % aller Menschen, die ein Smartphone benutzen, mit diesem aufgewachsen. 2030 wird das aber die Mehrheit in Österreich sein. Dies wird auch zu einer starken Individualisierung des eigenen Verhaltens führen. Jeder schafft sich mit seiner »Social Media Family« sein Universum. Die gemeinsamen Klammern werden auch dadurch weniger.
Dass all dies Unsicherheit erzeugt, die von Medien auch permanent transportiert wird, ist logisch. Dennoch sehe ich für die Zukunft viel mehr Chancen als Risiken.
Was die ökologische Entwicklung betrifft, bin ich überzeugt, dass Nachhaltigkeit immer wichtiger wird. Nachhaltigkeit in einem ganzheitlichen Sinne bedeutet in der Steuerung von Unternehmen und Institutionen, sich nicht nur auf betriebs- und finanzwirtschaftliche Kennzahlen zu verlassen. Wohin uns das führt, hat die Krise von 2008 gut dokumentiert.
In der Welt von morgen werden Ressourcen wie Energie und Lebensmittel teurer und damit auch wertvoller. Und das ist gut so. Wir geben heute 11 % des Haushaltseinkommens für Lebensmittel aus. Teurere Lebensmittel werden das Wegwerfen von Lebensmitteln, das heute rund 300 Euro pro Haushalt im Jahr ausmacht, unrentabel machen. Dazu ist ein Wertewandel in Richtung Nachhaltigkeit nötig. Ich bin fest überzeugt, dass in Zukunft Qualität vor Masse und Lebensqualität vor Konsum Vorrang bekommen werden.
Es hat sich auch unsere Arbeitswelt verändert. 290.000 Unternehmen in Österreich stehen heute 240.000 EPUs gegenüber – sogenannte Einzelpersonen-Unternehmen, also Menschen die selbstständig ohne Mitarbeiter arbeiten. Das sind Leute, die haben keinen Chef! Da ändert sich auch gesellschaftspolitisch etwas. Selbstständigkeit heißt nicht gleich ein Einkommen wie Didi Mateschitz und Niki

Lauda zu beziehen, aber es heißt eigenverantwortlich und mit eigenem Risiko die Dinge in die Hand zu nehmen. Dies wird Österreich nachhaltig verändern, weil es wegführt vom bisherigen Wirtschaftsmodell der sozialpartnerschaftlichen Einteilung. Wie schwer sich die Interessenvertretungen mit dieser Entwicklung tun, wird durch die Debatte der steierischen WK dokumentiert, wer diese EPUs eigentlich vertreten soll. Sie passen nicht in das Schema der Fachverbände der Kammern und es wird vermutet, dass sie daher vielleicht gar keine Unternehmer sind.

Dazu kommt, dass viele junge Unternehmen, die neu gegründet worden sind, sogenannte Start-ups, innovativer sind als viele etablierten Unternehmen, weil sie näher an der digitalen Entwicklung sind und keine großen Konzernstrukturen haben. Dies führt zu neuen Formen der Zusammenarbeit zwischen großen Unternehmen und den kleinen Start-ups. Forschung und Entwicklung, vor allem aber Innovation wird eher von den Kleinen, Schnellen generiert und nicht von den Großen. Hier geht es vor allem darum, den Dialog zwischen diesen Sektoren zu fördern und neu zu organisieren.

Die Unsicherheit verlangt nach Mut und das Neue nach Hoffnung.

Zusammenfassend kann ich festhalten, dass vieles in Bewegung ist, sich aber auch viele Chancen auftun. Es wird aber vor allem darum gehen, gemeinsame Klammern zu definieren. Viele der Entwicklungen, die ich oben geschildert haben, führen dazu, dass die alten Ordnungen aufgelöst werden. Der Einzelne erschafft sich seine »Mikro-Welt«, in dem er definiert, mit wem er kommuniziert. Daher wird es essenziell, neue Narrative zu entwickeln, die große Zusammenhänge erklären. Es ist eine neue Aufklärung unter den gegebenen komplexen Rahmenbedingungen einzufordern, ohne sofort einfache Antworten zu haben. Es geht darum, wieder gemeinsame Klammern zu entwickeln, die das ganze System zusammenhalten. Das heißt auch, sich auf Unsicherheit und Neues einzulassen. Diese Aufklärung sollte sich aber nicht auf den rationalen Teil des Verstehens beschränken. Die Probleme der Zukunft werden sich nur lösen lassen, wenn wir uns neue Räume

der Kultur, der Kunst, aber auch der Spiritualität erschließen. Gerade auf die Kunst und Kultur kommt in einer Welt, in der die rationalen Klammern, wie oben nachgewiesen, kleiner werden, eine wichtige Funktion zu.
Die Unsicherheit bedarf des Mutes und das Neue bedarf der Hoffnung, denn wie heißt ein altes Kärntner Sprichwort: »Glauben heißt nichts wissen«. Wenn die Zukunft gelingen soll, werden wir uns vorwärts bewegen müssen, wie bei einer Bergtour, gut vorbereitet, mit Karte und Kompass ausgestattet, aber auch wissend, dass der Weg, den wir gehen, neu ist. Das benötigt Mut und einen festen Glauben an die Zukunft.

»Europa als Projekt für die Zivilgesellschaft und den Frieden ist längst vom Europa des finanziellen Profits überholt worden. Der unbedingte Glaube in die Märkte hat die Werte der Gesellschaft ausgehöhlt. Was ist aus eurem europäischen Traum geworden?«

Michael J. Sandel (*1953)
Professor für Politische Philosophie an der Harvard University
(»Der Standard«, 8. April 2013)

Stephan Maier

Vereinigte Staaten von Europa – Trust in the »generation Y«!

Die von der Europäischen Union ausgehenden Impulse um eine Einigung Europas lassen derzeit nur eingeschränkt Entwicklungstendenzen erkennen. Die Finanz- und Wirtschaftspolitik der EU ist am Ende. Um ein Europa zu schaffen, in dem die gesamte Bevölkerung ohne Einschränkung sagen kann: »Ja, das ist mein Europa!«, gibt es noch viel zu ändern. Wie sieht das derzeitige »veraltete« System aus? Wie entwickeln wir unsere Grenzen? Wollen wir das Europa auf der Ebene der Menschen vereinen oder nur auf der Mikroebene des Kapitals und der Macht? Was spielen die Faktoren Größe, Bildung und Jugend für eine Rolle? Schließlich: Wie wichtig ist das Individuum?

Offene Geografie ohne feste Grenzen

Durch die überseeischen Staatsgebiete einzelner europäischer Länder sind bereits jetzt Gebiete in Südamerika und diverse Inseln weltweit Teil Europas und damit »Europa auf anderen Kontinenten«. Zudem hat Europa, kontinental betrachtet, bis heute keine eindeutige Linie zwischen Europa und Asien gezogen. Damit hat es nicht von vornherein ausgeklammert, sich mit Staaten zusammenzuschließen, die außerhalb des europäischen Kontinents liegen. In dieser geografischen Offenheit liegt eine große Chance für ein von und für Menschen geschaffenes System.
Die Geschichte zeigt, dass ein System auf Dauer nur überlebt, wenn es offen und dynamisch ist. Eine strenge Grenzziehung und die kategorische Abschottung von der angrenzenden Umgebung waren nie von Dauer. Die europäische Einigung sollte also nie aufhören, daran festzuhalten, wofür sie ursprünglich geschaffen wurde. Friedliches Leben in einem großen Wirtschaftsraum mit sich ständig erweiternden Grenzen. Verbindende, gemeinsame Aktivitäten haben großes Potenzial, Grenzen in eine ganz andere

»Entweder wählen wir entschlossen ein föderales Europa, die Vereinigten Staaten von Europa, oder wir fallen alle gemeinsam zurück in unsere nationalen Verliese.«

Daniel Cohn-Bendit
Abgeordneter im Europäischen Parlament

Richtung auszuweiten. Bislang passiert diese Ausdehnung zweidimensional. Unsere Welt aber ist dreidimensional. Das Ziel dieser Ausweitung der Grenzen könnte somit ja auch »Stratosphäre« heißen. Ein kluges Voranbringen eines geeinten Europa schließt auch die Wahl des Namens der Einigungsbewegung ein. Um niemanden von diesem Prozess auszuschließen, könnte die Namensgebung auch in Richtung »Vereinigte Staaten der Erde« gehen. Damit könnten auch die größten Probleme, wie Welthunger, Klimawandel, Krieg, Katastrophen etc. nachhaltig konstruktiv gehandhabt werden.

Einigungsprozess

Über eine reine »Wirtschaftsunion« hinaus zu denken ist unabdingbar, denn deren Limits zeigen sich laufend. Auch eine Hypervereinigung vieler Länder wäre nicht gut, denn eine Normierung kann schnell zu einer Über-Normierung führen. Die Folge wäre die Angleichung der Kulturen und eine Ausdünnung unterschiedlicher regionaler Ausprägungen. Ändert man jedoch die Gemeinschaftssysteme, wie sie derzeit bestehen, nicht, stehen wir weiter vor dem Dominanzproblem großer vs. kleiner Ethnien, Machtgruppen, Staaten, Firmen etc. Die Größe einzelner Staaten darf hinsichtlich der Machtverteilung keine Rolle mehr spielen. Die im Menschen angelegten Verhaltensmuster erfordern für einen Systemwandel verstärkte Bewusstseinsarbeit.

Der Faktor Größe

Hier möchte ich ein persönliches Erlebnis schildern. Es spiegelt für mich eine sehr tief sitzende Einstellung des Menschen wider. Wir, eine Gruppe von sieben Personen, befinden uns auf dem Weg mit der Fähre von Italien nach Griechenland und lassen uns an Deck der Fähre auf die einzige noch freie Sitzbank nieder. Eine

Vorreservierung der Sitzplätze wurde nicht angeboten. Es kommt ein junger Österreicher aus einer etwa dreißigköpfigen Gruppe auf uns zu und meint, es wäre »seine Bank«. Auf unsere Frage, wie er darauf komme, antwortet er: »Wal mia san mera!« (Anm. »Weil wir mehr sind!«).
Diese Haltung lässt sich bei vielen alltäglichen Situationen in unterschiedlichem Ausmaß beobachten. Arroganz und Mehr-Wert-Gefühl in Form von Macht zeigt sich nicht nur bei aufeinandertreffenden Personen oder Gruppen auf der Mikroebene. Auch auf der Meso- und Makroebene in Form von Gemeinden, Bezirken, Bundesländern, Staaten und schließlich auf supranationaler Ebene der Europäischen Union spielt diese Dominanz eine bestimmende Rolle. Die Entscheidungsträger in der Europäischen Union sind meist die größten Staaten, also jene, von denen »mehr da sind«. Angehörige von anderen, kleineren Staaten haben da oft das Nachsehen und müssen sich dem Diktat der Großen beugen. Mit welchem Recht geschieht das? In einer Gemeinschaft kann ein »Mehr-Wert« nur gerecht ausgelegt sein, wenn alle davon profitieren, nicht nur die Großen.

Die jungen Pflanzen wachsen schon

Wir müssen sinnvolle Entwicklungslinien im Fortschritt finden. Effizienz allein ist nicht das Maß aller Dinge. Das sieht man beispielsweise an der Überausbeutung im europäisch organisierten Fischfang. Dieser muss jetzt mühsam neu organisiert werden. Die Monopolisierung der Produktion, somit Konzentration von Wertschöpfung an immer weniger Standorten, bildet auch keine nützliche Basis für eine überlebensfähige Gemeinschaftsgesellschaft. Gesamteuropäische Debatten sollten nicht mit dem Wort Nachhaltigkeit allein geführt werden. Reale Nachhaltigkeitsstrukturen können erst geschaffen werden, wenn im Zusammenhang mit Effizienz auch im selben Maße suffizient[1] und konsis-

[1] Effizienz des Gesamtsystems, ohne Rebound-Effekte, d. h. trotz Effizienzsteigerungen von Einzeltechnologien, schließlich erst wieder eine Zunahme des Gesamtenergieverbrauchs.

tent[2] gehandelt wird. Was uns dazu fehlt? Generell das ausreichende Wissen über diese Zusammenhänge. Doch diese jungen Pflanzen müssen erst wachsen. Das interdisziplinäre Fach »Umweltsysteme« ist gesamtgeschichtlich betrachtet noch viel zu jung, um so integriert zu sein wie beispielsweise Mathematik, Sprachen oder Naturwissenschaften. Und es müsste sich diese zusätzliche Ausbildung von früher Kindheit an wie ein roter Faden durch die gesamte Lernzeit ziehen. Damit kann nachfolgenden Generationen bewusst gemacht werden, wie verschiedene Disziplinen miteinander in Zusammenhang stehen. Dann erst kann ein neues Werkzeug auf eine breite Basis gestellt werden, das eine sinnvolle Anwendung in der sich rasch verändernden Praxis erlaubt.

Was bereits passiert

Die alten Systeme beginnen bereits zu bröckeln. Zunehmend wird die Gesellschaft von Mitbestimmungs-Macht, Kommunikations-Macht, Konsum-Macht und Steuerungs-Macht des Individuums bestimmt. Die Menschen lassen sich nicht mehr so leicht alles aufs Auge drücken und entwickeln neue Ansätze und Wege einer (unumgänglich) auf ihre Bedürfnisse ausgerichteten, gerechteren Verteilung der Ressourcen und der aus ihr abgeleiteten Macht. Die neue »Generation Y« der jungen Berufstätigen zwischen 25 und 30 gibt besonders hinsichtlich der Arbeitswelt starke Impulse für einen Strukturwandel. Junge Menschen suchen nach einer Balance zwischen Arbeit, Familie und Freizeit und gehen nach neuesten Beobachtungen »unbelastet-dynamisch-optimistisch-idealistisch-kritisch-offen-flexibel-zufrieden-selbstbestimmt-kollektiv-konstruktiv verändernd durch ihr Leben (siehe: Die Zeit, 11/2013). Das lässt doch hoffen.

[2] Wahrnehmung des natürlichen Ökosystems, in das wir eingebettet sind und von und mit dem wir »gezwungenermaßen« in Einklang leben müssen, weil wir als Teil dessen nicht umhin kommen, dass es in voller Funktionsfähigkeit bestehen muss.

Gertraud Leimüller

Kontinent der Innovation

Das Bild vom erstarrten Europa ist genau genommen eine Fälschung. Im Original ist Europa in höchstem Maße veränderungsfähig, mehr als viele andere Regionen der Welt.
Februar 2013. Eine der mächtigsten Frauen von Silicon Valley erschüttert die Welt der Telecommuter, wie die zahlreichen Heimarbeiter in den USA genannt werden. Marissa Mayer, Chefin von Yahoo, zitier*t ihre Telearbeiter vom Home-Office zurück in die Zentrale, um den angegrauten IT-Riesen produktiver und vor allem innovativer zu machen. Wütende Proteste im Internet folgen: Das Telearbeits-Verbot sei rückständig und vor allem ein Schlag ins Gesicht von Mitarbeitern, die Beruf und Privatleben besser unter einen Hut zu bringen versuchten.
Dabei zeigt das Durchgreifen von Mayer, die selbst die Rolle einer Managerin mit dem einer jungen Mutter in Einklang bringen muss, dass sie weiß, wie Kreativität entsteht: durch das Neben- und Miteinander von Menschen, die sich mitunter nicht besonders gut riechen können und lieber daheim im stillen Kämmerlein vor sich hinbrüten würden, anstatt in einem Großraumbüro die Geräusche, Tratschereien und Sticheleien der Kollegenschar zu ertragen. Innovation ist ein Teamsport, der auf soziale Reibung angewiesen ist. Das gilt vor allem am Anfang eines Innovationsprozesses, wenn der Rohstoff endlos lange geklopft und geschliffen werden muss, wenn Ideen endlos zerredet, verworfen und abgeändert werden, damit letztlich von den vielen geschürften Gesteinsbrocken wenigstens ein Diamant übrig bleibt.
Was hat der Vorfall in 10.000 Kilometern Entfernung mit Europa und seiner Zukunft zu tun?
Sehr viel. Bei allem technologischen Fortschritt, der längst über das Verwenden von einfacher Bildtelefonie à la Skype hinausgeht und beinahe bis zum Beamen persönlicher Avatare in entfernte Sitzungsorte reicht, braucht es noch immer physische Präsenz am gleichen Ort, um brillant zu sein. Warum sonst müsste eine IT-

Im Grunde ist die Lösung schon im Europäischen Verfassungsvertrag festgeschrieben: in der Formulierung »Europa der Regionen«. Die Regionen sind der Reichtum dieses Kontinents, die Nationen aber sind historisch erschöpfte Identitätsphantasien und die notwendig zu überwindende Bedrohung. Die konsequente Fortsetzung des Europäischen Projekts, also des Friedens- und Wohlstandsprojekts in wachsender Demokratie, kann nur in einer politischen Aufwertung der Regionen bestehen.

Robert Menasse
Schriftsteller

Ikone wie Yahoo, technisch perfekt auf Zusammenarbeit über große Entfernungen ausgerichtet, auf das altmodische Instrument der Büropräsenz zurückgreifen, um seine Innovationskraft anzukurbeln? Warum sonst würde Google, um eine andere Speerspitze des Fortschritts zu nennen, bereits seit vielen Jahren seine Mitarbeiter mit Wellness- und Butler-Diensten versorgen, nur um zu verhindern, dass sie ihre Büros zu normalen Zeiten verlassen?
Geografische Nähe, vor allem dann, wenn man nicht aus dem gleichen Stall stammt, bedingt soziale Reibung. Europa, dicht besiedelt mit Menschen unterschiedlicher Geschichte, Heimatstaaten, kultureller Prägung und Sprache, ist voll davon: Ein Lappe im Norden Finnlands hat mit einem Sizilianer auf den ersten Blick so wenig gemeinsam wie ein Chinese mit einem Amerikaner. Es gibt sehr wohl eine wachsende europäische Identität, ein Bewusstsein über einen europäischen Way of Life, der sich von jenen in anderen Teilen der Erde unterscheidet. Doch dieses gemeinsame Band ist, zugegeben, schwach. Die ewig wiederkehrenden Konflikte nerven und werden als Beleg für die Erstarrung und Gefangenheit des Kontinents verwendet.
Doch wie wäre es damit, den Spieß einmal umzudrehen: Wenn es stimmt, dass heute neues Wissen nur entsteht, um sofort wieder zu verbleichen, ist dann die Unterschiedlichkeit der Bürger Europas nicht ein enormer Startvorteil? Wo sonst genügt manchmal bereits eine Stunde Autofahrt, um in einen anderen Staat oder eine andere Region zu gelangen, mit jeweils eigenen Erfahrungen und

kulturellen Sichtweisen? Die Kleinheit vieler europäischer Nationalstaaten kann auch ein Vorteil sein: Wer Neues entwickeln will, erlebt sehr rasch, dass neben geografischer Nähe – nach wie vor Vorbedingung für gemeinsame Schaffensprozesse – die fachliche und kulturelle Distanz der Menschen, die an einem Tisch sitzen, entscheidend für die Qualität der Lösungen ist. Wenn die Beteiligten einander zu sehr ähneln, braten sie schnell im eigenen Saft und kommen keinen Millimeter weiter.
Die Unterschiedlichkeit und Vielschichtigkeit der Menschen Europas auf engem Raum wird auf lange Zeit ihr Charakteristikum bleiben. Sie ist in einer Welt, die stets Gefahr läuft, von einem globalisierten, medial verbreiteten Einheitsgeschmack zugekleistert zu werden, eine ihrer großen Stärken. Der erste frei programmierbare Computer (1936 entwickelt vom Deutschen Konrad Zuse), das World Wide Web (1989 vom Briten Tim Berners-Lee), oder noch früher, das Automobil, die Eisenbahn, die Dampfmaschine – sie kamen von Europa!
Der Kontinent hat historisch oft bewiesen, dass er sein Potenzial zu großer Erneuerung nützen kann und mitunter sogar seiner Zeit voraus ist. »Wien war damals einzigartig«, sagt Nobelpreisträger und Hirnforscher Eric Kandel zum Beispiel über die Zeit um 1900, in der es in der Hauptstadt der Monarchie zu einem engen Austausch zwischen unterschiedlichen Disziplinen und Menschen kam, zwischen beseelten Künstlern wie Klimt, Schiele und Kokoschka einerseits, und strengen Naturwissenschaftlern der Wiener Medizinischen Schule oder Freud, dem Begründer der Psychoanalyse, andererseits. Sie arbeiteten an ähnlichen Themenstellungen und beeinflussten sich gegenseitig. Heraus kamen nicht nur bahnbrechende wissenschaftliche Erkenntnisse, sondern auch weltberühmte Kunstwerke.
Damals bot Wien, an sich schon der Schmelztiegel der Monarchie, besondere Orte des Austausches, in der Unterschiedlichkeit nicht als Konfliktherd und Defizit, sondern als Quelle der Inspiration und Zeichen von Stärke wahrgenommen wurde: Kaffeehäuser, private Salons, Ateliers. Dort diente der Kaffeetisch nicht als Exerzierplatz des jeweils eigenen Faches, sondern als Brücke

in neue Welten. Dort fanden Intellektuelle und Kreative im Streben zusammen, Neues zu entschlüsseln und zu entwickeln. Sie hatten eine gemeinsame Sprache.
Diese ist Europa mittlerweile trotz flächendeckender Englischkenntnisse abhandengekommen. Ein Grund könnte sein, dass es keine pulsierenden Salons, keine Laboratorien des Neuen mehr gibt, in denen es gleichgültig ist, ob man Akademiker oder Amateur ist, Postbeamter oder Pensionist, Schüler oder Schuldirektor. Wissen ist breit verteilt, der Schlüssel dazu nicht immer formale Ausbildung. Ähnlich wie bei Yahoo braucht es eine geografische Verankerung für die Orte der Innovation, die unabhängig von Beruf und Herkunft für die Handwerker der Veränderung zugänglich sind und jene Reibung produzieren, die allein virtuell unmöglich ist.
Ungewöhnliche Kombinationen sind genau das, was die Welt braucht. Sie sind der Kern jeder Innovation. Deshalb muss Europa institutionelle Silos sprengen: Innovation ist kein exklusives Thema für Hochschulen und Branchencluster, sondern ein gesamtgesellschaftliches Sprungbrett.
Die innige Verflechtung von Kunst, Wissenschaft und Wirtschaft über die Landesgrenzen hinweg wird die nächste große Herausforderung im internationalen Innovationswettbewerb sein. Wer, wenn nicht Europa, der Hort der Unterschiedlichkeit, hat das Zeug, dies zu schaffen?
Jetzt muss sich der alte Kontinent nur noch dazu überwinden, ein derart hochgestecktes Ziel auch wirklich anzustreben.

Wolfgang Petritsch

Plädoyer für mehr europäische Staatlichkeit und Demokratie

Drei Ereignisse haben uns in jüngster Zeit aufs Eindringlichste das existentielle Dilemma des europäischen Einigungsprozesses vor Augen geführt:

Da ist zum einen die Auszeichnung der EU mit dem Friedensnobelpreis 2012; zum anderen das nächtliche Feilschen der Regierungschefs um den Budgetrahmen 2014–2020 und schließlich *Brexit* – die Diskussion um einen möglichen EU-Austritt Großbritanniens.

Dem könnte man noch das verunglückte Management der Zypernkrise durch die siebzehn Finanzminister der Eurogruppe hinzufügen. Die gedankenlose Verletzung eines elementaren Vertrauensgrundsatzes – die Garantie für Spareinlagen bis zu 100.000 Euro – unterstreicht nur die eingangs angesprochene Malaise Europas. Mehr noch, die Krise in Zypern ist ein weiteres Glied in einer langen Kette, die auf das völlige Scheitern des spekulativen Geschäftsmodells neoliberaler Prägung verweist, wie es allenthalben immer noch praktiziert wird. Die *Casino Economy* – so *The International Herald Tribune* – hat auf dem kleinen Inselstaat zu einem aufgeblähten, von der Realwirtschaft völlig entkoppelten Bankensektor geführt. Der aus allen ökonomischen Fugen geratene Finanzsektor erklärt gewissermaßen die wirtschaftlichen, fiskal- und finanzpolitischen Verwerfungen, die seit Ausbruch der Krise vor fünf Jahren Europa durchziehen.

Doch zuerst das Positive. Zweifellos mag die Zuerkennung des Friedensnobelpreises an die Europäische Union manche überrascht haben. Denn wenn wir in diesen Monaten an Europa denken, so fällt uns in erster Linie die Wirtschafts- und Finanzkrise ein – um eine Eurokrise im engeren Sinne handelt es sich ja nicht, da sowohl der Außen- als auch der Innenwert der Gemeinschaftswährung relativ stabil ist – und die exorbitant hohe Staatsverschuldung in manchen Mitgliedstaaten – nicht aber die epochale Leistung der Gründerväter des europäischen Einigungswerkes. Für

Die Europäische Union befindet sich nach wie vor auf einem problematischen Kurs. Sie hat noch immer keinen Weg aus dem dramatischen Wirtschaftseinbruch gefunden, die Arbeitslosigkeit steigt kontinuierlich. Die EU-Krisenpolitik steuert in die falsche Richtung. Anstatt die Ursachen der Krise konsequent in den Griff zu bekommen, verschlimmert die in allen Mitgliedstaaten gleichzeitig durchgeführte Spar- und Kürzungspolitik die wirtschaftlichen Probleme und ihre sozialen Konsequenzen für Millionen Europäerinnen und Europäer. Während die EU weit davon entfernt ist, die Ursachen der Krise – ineffizient regulierte Finanzmärkte, eine ungleiche Verteilung von Einkommen und Vermögen und Ungleichgewichte in den Leistungsbilanzen – an der Wurzel zu packen, tragen jene die Kosten, die die Krise nicht verursacht haben: Jugendliche, denen der Einstieg in den Arbeitsmarkt nicht möglich ist, ArbeitnehmerInnen, die unter Sparpaketen leiden, und SteuerzahlerInnen, die die Rettungen der Banken finanzieren. Dies hat nicht zuletzt zu einer massiven Vertrauenskrise geführt, mit der die EU konfrontiert ist.

Die europäische Integration hat in der Vergangenheit durchaus Errungenschaften für ArbeitnehmerInnen und VerbraucherInnen hervorgebracht. Die derzeitige EU-Politik stellt diese allerdings in Frage. Die europäische Integration ist jedoch zu wichtig, um ihre Gestaltung einigen wenigen zu überlassen, die stur auf die Allheilkraft des Marktes vertrauen. Um eine soziale Europäische Union zu erreichen, braucht die europäische Politik dringend einen Kurswechsel in Richtung eines neuen Wachstums- und Verteilungsmodells, dessen Kern darin besteht, die Grundlagen für eine soziale, ökologische und demokratische Europäische Union zu schaffen. Dazu ist auch ein Ausbau der europäischen Demokratie unerlässlich.

Wie immer man zur Idee »Vereinigte Staaten von Europa« steht oder was immer auch man sich darunter vorstellt, festzuhalten ist jedenfalls, dass viele dieser sofort notwendigen Maßnahmen auch schon jetzt auf Grundlage der bestehenden Verträge der EU im herkömmlichen Gesetzgebungsverfahren ergriffen werden könnten. Darüber hinaus sind in Zukunft wohl auch einige Vertragsänderungen notwendig und daher auch einzufordern. Inwieweit die Summe dieser Veränderungen dann den Charakter »Vereinigter Staaten von Europa« in sich trägt, ist heute noch nicht absehbar. Nur eine Europäische Union, die zu einer gerechten Verteilung beiträgt, die dafür sorgt, dass die Finanzmärkte wieder der Realwirtschaft dienen, und die in Zukunftsbereiche investiert, um Impulse für Wachstum und Beschäftigung zu schaffen, kann den Wohlstand Europas für die Zukunft sichern und ausbauen. Dieser ist die absolut notwendige Grundlage jeder nur erdenklichen Form »Vereinigter Staaten von Europa«.

Walter Rotschädl
Präsident Arbeiterkammer Steiermark

viele ist Frieden und Wohlstand – in weiten Teilen Europas jedenfalls – zu einer Selbstverständlichkeit geworden. Ich sehe daher das Verdienst des Nobelpreiskomitees in Oslo gerade darin, eine breite Öffentlichkeit daran erinnert zu haben, wofür denn eigentlich das Kürzel EU steht – für das größte Friedensprojekt nämlich, das der Kriegskontinent Europa jemals hervorgebracht hat.

Friedensprojekt Europa

Dass die europäische Einigung ein Projekt, ein *work in progress* ist, das immer noch scheitern kann, hat der dramatische Brüsseler Verhandlungsmarathon um den Budgetrahmen 2014–2020 in der Nacht zum 8. Februar demonstriert.

Dort ist es jedoch nicht allein um noch geringere Nettozahlungen und höhere Agrarsubventionen, um deftige Rabatte oder einflussreiche Posten gegangen. Was vielfach übersehen wurde, ist, wie weit seit Inkrafttreten des Lissaboner Verfassungsvertrages von 2009 die konstitutionelle Entwicklung Richtung EU-Staatlichkeit bereits fortgeschritten ist. Auf Österreich umgelegt heißt dies eine signifikante Machtverlagerung, nämlich weg vom Außenministerium hin ins Kanzleramt und – krisenbedingt – zum Finanzministerium. Der Regierungschef und die Finanzministerin sind heute die beiden wichtigsten Akteure in der europäischen Politik. Spätestens jetzt sollte man zur Kenntnis nehmen und die Regierungsstrukturen entsprechend anpassen: Europa ist keine Domäne der klassischen diplomatischen Beziehungen mehr; Europa ist tägliche Innenpolitik. Es ist nunmehr der Regierungschef, der in Brüssel für Österreich spricht, und nicht mehr der Außenminister, wie dies über viele Jahrzehnte der Fall gewesen ist. Unserem Außen- und Europaminister – befrackt und ordensbehangen – aber blieb nur noch, aus der Regierungsloge des Opernballes seinem Bundeskanzler gute Ratschläge zu übermitteln. Noch gewichtiger und demokratiepolitisch fragwürdig ist der enorme Machtzuwachs der Eurogruppe. Die verwackelte Entscheidungsfindung in der Zypernkrise hat weit höhere politische Kosten verursacht denn finanzielle und legt einmal mehr die Dringlichkeit einer umfassenden Reform der europäischen

Gouvernanz nahe. Erste diesbezügliche Schritte, wie etwa die Annahme einer Geschäftsordnung für Euro-Gipfel durch die Staats- und Regierungschefs beim Europäischen Rat im März 2013, werden bereits unternommen.
Wieder beweist sich die alte europäische Erkenntnis, dass Integrationsfortschritte unweigerlich mit Krisen zu tun haben. Während die Mitglieder über Jahre hinweg ziemlich erfolglos die Politische Union verhandelt haben und schließlich an den Abstimmungen in Frankreich und den Niederlanden 2005 und 2006 gescheitert sind, zwingt nun die Haushaltskrise zur raschen – um nicht zu sagen überstürzten – Integration des Finanz- und Bankensektors – und möglicherweise darüber hinaus, wenn man sich die aktuelle Vertiefungsdebatte innerhalb der WWU ansieht.

Finanzkrise und europäische Solidarität

Zypern, das gerade einmal 0,2 Prozent der Wirtschaftsleistung innerhalb der Eurozone ausmacht, hat nicht zum ersten Mal – aber angesichts der geringen Größe des Landes umso drastischer – ein mögliches Scheitern Europas vor Augen geführt. Die sich in unregelmäßigen Abständen wiederholenden – und verschärfenden – Schwächen, die längst festgestellten institutionellen Fehlentwicklungen, der daraus resultierende antieuropäische Populismus – das alles muss ernst genommen werden, will man der Union wieder auf die Sprünge helfen. Die Zuerkennung des Nobelpreises trägt auch dazu bei – so ist zu hoffen –, dass wir Europa nicht länger als bloßen Wirtschaftsblock, als bessere Freihandelszone und visafreien Raum begreifen, dessen Finanzen im Argen liegen. Womöglich ist der Blick von außen schärfer; Norwegen ist ja bekanntlich kein EU-Mitglied. Daher heißt es richtigerweise in der Begründung des Nobelpreiskomitees: *»Die Union und ihre Vorgänger haben über sechs Jahrzehnte zur Förderung von Frieden und Versöhnung beigetragen.«*
Was damit zum Ausdruck gebracht werden soll ist eindeutig: Die Mitglieder des Osloer Komitees verstehen die Europäische Union bereits als politische Einheit.

Das aber ist zweifellos Wunschdenken, einigermaßen voreilig, angesichts der aktuellen Zerwürfnisse um Rettungspakete, das Feilschen um europaweite Wirtschafts- und Finanzregeln; ganz zu schweigen von innenpolitisch motivierten Positionen, wie sie sich gerade wieder in den infantilen Siegerposen rund um das dürftige Ergebnis der Brüsseler Budgetverhandlungen manifestiert haben. Da sind wir von einer Politischen Union wohl noch ziemlich weit entfernt.

Aber eines ist in den Jahren der anschwellenden Krise deutlich geworden, auch wenn manch einer dies bezweifelt: Der *Alte Kontinent*, will er eine Zukunft haben, muss sich von einer Wirtschafts- und Freihandelszone mit defekter Währung Richtung *Vereinigte Staaten von Europa* entwickeln – und zwar mit großer Entschlossenheit. Selbstverständlich – und das ist entscheidend – unter voller Berücksichtigung der je historischen, gesellschaftlichen und kulturellen Besonderheiten, die erst dieses Europa ausmachen. Hier geht es nicht um eine US-Kopie, sondern um das europäische Original.

Denn nur eine entschiedene politische Einigung unter demokratischen Vorzeichen ist der Garant für Europas Zukunft; für ein sozial verantwortungsvolles Europa, das nach innen politische und gesellschaftliche Stabilität vermittelt und in seiner Außenpolitik als *global player* für eine faire Weltordnung eintritt.

Die nationale Innensicht unterschätzt die wahren Dimensionen: Für 8 Millionen ÖsterreicherInnen ist die EU mit ihren 500 Millionen BürgernInnen ein Gigant. Aus der Sicht Pekings oder New Delhis sieht das noch einmal ganz anders aus.

Es stimmt schon, Bevölkerungszahlen allein sind nicht entscheidend, aber sie geben uns Hinweise auf Möglichkeiten; und – vor allem – sie umreißen die künftigen Herausforderungen für Europa: Denn Europa ist größer als die EU. Die bereits seit 2000 bestehende Beitrittsperspektive für die Staaten des Westbalkans ist der weniger kontroversielle Teil der nächsten Erweiterungsschritte, sind diese doch politisch, ökonomisch und geografisch gleichsam immer schon integraler Bestandteil Europas gewesen. Was aber mit den östlichen Peripheriestaaten Ukraine, Belarus;

wie geht die EU mit der Türkei um? Schwierige Fragen, die, gerade angesichts der gegenwärtigen Schwäche, nicht von heute auf morgen beantwortet werden können, die wir jedoch in die *Vision Europa* einbeziehen müssen.

Wirtschaftliche Globalisierung und europäische Werte

Zum anderen: Wichtiger als die Größe sind zweifellos die Werte, für die dieses Europa heute und in Zukunft steht. Demokratie, Menschenrechte, Solidarität sind jene Begriffe, die dieses Europa von Anfang an kennzeichnen. Noch aber fehlt eine – nennen wir es europäische Öffentlichkeit; ein europäischer *Demos*, der diesen Werten – über die nationalen Grenzen der Mitgliedstaaten hinweg – zum Durchbruch verhilft. Diese europäische Öffentlichkeit kann jedoch schwerlich entstehen, solange demokratische Entscheidungen, also Wahlen, ausschließlich auf nationaler Ebene stattfinden. Solcherart gewählte Politiker fühlen sich – und das ist nachvollziehbar – in erster Linie den Wählern ihres Landes verpflichtet, und nicht einem übergeordneten europäischen Interesse. Dieses Dilemma gilt es zu überwinden; die Wahlen zum Europäischen Parlament 2014 bieten sich dafür an. Denn nur mit einem supranationalen und tatsächlich europäisch aufgestellten Parlament gewinnen die notwendigen, zum Teil bereits eingeleiteten Reformschritte (Banken- und Fiskalunion, Wirtschaftsunion und schließlich die politische Union) die bislang mangelnde Legitimität. Zudem ist eine weitere Stärkung der Rolle des Europäischen Parlaments notwendig, da es zurzeit nicht ausreichend in Entscheidungsprozesse eingebunden ist.
Die aktuelle Krise der Staatsfinanzen, deren rasche Bewältigung auch überholte Konsensregeln der immer noch nationalstaatlich organisierten EU behindern – siehe Griechenland oder Zypern –, lenkt ab vom ursprünglichen Ziel der europäischen Einigung.
Nach Jahrhunderten europäischer Bürgerkriege – allein zwischen 1870 und 1940 ist es zwischen den Erbfeinden Frankreich und Deutschland gleich dreimal zum Krieg gekommen – hat der Zivilisationsbruch des Holocaust in Westeuropa zu einem radika-

len Umdenken geführt. Der scheinbar rein wirtschaftliche Ansatz dieses *Neubeginns* war die *Montanunion* zwischen Frankreich und Deutschland – die gemeinsame Verwaltung von Kohle und Stahl – also jener Produkte, die in der Vergangenheit stets Konfliktstoff waren.

Hinter diesem klugen ökonomisch-industriellen Ansatz aber verbarg sich die richtige Erkenntnis, dass der fortgesetzte Krieg als Mittel der Politik das wohl endgültige Aus für Europa als globaler Machtfaktor bedeuten würde. Die alte – aber falsche – römische Weisheit *si vis pacem para bellum* wurde endlich entsorgt.

Das *Friedensprojekt Europa*, wie es einigermaßen pathetisch genannt wurde, hat Europa über die zweite Hälfte des 20. Jahrhunderts hinweg politisch, sozial und ökonomisch in noch nie da gewesener Weise verändert.

Hier wird – das darf nicht vergessen werden – der historisch erstmalige Versuch unternommen, mit den Mitteln und Möglichkeiten rechtsverbindlicher Regeln und immer aufs Neue ausverhandelter Kompromisse eine neue – europäische, das heißt post-nationale – Staatlichkeit zu etablieren.

Eine weiteres Novum: Die klassischen Gründungsmythen vergangener Imperien oder aktueller Nationalstaaten beziehen sich unweigerlich auf kriegerische Konflikte – Befreiungs- oder Verteidigungskriege, Entkolonialisierung, Revolutionen.

Die Europäische Union ist da aus anderem Holz geschnitzt, wenn man so will. Dieses neue Europa will einen zivilisatorischen Fortschritt im Zusammenleben seiner Bürger – und im Verhältnis zur Welt; in seinen internationalen Beziehungen. Darin liegt das fundamental Neue der europäischen Staatsbildung.

Daran muss heute – in Zeiten der Krise – erinnert werden. Denn das Ende des Kalten Krieges 1989, der Triumph des liberal-demokratischen Kapitalismus über den sowjetisch dominierten Kommunismus hat Europa im Kern verändert, allerdings nicht immer zum Besseren.

Denn die 1990er Jahre brachten auch Europa die *Entfesselung* des Kapitalismus samt dem – angeblich alternativlosen – neoliberalen Wirtschafts- und Lebensmodell. Das aber bedeutete für das *eu-*

ropäische Projekt einen Paradigmenwechsel: Von nun an stand Europa im Zeichen von *weniger Staat* und *mehr Privat*. Die soziale Dimension, die öffentliche Verantwortung für den Einzelnen – die *res publica* – wurde sukzessive zurückgenommen.

Das europäische Modell

Für das europäische Projekt lautet die Frage: Wie denn können unter immer noch vorherrschenden neoliberalen Bedingungen die nötigen europäischen öffentlichen Institutionen geschaffen werden? Anders gesagt: Wie kann demokratische Unterstützung für mehr europäische Staatlichkeit gewonnen werden? Und: wie können verbindliche und faire Mechanismen, wie kann Nachhaltigkeit – in Wirtschaft, Gesellschaft und Politik – eingeführt werden?

Heute wissen wir: Der Euro ist auf Jahre die bislang letzte große europäische Integrationsmaßnahme geblieben. Wir erleben nun die Folgen des institutionellen Stillstandes seit Beginn des 21. Jahrhunderts. Die Wirtschafts- und Währungsunion, die den Euro hätte abstützen sollen, ist Stückwerk geblieben. Die Verfassung – das europäische Grundsatzdokument für die angestrebte Politische Union – war 2005 in Volksabstimmungen in Frankreich und den Niederlanden gescheitert.

Heute aber müssen wir unter akutem Krisendruck – und vom Zusammenbruch des Euro und gleich auch der gesamten EU bedroht – jene Integrationsschritte nachholen, die uns aus der globalen Gefahrenzone wieder in ruhigere europäische Gewässer führen sollen.

Was war in den Jahren nach 1989 – jenem *annus mirabilis* Europas – geschehen?

Ökonomische Rationalität und Effizienz haben Schritt um Schritt Vorrang – nachgerade gesellschaftliche Alleinvertretung – vor dem Politischen errungen.

Die neokonservative Wende hatte von den USA und Großbritannien ausgehend – die Namen Reagan, Thatcher stehen dafür – Denken und Handeln der Europäischen Union infiltriert. Selbst die damals politisch dominierende europäische Sozialdemokratie

– von Blair und Schröder bis Klima – hatte auf der Suche nach dem *Dritten Weg* den scheinbaren Nutzen neoliberaler Gesellschaftsentwürfe für sich entdeckt.
Das vor dem Hintergrund der Systemkonkurrenz zwischen Ost und West – zwischen US-Kapitalismus und Sowjetkommunismus – entwickelte westeuropäische Sozialstaatsmodell schien plötzlich nicht mehr Lösung, sondern Ursache aller Probleme: angeblich unfinanzierbar – gar Hängematte für Sozialschmarotzer – kurz, lästiges Hindernis auf dem Weg zum *Neuen Europa* zu sein, im rasant anwachsenden Konkurrenzdruck auf dem globalem Marktplatz. Dieser Markt aber hat sich weg von der Waren produzierenden Realwirtschaft und hin zu einer vielfach fiktiven Finanzindustrie entwickelt.
Eine Zahl zur Illustration: Im Durchschnitt der vergangenen Jahre werden pro Tag weltweit Devisengeschäfte im Wert von rund 3000 Milliarden Dollar getätigt. Von diesen Transaktionen sind gerade einmal drei Prozent realwirtschaftlich gedeckt, das heißt, 97 Prozent sind Spielgeld der Finanzindustrie. Die krasse Verschiebung ökonomischer Aktivitäten – weg von der Warenproduktion hin zu spekulativen Finanzgeschäften – ist die eigentliche Malaise unserer gegenwärtigen Krise.
Produktionsverlagerungen Richtung Asien wurden mit rein betriebswirtschaftlichen Kosten-Nutzen-Rechnungen gerechtfertigt; die makroökonomischen, ökologischen und sozialen Kosten wurden von einer in die Defensive geratenen Politik zu lange ignoriert oder als unvermeidbar dargestellt. Deregulierung ohne Wenn und Aber wurde zum Mantra dieser Neuen Klasse.
Solange die (Finanz-)Geschäfte liefen, blieb auch die europäische Welt scheinbar in Ordnung. Das Entstehen von sogenannten Blasen – ein riesiger Immobilienboom in Spanien und Irland, rasant steigende Staatsschulden, finanziert mit billigem Geld in Griechenland und Italien – schien damals niemanden zu stören.
Die Banken – auch sie vielfach dem Casinokapitalismus mehr verpflichtet als der Finanzierung der traditionellen Wirtschaft – stellten in immer abenteuerlicheren Konstruktionen dieses soge-

»Wenn der Wohlstand nicht zu den Menschen kommt, kommen die Menschen zum Wohlstand. Wenn die Menschen nicht zu den Maschinen dürfen, kommen die Maschinen zu den Menschen.«

Friedrich Santner
Aufsichtsratsvorsitzender der Styria Media Group AG
CEO bei Anton Paar GmbH

nannte *billige Geld* zur Verfügung.
Die Politik aber hatte abgedankt und gab sich mit der Rolle des schlafenden Nachtwächters zufrieden (und hat dabei z. B. einfach hingenommen, dass die Finanzwirtschaft weltweit mit 600.000 Milliarden Dollar in Spekulationsgeschäften involviert ist. Das ist gleich zwölf Mal so viel wie die Jahresleistung der gesamten realen Weltwirtschaft ausmacht.).
Das sollte sich erst dramatisch ändern, als mit dem Zusammenbruch der amerikanischen Investmentbank *Lehman Brothers* im September 2008 eine Lawine ins Rollen kam, die Europas Banken – und mit ihnen den Euro – unter sich zu begraben drohte. Und plötzlich war der Staat wieder gefragt, der sich neben der Zentralbank als *lender of last resort* – als Retter der Banken, die angeblich *too big to fail* sind – dafür selbst tief verschulden musste. Die Staatsschuldenkrise nahm ihren Lauf.
Selbst im relativ soliden Österreich macht der Anteil zur Sicherung der Finanzmarktstabilität im Budget 2013 brutto 2,4 Mrd. Euro – oder rund 3 % des Gesamtbudgets aus. Einschließlich dieses Beitrages geht das Budget 2013 von einem Defizit von 2,3 % des BIP aus. Ohne diese Stützungsmaßnahme würde das Minus nur um die zwei Prozent betragen.
Die fortdauernde Krise des globalen Finanzsystems hat jedoch auch ihr Gutes. Denn jeder, der mit einigermaßen wachem Geist die Entwicklung verfolgt, muss die absolute Notwendigkeit gesamteuropäischer Lösungen erkennen. Dies aber erfordert einen Umbau der europäischen institutionellen Architektur – einen Umbau, der demokratisch, transparent, bürgernah und verständlich sein muss. Während viele Bereiche unserer Volkswirtschaft längst europäisiert sind – denken Sie nur an die Expansion österreichischer Banken in Ost- und Südosteuropa – sind Regulierung,

Aufsicht, Kontrolle sowie das Aufkommen bei Schadensfällen im Bankenbereich (siehe *Hypo Alpe Adria*) bei den Nationalstaaten verblieben; diese dürfen das von den Banken eingegangene Risiko, wenn es schlagend wird, alleine übernehmen.
Das aber muss sich ändern. Auch wenn wir uns heute noch mitten im Widerstreit – pro und contra europäische Regeln – befinden, haben die dramatischen Ereignisse seit dem Ausbruch der Krise vor nunmehr bereits fünf Jahren die Notwendigkeit für eine neue Qualität Europas deutlich vor Augen geführt.
Denn es hat sich ja nicht nur in Europa vieles verändert. Der Epochenbruch 1989 hat auch zu einem Globalisierungsschub ungeahnten Ausmaßes geführt. Die aufstrebenden Volkswirtschaften Chinas, Indiens, Brasiliens – um nur diese zu nennen – haben in den vergangenen zwanzig, dreißig Jahren die globalen ökonomischen Gleichgewichte unumkehrbar verschoben. Gemäß einer aktuellen OECD-Studie wird China die USA bereits um 2020 wirtschaftlich überholt haben.
Was vielfach unbekannt ist: Bis auf die beiden letzten Jahrhunderte – also das 19. und 20. – war China über beinahe zwei Jahrtausende stets die weltgrößte Wirtschaftsmacht. Insofern ist die jetzt stattfindende Verschiebung globaler wirtschaftlicher Gewichte – der relative Abstieg des globalen Westens – Europas, der USA, Japans – und der Aufstieg Chinas bloß die *De-facto*-Wiederherstellung früherer ökonomischer Machtverhältnisse.

Planet Global

Die großen Herausforderungen der Zukunft – Klimawandel, Energie, Ernährung, demografische Entwicklung – werden zu einem völligen Umdenken in Politik, Wirtschaft und Gesellschaft führen müssen. Die dazu nötigen neuen Formen globaler Kooperation sind aber nur von einem geeinten Europa einigermaßen erfolgversprechend zu bewerkstelligen.
Von welchem Europa aber sprechen wir?
Dazu folgender Zahlenvergleich, der aufs Eindrücklichste die enormen Herausforderungen an das europäische *Gesellschafts-*

modell demonstriert: Europas Bevölkerungsanteil macht gerade einmal 8–9 Prozent der Weltbevölkerung von sieben Milliarden aus. Noch hält Europa bei rund 25 Prozent des globalen Bruttoinlandsproduktes (Europa ist prozentuell gesehen der reichste Kontinent); davon aber werden in Europa circa ein Drittel für Sozialausgaben verwendet (Österreich liegt mit 29 % im OECD-Mittel).

Um diesen weltweit einmaligen europäischen Sozialstandard – Pensionen, Sozial- und Krankenversicherung, Schulen und Universitäten – nur einigermaßen halten zu können, sind riesige Anstrengungen – Reformen und Anpassungen – notwendig.

Was aber bedeutet das für Österreich, das die Krise bisher einigermaßen erfolgreich bewältigt hat (denken Sie an die europaweit niedrigste Arbeitslosenrate)?

Das österreichische Wirtschaftswunder ist nicht allein aufgrund unserer eigenen Leistungen passiert. Mehr als andere EU-Staaten hat Österreich von den beiden letzten EU-Erweiterungen profitiert – wirtschaftlich, politisch und auch seine allgemeine Sicherheit betreffend. Denn Österreich ist wieder ins Zentrum des Kontinents gerückt. Will Österreich diesen gewonnenen Vorteil auf Dauer absichern, so muss es sich voll in die europäische Einigung einbringen.

Denn: Unsere Souveränität verlieren wir dann, wenn Europa scheitert – nicht, wenn es erfolgreich weitergebaut wird. Im Zeitalter der Globalisierung schafft demokratische Mitsprache im supranationalen Europa allemal mehr tatsächlichen Bewegungsraum denn *splendid isolation*.

Daher sollten sich gerade EU-Staaten wie Österreich mit seinen Nachbarn in Zentral-, Ost- und Südosteuropa partnerschaftlich in den laufenden Reformdiskurs einbringen, zur entschiedeneren Umsetzung der notwendigen institutionellen Schritte.

Eine weitere grundlegende Veränderung: Während vor der Krise die Vorstellung von *Vereinigten Staaten von Europa* schlichtweg unrealistisch war, sprechen heute nicht nur Philosophen, Schriftsteller und Publizisten von Jürgen Habermas bis Robert Menasse von der Vision eines europäischen Staates. Dieser muss jedoch – Habermas oder Jacques Derrida haben früh darauf hingewiesen

– demokratisch legitimiert sein. Immer noch ist Europa ein Projekt der Eliten. Daher muss mit den nächsten konstitutionellen Reformschritten die direkt-demokratische Legitimation Europas entschieden gestärkt werden, wie bereits zuvor schon angesprochen.
Die Akzeptanz der EU bei seinen BürgerInnen war in der Vergangenheit nicht zuletzt deshalb relativ ausgeprägt, weil die halbwegs faire Verteilung materieller Güter und soziale Sicherheit integraler Bestandteil des Gesellschaftsvertrages gewesen sind.
Ganz offensichtlich hat die Praxis des europäischen Sozialstaatsmodells, mit all seinen Differenzierungen von Skandinavien bis Österreich, ganz wesentlich zur Akzeptanz und *Europäisierung* Europas beigetragen.
Es wäre daher ein fataler Fehler, Europas Zukunft als neoliberales Konstrukt zu denken. Diese zweifellos vorhandene Tendenz hat wohl mehr zur Schwächung – ja zur Abwertung – des Projektes beigetragen als die gegenwärtige Krise selbst. Europa darf eben nicht als Kontinuum ausweglosen politischen Handelns erfahren werden. Dieser Eindruck ist aber in den vergangenen Jahren der Krise entstanden.

Die Südost-Konsolidierung Europas

Europa ist größer: Wir sprechen leichtfertig von *Europa*, wenn wir die EU meinen. Dabei klafft zwischen Slowenien und Griechenland ein beträchtliches Loch in der Unionsgeografie. Die Staaten des sogenannten Westbalkan – Bosnien und Herzegowina, Serbien, Mazedonien, Montenegro, Albanien und Kosovo – befinden sich, mit Ausnahme Kroatiens, per Mitte 2013 EU-Mitglied, immer noch im Brüsseler Wartesaal; und werden dort wohl noch lange bleiben.
Dafür gibt es triftige und weniger gute Gründe: Zweifellos verlangen die offenen Probleme der jugoslawischen Sezessionskriege – insbesondere jene Kosovos und Bosnien und Herzegowinas – nach dringlichen Lösungen. Die fragile oder partielle Staatlichkeit in Bosnien und Kosovo, dysfunktionale öffentliche Verwaltungen, unterentwickelte Volkswirtschaften, eine schwache Zivilgesell-

schaft, gegängelte Medien, Korruption und organisierte Kriminalität, inkompetente bis korrupte politische Klassen in all den genannten Staaten stellen weitere große Hindernisse auf dem Weg nach Brüssel dar. Diese Staaten werden noch auf Jahre hinaus den EU-Acquis nicht erfüllen; große Anstrengungen sind nötig.

Es wäre aber falsch, diesen Teil Europas – bevölkerungsmäßig nicht größer als Rumänien – sich selbst zu überlassen. Es müssen Mittel und Wege gefunden werden, diese Staaten in ausgewählten Bereichen – dort, wo sie sich dafür qualifizieren – rasch näher an die EU heranzuholen. Wirtschaft und Bildungswesen, Justiz und innere Sicherheit, die wichtigen Bereiche demokratischer Regulierung, die Förderung von Kultur und Zivilgesellschaft sind hier vorrangig zu nennen. Denn die Staaten dieser Region und der Europäischen Union sind gleichsam kommunizierende Gefäße. Migration, organisierte Kriminalität – um nur diese zu nennen – halten sich nicht an EU Grenzen. Nur mit runderneuerter politischer Energie der EU-Staaten und Brüsseler Kraftanstrengung kann die schwindende Attraktion der EU bei den BürgerInnen Südosteuropas zurückgewonnen werden.

Die innere Schwäche und Orientierungslosigkeit der EU, die erwähnten Finanz- und Gouvernanz-Probleme, wirken sich negativ aus auf die Staaten der Region: eine bedenkliche Re-Nationalisierung in manchen EU-Staaten; wiedererstarkte Sezessionsbewegungen in Spanien, Großbritannien oder Belgien beflügeln alte und neue Nationalisten von der bosnischen Republika Srpska bis Kosovo und gefährden die friedliche Entwicklung im post-jugoslawischen Raum.

Während die EU dort ihren Einfluss kontinuierlich eingebüßt oder streckenweise gar aufgegeben hat, stoßen Russland und die Türkei selbstbewusst in das geopolitische Vakuum vor.

Die Neuvermessung Europas

Is Europe Kaputt?, titelt die amerikanische Fachzeitschrift *Foreign Affairs* – und verlangt von uns Antworten und Taten. Trotz der aufgezeigten schwierigen Probleme – in Brüssel, in den Mitglieds-

ländern, in Südosteuropa – kann, ja muss diese dringliche Anfrage des transatlantischen Partners mit einem qualifizierten Nein beantwortet werden.
Unter der Voraussetzung allerdings, dass die Staaten der Union – über die eingeleiteten Reformen hinaus – gemeinsam mit ihren BürgerInnen eine sehr konkrete Vision dieser *Vereinigten Staaten von Europa* entwickeln. Eine Vorstellung von einem gemeinsamen Europa, deren innere Voraussetzungen und globalen Rahmenbedingungen sich jedoch seit den Gründungstagen radikal verändert haben. Und dies gilt es zu beachten.
Friedensnobelpreise werden für vergangene Leistungen vergeben – und die sind in Europa beträchtlich. Worum es aber jetzt geht, darauf verweisen die beiden anderen eingangs erwähnten Beispiele. Da ist zum einen das gewiss nicht spektakuläre, aber enorm wichtige Thema der künftigen Finanzierung des Einigungsprozesses: Die EU muss – will sie Staatlichkeit annehmen, und das ist bekanntlich kontroversiell – zu einer eigenständigen Steuerbasis kommen. Nur damit kann endlich das nationalegoistische Gezänk, ob wir nun 1,09 oder 1,07 Prozent der europäischen Wirtschaftsleistung für den Einigungsprozess budgetieren, überwunden werden. Keine zusätzliche Belastung seiner Bürger, aber eine adäquate Steuerautonomie Europas würde dem Projekt die notwendige Nachhaltigkeit und, man könnte sagen, Normalität verleihen.
Denn Europa muss sich für das 21. Jahrhundert aufstellen: Daher sollten wir beispielsweise die britischen Signale – damit meine ich ausdrücklich nicht die opportunistische Anbiederung des konservativen Premiers an seine Anglonationalisten – ernst nehmen. Denn Zweifel an der Funktionstüchtigkeit der Brüsseler Bürokratie machen sich nicht nur in London breit. Was in der EU tatsächlich notwendig ist, um für das 21. Jahrhundert gewappnet zu sein, das wäre eine europaweit angelegten Diskussion über – allgemein gesprochen – die Reallokation von Zuständigkeiten. Die Beziehungen zwischen den lokalen, nationalen, europäischen und globalen Entscheidungsebenen in der EU gehören gründlich durchdacht. Eine der Globalisierung Rechnung tragende Subsidiaritätsdiskussion muss die Verteilung von Kompetenzen, muss – kurz

gesagt – das stets fragile Verhältnis von individueller Eigenverantwortung und politischen Aufgaben in einem europäischen Staatenverbund des 21. Jahrhunderts neu vermessen.
Die aus den fünfziger Jahren des 20. Jahrhunderts stammende Ideen der europäischen Integration ist im globalen Zeitalter, im Wettbewerb mit den sogenannten Aufsteigern aus dem globalen Süden und Osten Asiens, Lateinamerikas und Afrikas, einfach nicht mehr zeitgemäß. Wir können uns auf Dauer kein *business as usual* leisten, wie es von der derzeitigen Brüsseler Kommission vorgeführt wird. Die EU darf nicht zur kleinteiligen Regulierungsagentur verkommen. Zu oft gewinnen wir den Eindruck, Brüssel habe mehr Interesse am Mikromanagement unseres täglichen Lebens als an den globalen Herausforderungen unserer Zeit.
Dieses Europa hätte freilich keine Zukunft.
Vielmehr wird es darauf ankommen, die Errungenschaften eines halben Jahrhunderts europäischer Integration – das sozialökologische Modell Wohlfahrtstaat, ökonomisch fair und nachhaltig in Gleichheit und Solidarität, Demokratie und Freiheit – ins gemeinsame Europa der Zukunft einzubringen.

Lojze Wieser

Unsere Reise zum vereinten demokratischen Europa (2000–2013)

Die vorliegenden Überlegungen sind Ergebnis jahrelanger Beschäftigung mit dieser Frage und sind als work in progress zu verstehen, in das auch wichtige Erfahrungen und literarische Arbeiten (Miroslav Krležas »Illyricum Sacrum« oder »Zadars Gold und Silber«, Peter Handkes Beiträge zum Krieg in Ex-Jugoslawien; ...) der letzten Jahrzehnte einfließen. Ohne die intensive Debatte um die beiden Aufrufe von proKärnten/zaKoroško (2001 und 2006), die mehr als 44.000 Menschen unterzeichnet haben (www.prokaernten.at), an der sich zahlreiche Freundinnen und Freunde, Mitstreiter und Mitstreiterinnen beteiligt haben und die hier im letzten Punkt auf Europa zugeschnitten eingearbeitet ist, könnte dieser Beitrag in der vorliegenden Form nicht geschrieben werden.

Mit dem Aufruf proKärnten/zaKoroško wurde erstmals mit Erfolg gezeigt, in welche Richtung sich die europäische Gesellschaft entwickeln könnte, wenn sie an die Frage der Mehrsprachigkeit und der Integration demokratisch und gesamteuropäisch heranginge (und damit für die ganze Welt Gültigkeit haben könnte). Dass man da auch an der bewussten Konfrontation mit überlieferten Denkmodellen und Gesellschaftsstrukturen nicht vorbeikommt, zeigt nur, dass wir heutigen Reibungspunkten mit konkreten Antworten begegnen müssen, wenn die Auseinandersetzung zwischen Zukunft und Vergangenheit im Sinne der Zukunft gelöst werden soll. Dass es geht, haben wir an proKärnten/zaKoroško erfahren und zuletzt haben die Wahlen am 3.3.2013 ihr Zeugnis ausgestellt. Das damit nicht eine Periode abgeschlossen, vielmehr eine denkbare Möglichkeit in Betracht gezogen und eine Tür aufgemacht wurde, ist für jeden denkenden Menschen sichtbar. Ob wir an dieser Wegkreuzung jedoch den richtigen Weg einschlagen werden, ist damit noch nicht gesagt. Antworten müssen wir erst finden.

I.

Auf unserer Reise zum vereinten Europa haben wir um das Jahr 950 erstmals häretische Bücher auf dem Scheiterhaufen brennen sehen. Wir haben in den späteren Jahrhunderten die Čunbedeutende Episode« des Protestantismus heraufkommen sehen, der an die Menschen und Orte dieses Kontinentes geknüpft ist, Flaciens epochale Geschichte der Kirche Christi, Vergerius' Abfall und Exkommunikation und Marcantonije Gospodnetić' Buch »De Republica Ecclesiastica« hervorbrachte. Wir haben gesehen, dass er dafür exkommuniziert und zusätzlich posthum verbrannt wurde. Wir sahen in den Jahren 1579 bis 1628 die Legion von 700 protestantischen Adeligen an uns vorbeiziehen, und wir trafen unter ihnen auch Autoren, Übersetzer, Prediger, Agitatoren wie Bartol Jurjević, Matija Grbić, Primož Trubar, Flacius, Vergerius, Jurij Dalmatin, Stjepan Konzul Istranin, Juraj Zrinski, Vramec oder Gospodnetić.

Wir sahen die Aufklärer Anton Linhart, Valentin Vodnik, Urban Jarnik, Žiga Zois, Kuzmič, Debevc, wir begegneten Katančič, Sorgo, Jarim Stulli, hörten die Romantiker Andrej Smolé, Jernej Kopitar, France Prešeren, Matija Čop, Miha Kastelic, und wir trafen David Albahari, Florjan Lipuš, Miroslav Krleža, Ivo Andrić, Peter Handke, Dragan Velikić, Mak Dizdar und Milan Jesih, Berta Bojetu, Ivan Cankar, Ciril Kosmač, Martin Camaj, Ali Podrimja, Prežihov Voranc, Gellu Naum, Herta Kräftner, Lajos Kassak, Emil Szytia, Robert Reiter, Tudor Arghezi, István Eörsi, Jan Skácel, Dominik Tatarka, Ivan Kadlečik, Dušan Dušek, Marija Knežević, Adam Zielinski, Zlatko Krasni und noch viele.

II.

Auf unserer Reise zum vereinten Europa hörten wir die Druckereien in Urach und Nevelišče, Ragusa und Ljubljana schnaufen, sahen Ungnad aus dem sonnigen Sonneck in Unterkärnten ins Exil gehen, um über 20 Bücher in slowenischer und kroatischer Sprache zu finanzieren, und wissen heute, dass allein in den Jahren 1561 bis 1564 die zwölf in glagolitischer und die sieben in kyril-

lischer Schrift gedruckten Bücher in einer Gesamtauflage von 25.000 Exemplaren vertrieben wurden.
Und wir sahen jene 120 Bücher, die die Reformatoren druckten, wir sahen die Übersetzung der sorbischen Bibel, die Luther nicht für wert befand, drucken zu lassen; wir trafen die Säumer, wie sie in ihren Holzfässern die Dalmatinbibel in die slowenischen Orte schmuggelten, 1500 an der Zahl, und wir mussten mit Erstaunen feststellen, dass in den knapp 200 Jahren der Gegenreformation kaum ein Zehntel an weltlichen Büchern die Druckereien verließ. Wir sahen die Romantiker, wie sie den Sprachen ihres Kontinentes literarische Kraft in Sonetten und Geschichten, den ersten Romanen und Erzählungen gaben.

III.

Auf unserer Reise zum vereinten Europa wurden wir neuerlich mit der zentralen Frage der Demokratie und weiters des demokratischen Zusammenlebens im heutigen Europa konfrontiert. Diesmal stellt sie sich als grundlegende Frage der Gleichberechtigung der Kulturen und des demokratischen Zusammenlebens der Menschen, unabhängig davon, ob sie im reichen Westen oder im armen Osten Europas beheimatet sind und ob ihnen die Geschichte im Hinblick auf die Gründung eines eigenen Nationalstaates wohlgesonnen war oder sie zu einer der zahllosen Minderheiten gemacht hat.

IV.

Auf der Reise zum vereinten Europa trafen wir auch auf den Theoretiker nationaler Einigungskriege im 19. Jahrhundert, Karl von Clausewitz, der zur Erlangung einer nationalen Einheit auf Kosten von und durch Vernichtung, Ermordung, Vertreibung und Assimilation zahlloser anderer Kulturen den Krieg zur Fortsetzung der Politik mit anderen Mitteln erklärte. Und wir haben uns, nach dem Jahrhundert der Kriege und der Rückkehr des Krieges nach Europa am Ende des 20. Jahrhunderts, gefragt, ob denn Krieg wirklich das Höchste sei, was eine demokratische Zivilisation zustande bringen kann.

V.

Auf unserer Reise zum vereinten Europa stellte sich uns die Frage, wie Geschichte aufzuarbeiten ist, die zwar ständig lehrt, doch keine Schüler findet, wie es Ingeborg Bachmann einmal sagte. Denn es kommt nicht darauf an, vergangene Hegemonie-Interessen zu rechtfertigen, sondern sie in ihrer Vielschichtigkeit in allen Einzelheiten offenzulegen und eine kaleidoskopisch-perspektivische Betrachtung gegensätzlicher Standpunkte überhaupt erst zu ermöglichen, um vom einseitigen Interpretieren der Geschichte zu einer möglichen Veränderung der Gegenwart zu gelangen.
In Kenntnis einer langen hegemonistischen Tradition und der Katastrophen des hinter uns liegenden Jahrhunderts kommt es darauf an, die Gleichberechtigung kultureller Unterschiede in der Gesellschaft zu verankern, indem man

- für jeden Einzelnen die wirtschaftlichen, politischen, religiösen, sprachlichen und kulturellen Bedingungen schafft und diese sichert, damit er in seiner Heimat bleiben kann;
- jedem Einzelnen die Inanspruchnahme des deklarierten demokratischen Rechts ermöglicht, sich frei bewegen zu können, wann und wohin er will, unabhängig von nationaler, religiöser oder politischer Zugehörigkeit;
- diese Bewegungsfreiheit aktiv ausüben darf, ohne bei der Einreise kontingentiert zu werden;
- sich jederzeit, immer und überall niederlassen und arbeiten kann, ohne geächtet, kriminalisiert oder zur Assimilation gezwungen zu werden, und dass man seine Sprache und Kultur aktiv betreiben kann.

Die Umsetzung dieser demokratischen Grundsätze wird durch die elektronischen Möglichkeiten – und wenn notwendig, durch die Bereitstellung von qualifizierten Dolmetschern – erleichtert.

VI.

Auf unserer Reise zum vereinten Europa sehen wir, dass die Aufrechterhaltung, aber auch die Infragestellung des Nationalstaatlichkeitsprinzips ohne die Verwirklichung demokratischer Rechte für alle Bürger und Bürgerinnen Europas zu einer weiteren Ver-

schärfung innerhalb der europäischen Grenzen führen könnte. In der Folge kann es, neben der nationalistischen und chauvinistischen Spaltung, zu einer Vertiefung der sozialen Spaltung in Europa führen, wo man die immer geringer werdenden Vorteile gegenüber den nachrückenden ärmeren Massen mit Zähnen und Klauen zu verteidigen sucht und damit den Boden für politische Bewegungen bereitet, auf welchem diese heute schon, hier und europaweit, an die Macht drängen.
Demgegenüber sollte eine Offerte der Integration des alten an das neue Europa gesichert werden, indem das alte Europa mit dem in den vergangenen Jahrhunderten angehäuften Reichtum diese soziale und kulturelle Offensive finanziert und somit eine Phase kultureller Offenheit einleitet: als Fortsetzung der Politik des europäischen Einigungsprozesses auf gleichberechtigter Grundlage, im Gegensatz zu vergangenen und heutigen nationalen und chauvinistischen Einigungskriegen.

VII.

Auf unserer Reise zum vereinten Europa erleben wir heute das Nebeneinander einer Stärkung des Nationalstaates und der Forderung, Europa in seiner Vielfalt zu entwickeln. Einem bis dato existierenden Postulat, dass die Mehrheit über der Minderheit zu stehen und dass sich die Minderheit durch Assimilation unterzuordnen hat, wird das Postulat entgegengestellt, dass Minderheiten den Reichtum Europas ausmachen. Ein Miteinander auf gleicher Augenhöhe soll entwickelt werden, wovon beide, die Mehrheit und die Minderheit, profitieren. Beides ist heutiges Europa, beides reibt sich.

VIII.

Auf unserer Reise zum vereinten Europa erleben wir die Langlebigkeit nationaler Mythen. Dafür haben wir bis in die heutige Zeit reichende Belege. Es macht im Grunde genommen keinen Unterschied, ob wir Beispiele aus dem Westen oder aus dem Osten Europas heranziehen. Es sei hier nur auf einige hingewiesen: Analysieren wir die korsische oder die irische Frage, sehen wir uns

die Aktivitäten der ETA oder die der IRA an, erinnern wir uns nur an den erschöpfenden Kampf der Kurden oder die Bemühungen der Roma und Sinti um Wahrnehmung und Anerkennung, bemühen wir uns, die Hintergründe des Verschwindens des jüdischen Galizien, der Armenierfrage oder des Versinkens von Siebenbürgen zu beleuchten, halten wir uns die Geschichte des Ortstafelstreits in Kärnten vor Augen und sehen wir uns die Werdung des Kosovostaats an, dann werden wir vielleicht schneller und besser verstehen, worin das Nebeneinander von Zukunft und Vergangenheit der europäischen Einigung zu suchen ist.
»Mit dem Aufkommen des Nationalstaates wird die historische Erinnerung zu einem kollektiven Opfermythos umgeformt, zu einer allgemeinen und offiziellen Erinnerung, die Verbindlichkeit postuliert: die Bereitschaft und die Verpflichtung, für das Vaterland in den Krieg zu ziehen, Opfer zu bringen für das Allgemeinwohl der Nation. […] Bis in die Gegenwart geben Mythen den Nährboden für aggressive Ideologien ab, von Demagogen geschickt eingesetzt, um die Massen hinter sich zu einen. In dem Maße, wie Mythen dem historischen Triumph und als Kehrseite der Niederlagen entspringen, tragen sie auch zur Entstehung neuer Kriege bei«, schreiben Kaser/Pichler/Petritsch 1999 im Vorwort zur ersten Auflage des Buches »Kosovo-Kosova«.

IX.

Auf unserer Reise zum vereinten Europa sind wir heute offensichtlich an die Grenzen der Entwicklung des Nationalstaates gelangt, aber wir haben noch keine Antwort gefunden, wie die zukünftige Entwicklung wirklich aussehen könnte. Wir sind auch noch die Antwort schuldig geblieben, warum sich die Kriege immerzu wiederholen und friedliche Lösungen dem Augenschein nach immer wieder scheitern. Ist es so, weil *»das Prinzip des Ethnischen als exklusives gesellschaftliches Organisationsprinzip nach wie vor weite Teile von Politik und Alltag bestimmt«*?
»Der NATO-Luftkrieg« (in Serbien), schreibt Wolfgang Petritsch, *»und die Vertreibung der Albaner durch serbisches Militär, schließlich die Vertreibung der Serben und Roma durch die Albaner haben zu einer neuen Dynamik des Ethnonationalismus – insbesondere auf albanischer*

Seite – geführt. Die Rudimente einer lokalen Zivilgesellschaft sind gegenwärtig womöglich noch spärlicher vorhanden als vor dem Krieg.«
Peter Handke fragt im Hinblick auf die Behandlung der Serben in Kosovo, ob es daran liegt, dass es als politische Idee und nicht als eine seelische Idee gesehen wird. Geht es nach wie vor nur darum, sich gegenüber dem anderen zu behaupten? Liegt es vielleicht daran, dass die sozialen und nationalen Bedürfnisse immer in Bezug zum Beherrschen des Territoriums und der Macht gesehen werden?
Auf alte, bisher nicht gelöste oder auch falsch gelöste Fragen sollten wir eine neue Antwort zu finden suchen, die den Menschen, sein Werden, seine Sprache, seinem Selbst- und Fremdbild Würde lassen und Achtung geben, damit Grundlagen des Miteinander-Lebens geschaffen werden, in denen gegenseitige Achtung und nicht Vernichtung das Leben bestimmt.

X.

Auf unserer Reise zum vereinten Europa haben wir die Erfahrung gemacht, dass die Sprache die Grundlage des Menschseins ist und dass die Kommunikation in der eigenen Muttersprache ein Menschenrecht ist, das jedem zusteht. Wenn man eine vergleichende Studie der europäischen Literaturen (nicht nur der großen Literaturen) zum Gradmesser nähme und einen unkonventionellen Schnitt durch diese Literaturen machte, wie bei einer archäologischen Ausgrabung, wo man die Schichten schneidet und sie dann übereinanderliegend betrachtet, könnte man sehr viele Ähnlichkeiten entdecken, nur zeitverschoben. Und erstaunt könnte man feststellen, dass sich die Entwicklungen nicht selten im Osten früher oder deutlicher angekündigt haben als im Westen. Man würde eine Geologie der Seele der Menschen begründen und ihr Universum erforschen.

XI.

Auf unserer Reise zum vereinten Europa werden wir uns erlauben, mehrere Sprachen zu lernen, sie zu adoptieren, um mit den Menschen, denen wir unterwegs begegnen, besser kommunizieren zu können. Mit Freuden greifen wir nach dem Vorschlag des Schriftstellers und Beraters der EU-Kommission Maalouf, der vorschlägt, neben der eigenen Sprache zumindest noch eine zweite Sprache als Kommunikationssprache zu adoptieren. Wir wissen aber auch, dass wir kein Problem hätten, aus jeder anderen großen Sprachgruppe in Europa, der romanischen, der slawischen, der jüdischen, jener der Roma und Sinti sowie der germanischen, eine weitere Sprache so weit zu erlernen, dass wir uns unterwegs mit jedem und jeder über die alltäglichen Dinge verständigen, auch Zeitungsberichte lesen oder Radio- und TV-Sendungen anhören oder ansehen könnten.

XII.

Auf unserer Reise zum vereinten Europa haben wir die Überzeugung gewonnen, dass Dolmetschern und Wörterbüchern bei der Verständigung der Menschen eine bedeutende, ja eine hervorragende Rolle zukommt. Solange wir aktuelle Wörterbücher nicht aus allen und in alle Sprachen haben, werden wir gezwungen sein, uns über Drittsprachen zu verständigen. Da wir aber die Erfahrung gemacht haben, dass Sprache auch Machtausübung bedeutet, sollten wir der Ungleichbehandlung durch Erarbeitung von Wörterbüchern und durch Ausbildung von Dolmetschern entgegentreten und danach streben, jeder Sprache die gleiche Bedeutung in der Kommunikation zukommen zu lassen. Das Recht des Einzelnen auf einen Dolmetscher sollte zum allgemein demokratischen Recht erklärt werden. Das Recht auf einen Dolmetscher erlaubt erst, sich in Fragen, die für den Einzelnen von großer Wichtigkeit sind, in der eigenen Muttersprache genau und differenziert auszudrücken. Die dafür notwendigen Voraussetzungen sind:

– dass in jedem Unternehmen, in denen zugewanderte Menschen arbeiten, während der Arbeitszeit und im Rahmen der Entlohnung auch die jeweilige Sprache bzw. die jeweiligen Sprachen des Landes erlernt werden und den Menschen die Möglichkeit zur Hand gegeben wird, sich besser und schneller zu verständigen, Achtung voreinander aufzubauen und so das Misstrauen zu verringern;

- dass wir den Menschen Würde geben, indem jede Sprache Anerkennung findet und als Teil der psychosozialen und soziokulturellen Ganzheit anerkannt wird;
- dass dem Ruf nach Assimilation mittels alleinigen Erlernens der Sprache des Landes mittels gleichzeitiger Anerkennung der Sprachen und Kulturen der anderen eine Integration von gleichen Bürgerinnen und Bürgern, auf gleicher Augenhöhe, als Alternative angeboten wird;
- dass man dem einzelnen Menschen seine Würde lässt, ihm diese dort zurückgibt, wo sie ihm schon genommen wurde oder wo die nationalen Behörden damit beschäftigt sind, ihm diese zu nehmen, und wo von den Zugewanderten, den Emigrierten, den Vertriebenen, den zur Arbeit hier Weilenden verlangt wird, sich tunlichst zu assimilieren.

XIII.

Auf unserer Reise zum vereinten Europa haben wir feststellen können, dass die Investitionen, die man aufbringen müsste, einen Bruchteil von dem ausmachen, was später nötig wäre, um Konflikte beizulegen. Jegliche Argumente, dass solche Mittel fehlten, lösen sich auf, wenn man sich die Tragweite der schwelenden Konflikte der letzten Jahrzehnte ansieht und sich vor Augen führt, wie hoch der Preis bei Nichtlösung war. Wer finanziert die neuen Kriege und die weitere Vernichtung von Mensch und Natur? Wer verdient daran, und wer bezahlt dafür?

XIV.

Auf unserer Reise zum vereinten Europa stellten wir fest, wie wichtig es ist, neben der eigenen Sprache nicht zuletzt auch die derzeitige Lingua franca, das Englische, zu beherrschen. Doch wir sahen auch, dass man mit den geforderten 1500 englischen Wörtern, die für eine gesamteuropäische Kommunikation und vor allem Verständigung als genügend angesehen werden, nicht durchkommen kann.

Wir sind in den vergangenen Jahrzehnten Zeuge geworden, wie groß die Konflikte sein können, die durch Sprach- und Kulturassimilation hervorgerufen werden. Denken wir nur an Irland, an das Baskenland, an Südtirol, an Bosnien, Kosovo, oder erinnern wir uns an die unter der Regie des Völkerbundes durchgeführten gewaltsamen Verschiebungen der Griechen und Türken, der Armenier und Sudetendeutschen, denken wir an die Ereignisse nach dem Zweiten Weltkrieg, als die Italiener aus Istrien auszogen, und schauen wir uns die nationalen Arrondierungen an, wie sie in der ehemaligen Sowjetunion über Jahrzehnte und systematisch betrieben wurden; wenden wir uns nicht ab, wenn uns die Aborigines in Australien erzählen, dass die Engländer gekommen sind und ihre Sprache mitgebracht haben und sie ihre zu vergessen hatten, als sie in die Reservate und Internate verbracht wurden; und verschließen wir nicht die Augen vor den Entwicklungen, denen heute Kurden noch immer ausgesetzt sind; vergessen wir nicht, womit die Migranten und Emigranten konfrontiert sind, wenn von ihnen verlangt wird, die Sprache der Hiesigen zu erlernen, und dabei nicht gesehen wird, was geschieht, wenn sie auf die eigene verzichten müssen, wenn sie diese nicht im öffentlichen Raum sprechen und für die Eigenen und die Anderen hörbar machen dürfen; dabei ist es so bedeutsam, dass sie die Sprache der Hiesigen erlernen, aber auf die Pflege der eigenen nicht verzichten brauchen, und wie schön es ist, wenn ihnen zugleich die eigenen Kollegen aus der syndikalen Bewegung zuhilfe kommen würden und somit nicht die im vergangenen Jahrhundert begangenen Fehler wiederholen und, im 21. Jahrhundert, in der endgültigen Spaltung zwischen dienender, arbeitender, werktätiger Bevölkerung und an dieser verdienenden Bevölkerung – wie an einer Berliner Mauer – verewigen; womit auf lange Zeit die Spaltung der europäischen Gesellschaft in Arm und Reich vorgezeichnet wäre. Ohne dass sich jedoch auch die Kirche und die Politik demokratisieren und radikal verändern, wird das kaum gelingen.
Anhand der Sprache und Kultur hat es sich schon immer angeboten, den Nationalismus zu transportieren. Dies deshalb, weil die Sprache und das damit verbundene Gefühl mehr Einfluss auf das

psychosoziale Verhalten ausüben, als es ihnen bisher zugestanden wurde. Darin sind wohl auch die Ursachen zu suchen, warum diese Frage wissenschaftlich wenig untersucht wurde bzw. jene Untersuchungen, die vorliegen, nicht breitenwirksam und politikkohärent umgesetzt werden.

Es liegt die Vermutung nahe, dass eine systematische Erforschung dieser Fragen die grundlegenden Gesetzmäßigkeiten von gesellschaftlichen Entwicklungen zutage fördern und sich daher auch sehr schnell die Grundsatzfrage nach Arm und Reich stellen würde. Die Frage nach der Zugehörigkeit zur Nation oder zum jeweiligen Nationalstaat tritt damit in den Hintergrund und verliert jene Bedeutung, die ihr in den letzten zwei Jahrhunderten zugedacht war. Damit wird aber auch offensichtlich, dass nicht Sprache und Kultur zum Auslöser von Kriegen und Vernichtungen wurden.

Wenn Sprache die Grundlage des Menschseins ist, müssen wir ihr auch die Bedeutung geben, die sie für den Einzelnen, die sie für die Einzelne spielt, und sie vom Brimborium des Nationalismus, des Nationalstaates und der damit verbundenen Ideologien befreien. Erst im Rahmen einer gesamteuropäischen demokratischen Ordnung, die auf Achtung und Würde des Einzelnen basiert, wird sie das Fundament der Ganzheit des Menschen sein, ohne Chauvinismus und Größenwahn, und wird nicht missbraucht werden können als Argument für weitere Kriege und Vernichtungen.

Da wir das Überleben unserer Sprachen und Kulturen, von denen wir gut 400 in Europa haben, wünschen und der Dominanz der in der Vergangenheit gepflegten Assimilation entsagen möchten, um endlich auf eine für alle lebbare Zukunft zugehen zu können, bin ich für das Zusammenleben aller Sprachen durch Pflege der Sprachen und Kulturen ohne Territorium in einem konsequent demokratischen Europa – und damit weisen wir auch schon darauf hin, wie wir mit Migranten und Emigranten umzugehen haben: mit Achtung und Würde. Durch das Erlernen von zwei bis drei kommunikativen Sprachen – aus den germanischen, romanischen und slawischen Sprachgruppen in Kombination mit dem demokratischen Recht auf Dolmetscher/innen, wenn ich mich bei Amt und Macht präzise ausdrücken möchte, sollte es gehen und allemal billiger kommen, als alle pre- und postkriegerischen Milliardenvergeudungen.

XV.

Auf unserer Reise zum vereinten Europa haben wir in den Büchern der Schriftsteller in deren Sprachen gelesen. Wir haben uns gewünscht, auf eine gesamteuropäische Bibliothek zurückgreifen zu können, die uns die Möglichkeit gibt, die kulturelle Andersartigkeit zu entdecken, die anderen Literaturen besser kennenzulernen, sie zu verstehen und ihnen in ihrer Freude und Trauer zu begegnen und sie vielleicht auch lieben zu lernen. Denn das, was wir bisher großteils nur in ihren Sprachen gelesen haben, hat uns neugierig gemacht und uns erinnert, welche neuen Erkenntnisse wir für uns daraus ziehen könnten.

XVI.

Auf unserer Reise zum vereinten Europa wurde die Sehnsucht nach einer europäischen Austauschbibliothek sehr drängend. Wenn jedes Land nur ein Buch pro Jahr in die in Europa gesprochenen Sprachen und vice versa übersetzt und wir mit 50 Sprachen (von rund 200 autochthonen und weiteren 200 zugewanderten Sprachen) beginnen, dann wären das bei derzeit 49 Staaten 2450 Bücher pro Jahr. Zusätzlich sollten Filme untertitelt werden, die gängigen Radiosendungen in den jeweiligen Sprachen gesendet und in den regionalen Printmedien die wichtigsten Artikel in den jeweiligen im Land gesprochenen Sprachen zusammengefasst publiziert werden.

XVII.

Auf unserer Reise zum vereinten Europa wollen wir daher unsere Zukunft in der Zukunft suchen. Europa stehe am Scheideweg, an einer Kreuzung, sagt Václav Havel im Gespräch mit Jiří Gruša, man wisse noch nicht, wohin die Reise gehen würde. Es könnte durchaus in eine positive Richtung gehen. Doch dafür müsse man etwas tun. In Europa alleine gibt es in 49 Staaten gut 200 verschiedene Sprachen und Kulturen. Einige werden noch immer zu Nationalsprachen emporgeadelt, viele andere weiterhin zu Minderheitensprachen hinabgewürdigt. Es ist hoch an der Zeit, diese Unterscheidung zu beenden und ihnen die darin verborgene Sprengkraft zu nehmen. Indem man diesen Unterschied nicht mehr macht, wird alles, was damit in Verbindung steht, aus seiner Sonderrolle herausgelöst. So könnte man den Weg freilegen, um über Gesamtlösungen nachzudenken, in denen jede einzelne Kultur und Sprache ernst genommen wird, unabhängig davon, ob sie staatsbildend, nationalstaatstragend ist oder nicht.

Zwar kann die Literatur diese Fragen nicht lösen; was sie jedoch vermag, ist, das sprachliche und begriffliche Instrumentarium zu liefern, mit dem sich die Menschheit an friedliche Lösungen von Konflikten heranarbeiten kann und womit dem Hass und der Demagogie der Boden entzogen wird. Es sind die Poeten, es sind die Schriftstellerinnen und Schriftsteller, die Übersetzerinnen und Übersetzer, die das Neue benennen, der Zeit vorauseilen und in ihren jeweiligen Dichtersprachen Bilder zeichnen und diesen Töne geben, welche die Herzen der Menschen erreichen und ihnen Frieden bringen.

Ist doch Europa eine historisch gewachsene Region – seit Jahrhunderten gekennzeichnet von Gegensätzen und Eigenheiten. Diese machen den Kontinent über alle in der Vergangenheit gezogenen politischen Grenzen hinaus auch interessant.

XVIII.

Auf unserer Reise zum vereinten Europa sollte es ohne Aufrechnung möglich sein, sich der Jahrhunderte währenden Zeit des selbstverständlichen Neben- und Miteinanders zu entsinnen. Die kulturelle Vielfalt, die Europa seine Besonderheit gibt, sollte als Chance der Sprachen und Kulturen wahrgenommen werden, ein Jahrhundert des offenen und freiwilligen Aufeinanderzugehens zu verwirklichen. Wandeln wir doch die Erfahrungen der Geschichte in positive Energien um!

Mit dem Fall des Eisernen Vorhangs wurden Hoffnungen geweckt, die Verständigung in Europa beschleunigen zu können. Es war der Geist, der, zu Wort geworden, den Eisernen Vorhang gesprengt hat. Damit wurde uns wieder einmal klar, dass Worte Sprache, Sprache Kultur und Kultur Verstehen bedeutet. Vergewissern wir uns doch der gegenseitigen Achtung.
Und: Die Rolle der Kultur für den einzelnen Menschen und wie Mann und Frau in der Gesellschaft wirken, eröffnen der Kultur die positiven Möglichkeiten zur Fortsetzung der Politik mit anderen Mitteln.
Darum:

- Wir wollen, dass die Menschen in unserer gemeinsamen Heimat Europa den kulturellen Reichtum auf selbstverständliche Weise schätzen und einsetzen.
- Wir wollen, dass die Menschen in unserer gemeinsamen Heimat Europa vorurteilslos ihre Herkunft achten.
- Wir wollen, dass die Menschen in unserer gemeinsamen Heimat Europa die Selbstachtung zum Lebensprinzip erklären und energisch und unbeirrt danach denken und handeln.
- Wir wollen, dass die Menschen in unserer gemeinsamen Heimat Europa die eigenen Sprachen wie die der anderen vollkommen offen gebrauchen.
- Wir wollen, dass die Menschen in unserer gemeinsamen Heimat Europa tradierte Bedrohungsbilder aufgeben und sich über zerstörerische Legenden und Mythen hinwegsetzen.
- Wir wollen, dass die Menschen in unserer gemeinsamen Heimat Europa aufhören, sich gegenseitig zu zählen.
- Wir wollen, dass die Menschen in unserer gemeinsamen Heimat Europa einander und ihren Nachbarn aufgeschlossen begegnen.
- Wir wollen, dass die Menschen in unserer gemeinsamen Heimat Europa Grenzen in fließende Übergänge verwandeln.
- Wir wollen, dass die Menschen in unserer gemeinsamen Heimat Europa ihre Zukunft in der Zukunft suchen.

Jan Skácel

Kleine Rezension über die mährische Hymne

In letzter Zeit wurde die Nationalhymne häufig gesungen vom Volk und von den Studenten. Gewöhnlich geschah das auf Meetings, bei denen die Leute Professor Goldstücker und andere fragten, welche Pension der ehemalige Präsident der Republik Antonin Novotny beziehen wird. Die Gefragten gaben, meist wahrheitsgemäß, zur Antwort, sie wüßten es nicht. Worauf die Versammlung »Wo ist meine Heimat« anstimmte.

Einmal, als ich noch im Rundfunk war, befaßte ich mich mit den Staatshymnen aller Völker. Ich weiß bereits nicht mehr warum, aber ich gestaltete eine solche Sendung. Es war eine interessante Arbeit. Sie brachte mich zu der Ansicht, daß Völker vorwiegend sentimental sind. Als ich diese Sendung aufnahm, dauerte sie fast zwei Stunden und war zum Weinen. Die zu Nationalhymnen erhobenen Lieder waren so traurig, daß mir die Völker leid taten.

Deswegen hin ich sehr stolz auf die mährische Hymne. Viele glauben, die mährische Hymne ist das Lied *Mähren, Mähren, mein geliebtes kleines Mähren.* Das stimmt nicht. Die mährische Hymne ist viel schöner, erhabener und allgemein menschlich. Es gibt kein Volk auf der Welt, das eine so intelligente Hymne hätte wie wir Mährer, die wir zum Beispiel im Unterschied zu den Slowaken kein Volk sind.

Und trotzdem kennen nur wenige Bewohner der Erdkugel die mährische Hymne. Letztendlich nicht einmal alle Mährer.

Ich kenne sie und singe sie sehr oft und mit Ehrfurcht.

Die Hymne des lieblichen Landes Mähren (das kein Land ist), spielt nicht einmal die beste Kapelle auf der Welt. Sie kann es nicht. Die mährische Hymne ist nämlich – Stille.

Ich sage es euch rundheraus. Die mährische Hymne ist eine Pause. Eine Pause zwischen »Wo ist meine Heimat?« und »Über der Tatra blitzt es«.

Diese Hymne hat keine Worte. Nichts wird in ihr behauptet, proklamiert, aufgezwungen. Sie ist weder traurig noch fröhlich. Sie

Man stelle sich vor, dass jedes Mal wenn in den USA ein Gouverneur ein ernstes Budgetproblem hat, er einen anderen Gouverneur einfach einen Kriegsverbrecher und grausamen Diktator nennt, weil der ihm nicht Geld überweist. Oder eigentlich noch mehr: der auch gleich alle Wähler des betreffenden Landeschefs als Nazis verunglimpft. Das würde im US-Bundesstaaten-Verbund niemals passieren. Aber das passiert in der sogenannten Europäischen Union tagtäglich: Deutschlands Angela Merkel stimmt weiteren Milliarden-Zahlungen an ein Land, das zum Großteil selbst an seinem Ruin schuld ist, nicht zu? »Nazi-Braut!«, tönt es in Athen und anderswo.
Dieser Tage beweist Europa im Gegensatz zur veröffentlichen Meinung eines ziemlich präzise: Zwar ist das komplexe Währungssystem aufrechtzuerhalten, die politische Union aber funktioniert nicht wirklich und rückt schon gar nicht näher zusammen. Kein einziges Land hat bisher auf Brüssel mit der logischen Konsequenz reagiert, im eigenen Land überflüssig gewordene politische Ebenen massiv zu reduzieren. Das liegt daran, dass ein gemeinsamer Nenner für Europa fehlt. Das war einmal die eigentliche Errungenschaft der Union, der Frieden. Doch der ist heute eine Selbstverständlichkeit, für einen Konsens ist das zu wenig. In den USA ist das hingegen neben der nicht zu unterschätzenden Liebe zur Nation die – jetzt wird Robert Menasse schreien – Eigenverantwortung. In den USA heißt es »Jeder kann es schaffen«, in Europa soll es hingegen heißen: »Jeder muss es schaffen.« Die EU als gemeinsamen Sozialstaat zu verstehen, wie es sehr viele tun, hat einen großen Haken: Es funktioniert nicht. Im internationalen Wettbewerb bleibt der alte Kontinent so hängen. Briten, Osteuropäer und zunehmend die Deutschen würden eh nicht mitwollen. Soll also heißen: Viel mehr als heute wird nicht möglich sein. Wenn es schon ein Vorbild für einen Staat Europa gäbe, dann wäre es: basisdemokratisch, unbürokratisch, radikal föderal, dezentral, föderal im Sinne von kulturell völlig eigenständig und wirtschaftsliberal. Die Schweiz.

Rainer Nowak
Chefredakteur »Die Presse«

besteht aus absoluter Stille und die Stille ist eine sehr schöne und fruchtbare Sache.
Und währenddessen also andere Völker Habtacht dastehen und die Vorzüge ihres Landes preisen und sie über die Vorzüge anderer Länder erheben, stehen wir in Mähren zwar auch Habtacht da aus Hochachtung vor den Tschechen und Slowaken, warten aber auf unsere Pause. Dann schweigen wir und denken uns so manches.
Größtenteils was Schönes, aber wir schreien es nicht laut und in Tönen hinaus, wir behalten es für uns. Denken uns im Stillen das Unsrige. Und sagen niemandem, was.

(Jan Skácel (1922–1989), Kleine *Rezension über die mährische Hymne*. Aus: Jan Skácel, *Das elfte weiße Pferd*. Auswahl und Übersetzung aus dem Tschechischen von Christa Rothmeier, Wieser Verlag, Klagenfurt/Celovec 1993 S. 160–161; Europa Erlesen Mähren, Wieser Verlag, Klagenfurt/Celovec 1997, S. 20–21)

Autorinnen und Autoren

Elmar G. Arneitz, Experte für Rhetorik, Verkauf und Körpersprache, Sachbuchautor, Eigentümer der More Power Agency in Klagenfurt/Celovec

Wolfgang Burtscher, stellvertretender Generaldirektor der Generaldirektion Forschung der Europäischen Kommission.

Erhard Busek, ehemaliger Vizekanzler der Republik Österreich, Vorstand des Instituts für den Donauraum und Mitteleuropa, Ehrenpräsident des Europäischen Forums Alpbach

Aleš Debeljak, Assistenzprofessor für Kulturwissenschaften in Ljubljana, publiziert Gedichte, Essays und kulturtheoretische Schriften, lebt als Lyriker und sozialkritischer Essayist (wie er sich selbst definiert) in Ljubljana

Christopher Drexler, Abgeordneter zum Landtag der Steiermark, Klubobmann der ÖVP-Landtagsfraktion.

Martin Eichtinger, Botschafter der Republik Österreich, Leiter der Sektion V – Kulturpolitische Sektion des Bundesministeriums für europäische und internationale Angelegenheiten

Franz Fischler, ehemaliger EU-Kommissar für Landwirtschaft, Entwicklung des ländlichen Raumes und Fischerei, Präsident des Europäischen Forums Alpbach

Ernest Hauer, langjähriger ORF-Hörfunkjournalist

Sabine Herlitschka, Vorstand für Technik und Innovation bei Infineon Technologies Austria; seit rund 15 Jahren in die EU-Forschungsrahmenprogramme in unterschiedlichsten Rollen involviert: als Mitglied und Vorsitzende von ExpertInnengruppen, Evaluatorin sowie Koordinatorin richtungweisender europäischer Projekte

Franz Heschl, Referent für Fragen der europäischen Integration und der Arbeitsmarkt- und Regionalpolitik in der Kammer für Arbeiter und Angestellte für Steiermark.

Gerhart Holzinger, seit 1995 Mitglied des Verfassungsgerichtshofes; wiederholt zum Ständigen Referenten gewählt; seit 1. Mai 2008 Präsident des Verfassungsgerichtshofes

Herwig Hösele, Präsident des Bundesrates a. D., Generalsekretär des Zukunftsfonds Österreichs, Koordinator G&G im Land Steiermark

Erhard Juritsch, Geschäftsführer des Software-Entwicklers Uniqare, Krumpendorf

Dževad Karahasan, bosnischer Schriftsteller, Dramaturg, Essayist und Literaturwissenschaftler

Michael Kerbler, Leiter der Ö1-Sendereihe »Im Gespräch«

Franz Küberl, Präsident der Caritas Österreich

Richard Kühnel, Leiter der Vertretung der Europäischen Kommission in Österreich

Gertraud Leimüller, ausgebildete Naturwissenschaftlerin, langjährige Redakteurin der Salzburger Nachrichten, wechselte 2006 ihr Metier und gründete ein international tätiges Unternehmen für Innovationsberatung

Stephan Maier, studierte Umweltsystemwissenschaften mit Schwerpunkt Geografie an der Karl-Franzens-Universität in Graz; seit Jänner 2013 wissenschaftlicher Projektmitarbeiter am Institut für Prozess- und Partikeltechnik in der Forschungsgruppe Prozessbewertung an der Technischen Universität Graz

Wilhelm Molterer, ehemaliger Vizekanzler, Bundesminister für Finanzen und Nationalratsabgeordneter der Republik Österreich; seit dem 1. Juli 2011 Vizepräsident der Europäischen Investitionsbank

Leopold Neuhold, Universitätsprofessor am Institut für Ethik und Gesellschaftslehre der Karl-Franzens-Universität Graz

Ewald Nowotny, Gouverneur der Österreichischen Nationalbank und Mitglied des Rats der Europäischen Zentralbank (EZB-Rat)

Matthias Opis, Historiker, Beauftragter für Vorstandsprojekte der Styria Media Group AG

Wolfgang Petritsch, Botschafter der Republik Österreich, EU-Chefverhandler bei den Friedensverhandlungen von Rambouillet und Paris (1999), ehem. Hoher Repräsentant für Bosnien und

Herzegowina(1999–2002), ehem. österr. Botschafter bei den Vereinten Nationen in Genf, Leiter der ständigen Vertretung Österreichs bei der OECD in Paris

WOLFGANG PRIBYL, Geschäftsführer der JOANNEUM RESEARCH Forschungsgesellschaft m.b.H. in Graz

MANFRED PRISCHING, Soziologe, Professor an der Karl-Franzens-Universität Graz

JULYA RABINOWICH, in Leningrad (heute St. Petersburg) geborene, in Österreich lebende Schriftstellerin, Dramatikerin, Malerin und Simultandolmetscherin

EVA ROSSMANN, österreichische Schriftstellerin, Journalistin, Feministin, Verfassungsjuristin und Köchin

JAN SKÁCEL, mährischer Dichter, geboren 1922 in Znorovy/Südmähren, gestorben 1989 in Brno/Brünn

DAVID SCHALKO, österreichischer Regisseur, Autor und Entwickler von Fernsehsendungen

SUSANNE SCHOLL, österreichische Journalistin, Schriftstellerin und Doyenne der AuslandskorrespondentInnen des ORF

KURT SCHOLZ, Vorsitzender des Zukunftsfonds der Republik Österreich, Kolumnist der Wiener Tageszeitung Die Presse

MARGIT SCHRATZENSTALLER-ALTZINGER, wissenschaftliche Mitarbeiterin am Österreichischen Institut für Wirtschaftsforschung (WIFO) mit den Arbeitsschwerpunkten Makroökonomie und europäische Wirtschaftspolitik sowie Entwicklung und Reformen des öffentlichen Sektors

ALEXANDER VAN DER BELLEN, ehemaliger Bundessprecher der österreichischen Grünen, Gemeinderat der Stadt Wien

WERNER WEIDENFELD, Direktor des C·A·P und Professor für Politische Wissenschaft an der LMU München; Rektor der Alma Mater Europaea – European University for Leadership, Salzburg

LOJZE WIESER, lebt als Verleger in Klagenfurt/Celovec und legt den Schwerpunkt seines Programms auf südosteuropäische Literatur

Werner Wintersteiner, Universitätsprofessor an der Alpen-Adria-Universität Klagenfurt/Celovec, Leiter des Zentrums für Friedensforschung und Friedenspädagogik

Werner Wutscher, Experte für Nachhaltigkeit, insbesondere für die Sektoren Lebensmittel und Retail; seit Mai 2012 selbstständiger Unternehmensberater sowie Business Angel im Nachhaltigkeits- und Medienbereich